KB152147

내가 사랑한
세계 현대미술관 60

미술작품보다 아름다운 현대미술관 건축 기행

고영애 글·사진

헤이북스

프롤로그

30여 년 동안 카메라를 들고 여행을 떠났다. 7년 전 어느 잡지사의 의뢰로 시작한 건축 기행은 전 세계 현대미술관 60곳을 찾는 색다른 경험이었다. 한 시대의 흐름과 철학이 응축된 미술관 건물의 공간 곳곳에서 희열을 느꼈고, 어느 때부터인가 현대미술관 공간은 나의 뇌리 깊숙이 꽂혔다. 시대정신을 오롯이 담은 빛의 공간, 힐링의 공간, 비움의 공간, 침묵의 공간인 그곳들은 내 작품의 오브제 objet가 되었다.

현대건축 공간에서 현대미술을 감상하는 것은 동시대를 살아가는 현대인만이 누릴 수 있는 가장 큰 특권이며 기쁨이다. 동시대의 감성을 담은 공간에서 현대미술품이 감상자의 감성과 만나 하나로 녹아들 때 밀려오는 전율이야말로 세상 그 무엇과도 바꿀 수 없는 희열이다. 이 기쁨을 맛본 나는 어딘가에 중독된 사람처럼 현대미술관을 찾아 나섰다. 아름다운 건축 공간에서 미술품을 감상하고 건축가와 예술가와 소통하며, 그들이 이 미술관을 설계하게 된 동기나 의뢰받은 연유를 알면 알수록 자족감과 설렘으로 들떠 신선한 자극이 되었다.

현대건축이란 동시대를 살아가는 시대정신을 건축가의 손길을 빌려 절제된 공간 속에 고스란히 보여주는 것이라 할 수 있다. 음악·미술·문학·과학의 다양한 문화에서의 명곡·명화·명작·발명품 등 수많은 인간의 궤적이 있지만 그것들은 꼭 있어야 될 시공간을 갖고 있지는 않다. 하지만 건축은 그만이 추구한 시공간을 갖고 있으며, 시대정신을 담은 아름다운 건축 공간은 오랫동안 하나의 형상으로 한지에 먹물이 배어들 듯이 한순간 뇌리에 스며들어 온몸을 전율하게 만든다. 아름다운 건축이야말로 인간의 궤적 중 가장 위대한 것이다. 이런 아름다운 건축 공간이 빛에 의해 분절되고 쪼개지는 편린들을 사진 한 장에 담을 때의 희열이야말로 내가 살아있음이며 곧 나의 삶이 된다. 여행 중 함께했던 현대미술관과 그 도시 주변 이야기를 건축 공간으로 풀어헤쳐 프레임에 담아보지만 건축이 주는 위대함을 송두리째 담는다는 것은 도저히 불가능하였다. 그럼에도 불구하고 한 장, 한 장을 조심스럽게 내 삶의 경륜에 녹이려고 애썼고 그 소중한 편린들을 한 권의 책으로 담았다.

　　내가 현대건축 중에서도 특별히 현대미술관을 선택한 이유는 단순하다. 현대미술관은 동시대를 사는 예술가의 지각이 섭렵된 곳으로 무한한 사고의 진원지이며 동시대 문화 예술의 발상지이기 때문이다. 물론 박물관과 고미술관에서 느끼는 벅찬 감동의 순간과 도전의 기쁨은 정말 소중하다. 그러나 동시대 곳곳에서 벌어지는 난해한 해프닝과 아방가르드avant-garde 작가의 다양한 감성이 담긴 작품들을 현대건축가의 철학이 응집된 그 공간 속에서 보고, 읽고, 느끼며, 사유할 때 시대적 정체성을 깨닫게 된다면 그 역시 소중하다.

　　세상 모든 진리가 아는 만큼 보이듯이 현대건축의 공간 역시 아는 만큼 소통한다. 건축가의 혼이 오롯이 담긴 그 공간이 예술 작품과 하나가 될 때, 희미하게 새어나온 빛에 의해 조각의 표정이 더욱 빛날 때, 미술관 안팎에서 건축가의 사유와 예기치 않게 조응할 때, 독특한 디자인의 화장실 세면대와 수도꼭지에서 기상천외한 아이디어의 매력에 꽂힐 때, 미술관 카페의 안락하고 모던한 의

자에 꼭 앉아보고 싶은 충동이 일어날 때, 무심히 나불어져 있는 듯 적재적소에 놓인 비품들이 눈에 들어올 때, 미술관 뒤편의 평범한 오솔길에서 안온함과 위로를 얻을 때 등 한 치의 소홀함 없는 감상자에 대한 배려야말로 힐링을 안겨준다. 현대건축이 추구하는 그 공간에서 건축가의 의도를 꿰뚫고 소통할 때의 힐링은 배가 된다. 보다 많은 사람들이 현대미술관의 공간 곳곳에서 위로를 얻고, 예술품을 통하여 인생의 답을 구하며 삶의 영감을 얻기를 바라는 마음으로 이 책을 썼다.

2017년 깊어가는 가을에,
고영애

목 차

일러두기

1. 이 책에 실린 사진들은 대부분 저자가 직접 촬영한 것들이다. 일부분 미술관에서 제공한 사진을 사용한 경우는 별도로 표시를 하고, 책 말미에 '대여 사진 목록'을 정리해놓았다.
2. 인명·지명과 작품명 등의 외국어와 외래어는 국립국어원의 표기법을 따랐다. 인명·지명 등은 원어를 처음 한 번에 한해 병기하고, 관례적으로 또는 통상적으로 사용하는 경우 우리말로 옮기지 않고 그대로 차용했다. 뜻을 설명할 필요가 있거나 혼동의 우려가 있을 때는 원어를 살려 표기했다.
3. 《 》은 단행본을 표시한 것이며, 〈 〉은 미술작품·영화·드라마·프로그램·단편소설·노래·신문·잡지 등을 표시한 것이다.

미국

뉴욕
뉴욕 현대미술관
구겐하임 미술관
디아비콘
뉴 뮤지엄

시카고
시카고 현대미술관

샌프란시스코
샌프란시스코 현대미술관
드 영 미술관
현대유대인박물관

로스앤젤레스
게티 센터
LA 카운티 미술관
로스앤젤레스 현대미술관

The Museum of Modern Art, MoMA

세계적인 근현대건축가들의 아이디어 총체

모마MoMA의 컬렉션이나 건축 이야기에 앞서 VIP 오프닝과 '아모리 쇼The Amory Show' 초대 때 느꼈던 이색적인 경험을 통해 모마 이야기를 풀어보고 싶다. 아모리 쇼 관람을 위해 뉴욕을 방문했을 당시. 쇼가 열리는 곳곳에서 뉴요커의 예술 사랑과 뜨거운 열정을 느낄 수 있었다. 아모리 쇼를 보고나서 뉴욕이 곧 현대미술의 거점이요, 모마가 최고의 현대미술관으로 성장하게 되는 이유를 조금은 알 것 같았다.

대부분 일반인들은 미술관 하면 가장 먼저 예술의 본고장 이탈리아와 프랑스를 떠올린다. 아이러니하게도 세계 미술 시장은 미국, 영국, 스위스. 독일이 잡고 있다. 뉴욕 아모리 쇼, 런던 프리즈 아트 페어, 바젤 아트 페어로 이루어진 세계 3대 아트 페어는 현대미술의 흐름을 읽을 수 있는 장으로 확고히 자리매김하고 있다.

매년 3월이면 열리는 아모리 쇼는 1913년부터 뉴욕 허드슨 강가 92~94 부두에서 열리는 국제현대미술제를 말한다. 이 미술제 기간에는 구겐하임 미술관

위: 아모리 쇼가 열리는 전시회 모습 / 아래: 아모리 쇼가 열리는 허드슨 강가의 92~94 부두의 전경

과 모마의 VIP 오프닝이 마련되어 있다. 마침 국제화랑에서 초대받을 수 있는 기회를 열어주었고, 오프닝에 참석할 수 있는 행운의 날이 찾아왔다. 2011년 아모리 쇼 오프닝 참석과 더불어 모마의 VIP 오프닝에 참석할 수 있었다. 아모리 쇼 기간 동안에는 다양한 공연과 예술 행사들이 미술관과 갤러리 곳곳에서 열리며 유명 컬렉터들의 집을 개방해 컬렉터와도 소통할 수 있는 기회의 장도 마련된다. 그곳에는 미술계 전문가나 인사들 외에도 예약된 일반인들도 있었다. 컬렉터 집을 구경하는 것은 아주 흥미로운 경험이었다.

아모리 쇼는 사진작가 알프레드 스티글리츠Alfred Stieglitz가 뉴욕 291갤러리에서 유럽 미술을 소개하면서부터 그 유래가 시작된다. 아모리 쇼의 명칭은 한때 뉴욕 렉싱턴 가 26블록에 위치한 병기고를 전시장 공간으로 사용한 것에서 비롯되었다. 첫 전시에서 피카소를 비롯해 마르셀 뒤샹 등 전위적인 유럽의 현대미술을 처음 미국에 소개해 커다란 파문을 일으켰다. 이러한 아모리 쇼가 미치는 영향력은 현재까지 계속되어 뉴요커뿐 아니라 전 세계 예술인들에게 파급되어 세계적인 축제로 자리를 공고히 하고 있다.

뉴욕 맨해튼의 중심에 위치한 모마는 근현대미술 거장들의 작품을 총망라하고 있고, 연 관람객 250만 명에 이르는 세계 최대의 현대미술관임을 자랑하고 있다. 모마는 근현대미술품 외에도 건축과 디자인, 드로잉, 회화, 조각, 사진, 프린트, 일러스트, 영화, 미디어 등을 포함해 20만여 점을 소장하고 있다. 1929년 컬렉터이자 예술 후원자였던 애비 앨드리치 록펠러Abby Aldrich Rockefeller와 릴리 블리스Lillie P. Bliss, 코넬리우스 설리반Cornelius J. Sullivan 등 세 여성에 의해 설립되었다. 애비의 남편인 록펠러 2세는 처음에는 미술관 설립과 운영을 반대했지만, 결국 지금의 미술관 부지를 매입해주고 이후 거액을 기부하며 모마의 설립과 운영에 주축이 되었다. 그 후 모마는 1939년에 필립 구드윈Philip L. Goodwin과 에드워드 두렐 스톤Edward Durell Stone의 협업 디자인으로 현재의 위치에 미술관을 짓게 된다. 1950, 1960년대에는 필립 존슨Philip Johnson에 의해 미술관 증축과 더불어 1958년 미술관 조각공원이 세워졌다.

모마의 전경(사진 제공: Museum of Modern Art)

현재의 모마는 2004년 일본 출신의 건축가 요시오 타니구치Yoshio Taniguchi●에 의해서 이전보다 2배 이상 확장 증축되었고, 2014년에는 뉴욕에 기반을 둔 건축가 딜러 스코피디오Diller Scofidio●와 렌프로Renfro의 확장 설계안이 발표되었다.

모마의 컬렉션은 점점 많아지고 아방가르드한 작품 전시를 위해서 멋진 공간들은 끊임없이 확장 리모델링되어야만 했으리라. 모마는 공간 확장을 위해 끊임없이 새로운 시도를 거듭하였다. 건축가 딜러 스코피디오와 렌프로의 설계안에 의해서 유리 벽 갤러리와 3700제곱미터의 추가 전시 공간을 확장하여 재개관을 준비하고

요시오 타니구치(1937~)는 게이오 대학에서 엔지니어링을 공부하고 하버드 대학에서 건축을 전공한 엘리트다. 한때 비우하우스Bauhaus에서 교편을 잡았던 발터 그로피우스Walter Adolph Gropius 아래에서 잠시 일하였는데, 이때의 경험은 요시오 타니구치에게 큰 영향을 미쳤다. 타니구치의 대표작으로 꼽히는 모마의 리모델링 프로젝트는 그를 세계적인 건축가 반열로 우뚝 서게 하였다.

딜러 스코피디오와 렌프로는 2006년 뉴욕의 고가철도를 새롭고도 자연스러움이 묻어나는 혁신적인 디자인으로 '하이라인High Line' 공모전에서 우승하였다. 하이라인은 2009년부터 2014년까지 세 차례에 걸쳐 완성되었고, 뉴욕 명소로 떠오르고 있다.

있다. 그야말로 모마는 컨템퍼러리Contemporary 미술관답게 세계적인 근현대건축가들의 아이디어를 미술관 건축에 접합시킨 총체적 건축물로서 그 자체가 역사적인 예술 작품이라 할 수 있겠다.

미술관 입구를 맨해튼 53번가와 54번가 양쪽 어디에서든지 들어올 수 있도록 개방해놓아 예전보다 진입이 한결 편리해졌다. 거의 20만여 점에 이르는 근현대미술 컬렉션을 자랑하는 모마이기에 뉴욕 방문 때마다 들른다. 매번 특별전시 외에는 다른 작품들을 세세히 감상할 겨를이 없었지만, 미술관을 메운 수많은 인파에 놀랍고 작품 앞에서 해설을 꼼꼼히 듣고 감상하는 뉴요커들의 태도에 또 한 번 놀라게 된다.

모마의 대표적인 소장품으로 꼽는 모네Claude Monet의 〈수련〉은 로비 맞은편에 걸려 있어 방문 때마다 제일 먼저 반겨준다. 모네의 〈수련〉 연작은 제1차 세계대전의 전사자들을 추모하기 위해 제작한 생애 마지막 작품으로, 자연에 대한

우주적인 시선을 보여준 위대한 걸작으로 평가받고 있다. 모네의 〈수련〉을 보노라면 연꽃의 아름다움은 물론 물의 표면과 물속의 모습들을 적나라하게 표현해주고 있어 마치 연못을 거니는 착각마저 든다.

1층에서 곧장 6층으로 가는 엘리베이터를 타고 올라가 한 층씩 전시를 관람하며 내려왔다. 현대미술 전시실에는 마르셀 뒤샹Marcel Duchamp의 특별전이 한 코너에 전시되어 있었다. 뒤샹의 전시회를 여러 번 봐왔지만 이번 모마 전시에 나온 작품들을 감상하며 불현듯 시간 여행을 떠나보았다.

다다dada의 창시자이며 천재 화가인 뒤샹은 1920년대에 이미 보이는 세계가 전부가 아닌 4차원의 세계를 내다보았다. 뒤샹의 〈계단을 내려오는 누드Nude Descending a Staircase〉와 〈심지어, 그녀의 독신자들에 의해 벌거벗겨지는 신부The Bride Stripped Bare by Her Bachelors, Even〉 앞에서 마치 내가 뒤샹과 함께 시간 여행을 함께하듯 1920년대로 되돌아가 보았다. 그리고 뒤샹의 4차원의 세계에 도전해보았다.

필라델피아 미술관Philadelphia Museum of Art 방문 때 인상적이었던 이 두 작품은 난해하여 작품의미를 이해하기위해 두 번씩이나 들었다. 〈계단을 내려오는 누드〉는 1912년 뒤샹의 초기 작품으로 여성 누드를 여러 컷 찍어 움직이는 연속성을 회화에 담아냈다고 한다. 3차원의 움직임을 2차원의 캔버스로 옮긴 이 작품은 그 당시 파격적인 아이디어였다. 이때 이미 뒤샹은 현대미술을 리드하는 천재 예술가다운 면모를 보였다. 원래는 여성 누드를 찍은 것이 아니고 모델에게 스타킹처럼 달라붙은 옷을 입혀 찍었다고 한다. 그 당시 여성운동이 활발했던 시기였지만 나체 여성을 계단으로 내려오도록 요구하기까지는 아마도 멋쩍은 시절이었으리라.

대형 유리 작품 〈심지어, 그녀의 독신자들에 의해 벌거벗겨지는 신부〉는 작품 해설을 도표로 자세히 설명해놓았지만 해독하기 힘들었다. 여러 평론가들의 글을 빌어 해석하자면 유리 하단은 남자 구혼자들을 표현하였고 그들은 물질적이고 세속적인 세계를 의미한다. 유리 상단은 벌거벗겨진 신부를 표현하였고 그녀는 정신적이고 초월적인 세계를 의미한다고 하였다. 두 장의 포개어진 유리

마르셀 뒤샹의 <계단을 내려오는 누드>
(필라델피아 미술관 소장)

마르셀 뒤샹의 <심지어, 그녀의 독신자들에 의해
벌거벗겨지는 신부>
(필라델피아 미술관 소장)

사이에는 여러 개의 그림들로 채워져 있다. 이 작품에서 가장 흥미로운 점은 하단의 구혼자들을 9명으로 규정하여 그들의 직업까지 상세히 설명해놓은 점이었다. 1920년대 서구에서는 여성주의가 팽배했던 시기였기에 여성을 상단에 놓음으로써 여성주의를 지지하는 시대성도 엿볼 수 있었다.

2011년 모마의 VIP 오프닝에 참석하였을 때 특히 눈길이 쏠렸던 작품은 잭슨 폴록Jackson Pollock의 1943년 작품 〈암늑대〉였다. 그 작품의 제목을 보는 순간 로마의 건립자인 쌍둥이 형제 로물루스Romulus와 레무스Remus의 건국신화와 오버랩되었다. 혼란스런 색상과 물감덩어리, 무질서한 붓놀림에서 암늑대의 젖을 빨고 자란 두 형제의 동물적 감각이 온몸을 전율하게 만들었다. 폴록은 이 작품에 내재했던 초현실적인 신화와 인간의 무의식을 발전시켜 '액션 페인팅action painting'을 완성하게 된다. 미국 현대미술에 가장 큰 영양을 끼친 추상표현주의 사조를 만들어내는 데 단초가 된 이 작품을 마주하며 그의 전설적인 입지는 사필귀정이

아서 영의 <Bell-47D1 헬리콥터>(사진 제공: Museum of Modern Art)

라는 생각이 들었다.

2층으로 올라가는 복도 계단에 설치된 조형물도 인상적이었다. 아서 영Arthur Young의 작품 〈Bell-47D1 헬리콥터〉가 복도 2, 3, 4층에 걸쳐서 천정에 매달려 있었다. 초록색 잠자리 모양의 헬리콥터는 살충제 살포용으로 사용되었고 1945년 세계에서 최초로 디자인된 상업적 헬리콥터로서 의의가 크다. 뿐만 아니라 한국 전쟁 시에는 구급용 헬리콥터로 사용되었다 하니 더욱 흥미로웠다.

로비에서 반 층 내려가니 화가 조안 미첼Joan Mitchell의 추상 작품 〈wood, wind, no tuba〉가 새롭게 걸려 있었고, 전시해놓은 주황색 조각들과 한상의 조화를 이루었다. 조안 미첼의 자유분방한 붓놀림과 거침없는 터치의 유화 작품은 전시 관람 후 피곤을 풀어주는 데 그 몫을 충분히 다했다.

그 외에 헬렌 프랑켄틀러, 싸이 톰블리, 재스퍼 존스, 클래스 올덴버그 등 현대미술 거장들의 수많은 작품을 감상하며 시간 가는 줄 몰랐다. 한국 작가로는 이우환, 이응로, 서도호, 양혜규 등의 작품들이 소장되어 있었다. 현대미술의 흐름을 한눈에 알 수 있는 모마는 역시 기대를 저버리지 않았다.

건축 특별전과 인상주의 특별전 관람 후 준비된 파티는 색다른 즐거움을 안겨주었다. 참석자들의 멋과 개성을 한껏 살린 패션은 눈을 호강시켜주었고, 일렉트로닉기타 연주와 함께한 가수의 열창은 파티장을 뜨거운 열기로 가득 채웠다. 와인과 함께 밤이 늦도록 예술을 비아냥거리며, 소통의 장으로 이어진 즐거운 시간이었다.

다음 날 컬렉터의 집을 방문하는 것은 나에겐 특별한 경험이었다. 그들은 공간을 꾸미거나 과장하지 않고 있는 그대로의 생활상을 공개하였다. 사람 냄새가 그대로 배어 있는 삶의 진솔함을 엿볼 수 있는 기회였다. 방문자를 위해 마련한 모닝커피와 빵, 치즈 조각, 과일 등의 준비는 조촐하지만 고맙기 그지없었다. 이른 아침부터 간단한 다과를 준비해 정성껏 맞아주는 컬렉터들의 순수한 모습에서는 예술을 사랑하는 열정이 보였다. 앤디 워홀Andy Warhol, 로이 리히텐슈타인Roy Lichtenstein 같은 유명 화가들의 컬렉션부터 신진 작가들의 작품들, 그리고 조각

위: 아모리 쇼에 참가한 갤러리 부스의 전경 / 아래: 아모리 쇼 때 방문한 컬렉터의 거실

아모리 쇼 때 모마에서의 오프닝 파티

위 / 아래: 아모리쇼 때 방문한 컬렉터의 집

과 앤티크 가구, 현대 디자이너 가구의 조화로운 매치 등 다양한 수집과 방대한 컬렉션은 놀라웠다. 작품들이 거실은 물론 방과 부엌, 복도, 화장실과 그들이 숨 쉬는 공간 어디라도 함께하였다. 삶이 곧 예술이었다.

아모리 쇼 VIP 초대 일환으로 예약된 칼더 재단의 방문은 나로서는 다시없는 행운이었다. 칼더 재단은 맨해튼 중심의 고층 빌딩에 자리하고 있었는데, 알렉산더 칼더Alexander Calder의 외손자가 운영하는 칼더 재단의 컬렉션으로 귀한 작품들을 한자리에서 볼 수 있는 절호의 기회였다. 눈에 익은 모빌 작품도 있었지만 이전에 보지 못한 소품에서는 응집된 예술가의 진면목을 발견할 수 있어 기뻤다. 뿐만 아니라 작품에 얽힌 자세한 설명을 가족에게 들으니 그의 작품이 더욱 친근하게 느껴졌다. 각 미술관에 소장된 칼더의 작품들이 일목요연하게 정리된 작품 목록 서고를 보여주었다.

작품 목록 서고를 손자 자신이 직접 관리하는 섬세함과 정성에는 할아버지를 사랑하는 마음이 전해져 왔다. 외할아버지와의 소중한 추억이 담긴 서고였다. 한국에서도 2012년에 국제갤러리에서 칼더의 회고전이 있었다. 당시 전시회 준비를 위해 방문한 칼더 손자가 특별 강연을 했는데, 그는 어릴 적 외할아버지와의 추억이 작품을 이해하는 데 많은 도움이 되었다고 진솔하게 답해주던 기억이 난다.

칼더 손자와의 두 번의 만남을 통해 느꼈던 모빌 창시자인 알렉산더 칼더는 전설적인 조각의 거장이지만 손자에게만큼은 많은 사랑을 나눠준 평범한 할아버지였을 거라는 확신이 들었다.

모마 야외 조각공원, 뉴요커의 쉼터

모마의 중앙에 조성된 조각공원이야말로 맨해튼의 고층 빌딩 숲 사이에 있는 유일한 야외 조각공원이다. 로비에서 반 층을 내려가면 조각공원으로 들어갈 수 있도록 동선을 두었다. 조각공원 입구 벽은 조안 미첼의 추상화로 바꿔 놓아 생기를 불어넣었다. 이 정원에 들어서면 특유의 블루와 옐로우, 핑크의 현란한 조각이 유독 눈에 띈다. 야외 전시장을 새롭게 단장한 유머러스한 이 조각의 부제는 '군상Group of Figures'이다. 이 작품은 카타리나 프리치Katharina Fritsch의 것이다. 그녀는 1956년 독일 에센에서 출생해 현재 뒤셀도르프에서 활동하고 있으며, 2013년 영국 트라팔가 광장에 코발트색 수탉을 전시하여 수많은 화제를 뿌렸다.

조각공원 연못에 놓여 있는 아리스티드 마이욜Aristide Maillol의 작품 〈강The River〉은 물에 빠질 듯 위기일발의 순간을 잘 표현했다. 작가의 재치가 저절로 미소 짓게 하였다. 아리스티드 마이욜의 작품은 LA에 있는 노튼 사이먼 뮤지엄Norton Simon Museum에서 처음 접했다. 그때 여성 인체를 단순화시켜 표현했던 마이욜의 조각에서 느꼈던 순수함은 오랫동안 기억되었다. 마이욜은 인체의 조형미를 자연에 순응하는 형태로 작품에 담고 싶어 했다는 유언을 남길 정도로 자연주의를 표방하는 조각가였다. 그가 표현했던 누드상은 신화나 성경 속 인물 오마주가 아닌 주변에서 흔히 볼 수 있는 평범한 인물상이다. 아리스티드 마이욜의 〈강〉은 1943년 완성한 거의 말년 작품으로 그 당시 신여성들이 처했던 사회적 위기를 대변해주는 듯 위태로운 여성상을 떠올리게 하였다. 마이욜은 원래 화가였고 태피스트리tapestry 디자이너였지만 시력 악화로 인해 태피스트리 작업을 포기해야만 했고 40대에 이르러 비로소 조각을 시작하였다. 그럼에도 불구하고 아리스티드 마이욜은 로댕의 뒤를 잇는 유명 조각가로 평가받고 있다.

매번 모마에 올 때마다 마치 처음 보는 그림처럼 난해한 현대 작가들의 작품들을 정신없이 돌아본 후 조각공원으로 나오면 마음이 그토록 편안할 수가 없다. 모마의 설립자 이름을 딴 애비 앨드리치 록펠러 조각공원은 뉴요커들의 일탈을 누릴 수 있는 휴식처이며 쉼터이다. 애비 앨드리치 록펠러는 미국의 대표적인 미술 컬렉터 집안인 록펠러 가문의 며느리다. 미술관이 세워진 이 장소도 록펠러 가문이 기증한 땅이라 하니 미국 부호들의 노블레스 오블리주의 고매한 정신에 경의를 표하면서 한편으론 부러움으로 가득했다.

록펠러 조각공원(사진 제공: Museum of Modern Art)

위: 모마 분관 P.S.1의 입구 / 아래: 모마 분관 P.S.1 로고가 눈에 띄는 설치 작품

뉴욕 트렌드를 읽는 즐거움으로 꼭 찾게 되는 카페 '테라스 5'와 분관 'P.S.1'

뮤지엄 5층에 있는 카페인 테라스 5The Carroll and Milton Petrie Café는 여행자와 뉴요커들이 찾는 명소다. 항상 북적이는 이 카페에 줄서기를 마다하지 않고 들르는 이유는 야외 정원이 훤히 내려다보이는 정겨운 전망과 함께 식사를 즐기며 패션 트렌드를 이끄는 뉴요커들을 가까이 마주하며 만끽할 수 있는 최적의 장소이기 때문이다. 이 카페에 놓인 아르네 야곱슨Arne Jacobsen 디자인의 안락한 의자에 앉아 아름답게 데코레이션 된 디저트 한 조각과 조지 젠슨Georg Jensen 커피 잔에 담긴 진한 커피 향은 전시 관람 후 피로를 말끔히 씻어준다. 어둠이 짙게 내려진 모마를 황급히 빠져나왔다.

모마 PS1은 뉴욕 롱아일랜드 시티에 위치해 있는 현대미술관으로 모마의 분관이다. 예전의 이름은 'P.S.1 현대미술센터P.S.1 Contemporary Art Center'이었다. 모마는 2000년에 대안적인 동시대 미술관인 P.S.1을 합병해 보다 젊고 실험적인 현대미술을 소개하는 데도 앞장서고 있다. 4층으로 된 이 미술관은 동시대에 최전방에서 활동하는 작가들의 전시를 볼 수 있는 곳으로 현대미술의 트렌드를 읽을 수 있는 좋은 전시장이다.

건축가   요시오 타니구치
주소   11 W 53rd St, New York, NY 10019, USA
홈페이지   www.moma.org

구겐하임 미술관
Solomon R. Guggenheim Museum

달팽이 모양의 독특한 외관을 한 건축물 자체가 예술 작품

아침부터 부슬부슬 비가 내려 미술관을 관람하기에 딱 좋은 날씨였다. 센트럴파크를 마주한 하얀 유선형의 미술관은 미국 철강계의 거부이자 자선사업가인 솔로몬 구겐하임이 1937년 비구상회화미술관Museum of Non-objective Painting이란 이름으로 설립하였고, 1959년 구겐하임 미술관으로 이름을 바꾸었다. 미술관 건축 자체가 하나의 예술 작품인 구겐하임 미술관은 1943년 미국 건축가 프랭크 로이드 라이트Frank Lloyd Wright(1867~1959)의 설계에 따라 착공을 했지만 무려 16년 세월의 우여곡절을 거쳐서 1959년에야 비로소 완성되었다. 프랭크 로이드 라이트는 르 코르뷔지에Le Corbusier, 미스 반 데어 로에Mies van der Rohe와 함께 근대건축의 3대 거장으로 불린다. 시간, 장소, 사람이 조화를 이루는 '유기적 건축'의 디자인 개념을 만들었으며, 왕성한 활동으로 그의 작품은 400여 점에 이른다. 대표작으로는 구겐하임 미술관을 비롯해, 시카고의 로비 하우스Robie House와 펜실베니아의 낙수장Falling Water House이 유명하다.

 큰 달팽이 모양의 독특한 외관과 계단이 없는 나선형 램프로 이뤄진 구겐하

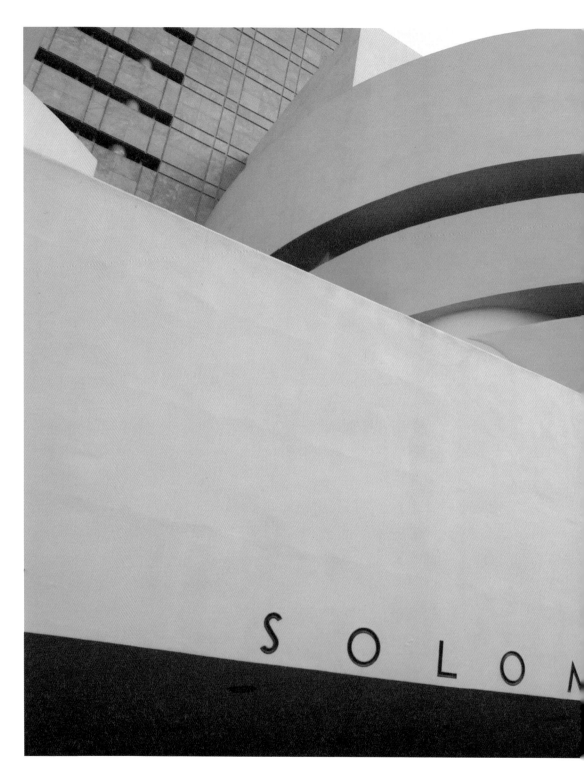

구겐하임 미술관의 전경

임 미술관은 뉴욕 도시가 갖는 격자 구조와 대립되는 원형 형태를 갖고 있다. 층의 구분이 없어 경사로를 따라 위에서 아래로 이동하며 중앙의 개방된 아트리움을 통해 몇 개 층을 같이 볼 수 있다. 막혀 있는 공간에서 작품 감상에 익숙해진 나로서는 트인 공간에서의 작품 감상이 조금 낯설었다. 이동하는 램프는 단순한 통로 기능만이 아닌 전시를 겸비한 공간인 셈이다. 오프닝 당시에는 이런 혁신적 발상의 공간에 적응하기란 어느 누구도 쉽지 않았으리라. 경사로를 따라 꼭대기 층에서부터 아래층까지 전시를 관람할 수 있도록 동선을 유도하고 있어 6층에서부터 작품들을 감상하면서 램프를 돌고 나니 어느새 입구 로비까지 이르렀다.

1층 로비의 정중앙에서 빛이 들어오는 천정을 바라볼 때의 감동은 쉽게 잊혀지지 않는다. 사방이 원통형의 하얀 벽으로 둘러싸인 내부 공간에 유일하게 유리로 처리한 천장으로부터 새어 들어오는 자연광이 로비 바닥까지 내리비치는 아름다운 모습에 매혹되었다. 360도로 열린 하얀 나선형 램프와 그 길을 따라 움직이는 관람객의 모습들은 거대한 조형물처럼 버티고 있었고, 그 공간이 바로 예술 작품이었다. 구겐하임 미술관 공간에서만 누릴 수 있는 감동이었고 특권이었다. 트인 공간에서의 낯선 미술품 감상은 어느새 프랭크 로이드 라이트의 의도를 꿰뚫어 나만의 감상법에 쾌재를 불렀다. 천정 중앙의 대공간은 마치 하늘을 향해 열려 있는 듯 착각을 불러일으켜 그 순간 커다랗게 뚫린 판테온의 둥근 천장과 오버랩되었다. 형용하기 어려운 장엄함이 주는 이 미술관 천정은 나선형의 램프와 어우러져 건축미의 절정을 이루었다. 나는 로비 바닥에 누어 수없이 셔터를 눌러댔다.

구겐하임 미술관은 프랭크 로이드 라이트의 마지막 작품이며, 그의 가장 오래 걸린 프로젝트였다. 전쟁 직후 경제 상황과 프로젝트 시작 후 6년 되던 1949년에 솔로몬 구겐하임이 암으로 사망하자 재단 이사진에서 프랭크 로이드 라이트의 설계안을 수정 요구하였고, 첫 설계안과는 많이 달라지며 난관에 부딪히게 된다. 우여곡절 가운데 1956년 공사는 재개되었지만 시작부터 또 다른 난항을

위: 구겐하임 미술관의 채광창 / 아래: 구겐하임 미술관에서 바라본 센트럴파크

겪었다. 당시 현대미술가로 명성 있는 윌렘 드 쿠닝Willem De Kooning을 비롯해 프란츠 클라인franz kline, 로버트 마더웰Robert Motherwell, 필립 거스턴 등이 경사진 벽에 작품을 건다는 것은 작품 배치를 전혀 고려하지 않은 설계안이라 하여 반대 성명을 냈다. 이에 반하여 라이트는 구겐하임이 수집한 비구상회화와 추상회화는 기존의 미술관 사각형 틀에서 벗어나 진보적인 새로운 공간이 필요하다고 반박을 제기하며 자신의 설계안을 관철시켰다. 드디어 1959년에 미술관은 완성되었지만, 라이트는 미술관 건물의 준공을 6개월 앞두고 사망하였다.

　　지금까지도 경사로를 이룬 나선형의 전시 공간은 작품 전시가 까다로워 수많은 예술가들의 비판의 대상이 되기도 하지만 이 미술관에서의 전시는 작가에게 일생일대의 꿈이고 영광스러운 일이다. 2011년 6월에는 이곳에서 이우환의 회고전이 열렸다. 2000년 백남준의 회고전 이후 한국 작가로는 두 번째 개인전이었다. 뉴욕 구겐하임에서 이우환의 회고전은 세계시장에 한국 작가의 위상을 떨쳤고, 그를 한국 현대미술의 거장으로서 자리를 확고히 하게 하였다. 방문했을 때 본 자하 하디드Zaha Hadid의 설계 드로잉을 비롯해 전시된 의자들, 유선형의 테이블과 부엌 가구들은 어쩜 그리도 이 공간과 딱 떨어지는지 감탄사가 절로 나왔다. 건축가 프랭크 로이드가 이 전시를 보았다면 자신의 공간과 자하 하디드 작품의 절묘한 어우러짐에 60년 이상을 앞선 자신의 진보적인 공간 디자인에 자랑이 끝이 없었을 것만 같았다. 전시회를 감상하며 순간순간 대가다운 면모를 발견하며 그녀의 작품들을 열심히 프레임에 담았다. 건축계의 여제 자하 하디드 역시 이젠 영원한 안식에 빠졌다. 지난번 서울 DDP 오픈에서 만났을 때 당당했던 그 모습이 여전히 눈에 선하다. 함께 찍었던 사진을 간혹 들여다보며 그리움을 달래고는 한다.

　　구겐하임 미술관의 소장품은 창립자 솔로몬 구겐하임의 의도에 따라 20세기 비구상과 추상 계열 작품이 대부분으로 세잔·드가·고갱·마네·피사로·르누아르·로트렉·고흐 등 프랑스 화단의 화가들 위주의 작품과 피카소의 초기 작품, 몬드리안·파울 클레·샤갈, 특히 칸딘스키의 작품들을 세계에서 가장 많

만 레이(Man Ray)의 페기 구겐하임 초상 사진

이 보유하고 있다. 몬드리안·클레·샤갈 등의 추상화와 칸딘스키의 비구상회화 컬렉션이 있기까지는 초대 관장인 힐라 본 르베이Hilla von Rebay(1890~1967)의 영향이 지대하다. 구겐하임 미술관의 기반을 형성하는 데 중추적 역할을 했던 힐라 르베이는 솔로몬 구겐하임 재단에서 운영하였던 비구상회화미술관의 여성 큐레이터로, 솔로몬 구겐하임은 르베이를 만난 후 비구상회화를 수집하기 시작하였다.

소장품 중에는 솔로몬 구겐하임의 상속자이며 조카인 페기 구겐하임 Marguerite Peggy Guggenheim(1898~1979)이 수집한 영국 추상표현주의 거장 프란시스 베이컨Francis Bacon을 비롯해 다다와 초현실주의 대가 달리, 기리코, 막스 에른스트, 이브 탕기, 뒤샹, 피카비아 등의 작품이 있다. 페기 구겐하임은 평생의 멘토였던 마르셀 뒤샹, 몬드리안, 장 드 뷔페, 파울 클레, 마크 로스코 등의 유럽 대가들을 미국으로 진출시킨 장본인이며 미국 추상표현주의를 대표하는 잭슨 폴록, 한스 호프만, 로버트 마더웰, 윌렘 드쿠닝 등과 조각가 데이빗 스미스와 같은 그 당시 미국 미술의 신예들을 발굴하여 현대회화의 거장으로 성장시킨 후원자이며 컬렉터다.

구겐하임 미술관의 컬렉션 절반 이상은 두 여성 힐라 르베이와 페기 구겐하임의 안목으로 수집되었다 해도 과언이 아니다. 구겐하임 미술관은 각종 교육 프로그램 및 기획전을 개최하는 것 외에도 매년 구겐하임 상을 수여하는 국제미술전을 열어 현대미술 발전에 기여하고 있다. 특히 국제적인 미술 교류를 위해 뉴욕뿐만 아니라 이탈리아 베니스와 스페인 빌바오에도 구겐하임 미술관을 운영하고 있으며, 2017년에는 아랍에미리트 아부다비에노 개관을 앞두고 있다.

건축가   프랭크 로이드 라이트
주소   1071 5th Ave, New York, NY 10128, USA
홈페이지   www.guggenheim.org

디아비콘
Dia:Beacon

소박하고 허술한 입구와는 대조적인 거대한 방마다 대형 작품들로 온통 채워진 미술관

맨해튼 50번가에서 차로 한 시간 반 정도 달리면 허드슨 강 동북쪽 끝자락에 자리한 디아비콘이 나온다. 이곳은 1960년대 이후의 유명 현대미술 소장품들을 넓은 공간에 모아놓은 독특한 미술관이다. 원래 뉴욕의 예술촌 첼시에서 갤러리를 운영하던 디아 미술재단이 예전의 상자인쇄공장으로 사용되었던 건물을 개조해 2003년 5월 멋진 현대미술관으로 오픈하였다. 20세기 초 산업 건축물로서의 특징을 고스란히 지닌 이 건물은 벽돌과 콘크리트, 스틸, 유리 등으로 이루어진 군더더기 없는 구조로 되어 있으며, 높은 천고와 거대한 방, 넓은 채광창 등의 특징을 지녔다. 당시 미술과 관련된 프로젝트를 주로 하던 건축회사인 오픈오피스OpenOffice가 리노베이션 프로젝트에 참여하였고, 빛과 공간을 다루는 작가로 유명한 로버트 어윈Robert Irwin●이 정원을 비롯한 외부 공간의 구상에 참여하였다. 이들은 건물의 역사성과 본래의 구조적 특성을

로버트 어윈은 미국 캘리포니아 주 롱비치 출신으로 1950년대에 추상 위주의 회화 작업으로 예술 활동을 시작하였다. 1970년대부터는 LA의 게티 센터의 중앙정원을 비롯해 주요 장소 55곳에 기념비적인 설치 작품들을 남겼다. 모마, 구겐하임 미술관, 퐁피두 미술관 등 세계적인 미술관에 그의 작품이 소장되어 있다.

위: 디아비콘의 전경 / 아래: 디아비콘의 서쪽 파사드(사진 제공: Dia Art Foundation)

최대한 살리면서 현대미술과 접점을 찾으려고 했다.

　미술관 마당을 거쳐 너무나 소박하고 허술한 입구로 들어가기 전까지도 이곳이 미술관이 맞나 싶을 정도로 길을 잘못 들어온 듯한 착각에 빠지게 된다. 하지만 곧이어 붉은 벽돌의 밋밋한 2층 건물 안으로 들어서니 넓은 공간의 전시장 크기에 놀랐다. 길이가 100미터는 족히 넘는 방들이 20여 개가 넘었다. 또한 건축가의 손길이 거의 가지 않은 예전의 인쇄공장을 그대로 이용한 멋진 전시공간에는 미국 미술이 세계시장을 장악하는 데 큰 역할을 했던 기라성 같은 작품들이 전시되어 있어 또 놀랐다. 1960~1970년대의 팝아트의 거장 앤디 워홀, 미니멀아트minimal art의 대표 주자 도널드 저드Donald Judd와 댄 플래빈Dan Flavin, 개념미술Conceptual Art 작가인 솔 르윗Sol LeWitt, 대지미술 작가인 로버트 스미슨Robert Smithson, 그밖에 리처드 세라Richard Serra, 아그네스 마틴Agnes Martin, 조셉 보이스Joseph Beuys, 루이스 부르주아Louise Bourgeois 등 24명의 작가들의 대형 작품들을 감상하며 만감이 교차하였다.

　가장 인상적이었던 작품 중 하나는 앤디 워홀의 '그림자' 시리즈Shadows Series와 당대에 미국의 예술 문화계를 풍미했던 인물들을 담은 '초상화' 시리즈였다. 앤디 워홀 방에 설치된 그림자 시리즈는 디아비콘에서만 볼 수 있는 유일한 작품이다. 1979년 디아비콘을 위해 워홀이 준비한 이 작품은 다양한 색상의 실크스크린 작업으로, 긴 벽면의 이 끝에서 저 끝까지 단일 캔버스로 채워진 거대한 설치 작업이다. 앤디 워홀이 그린 이 추상화 그림자 시리즈는 디아비콘의 영구 컬렉션 중 가장 소중한 작품이기도 하다.

　전시장을 돌아보고 나올 즈음 미국인의 부에 기가 질렸고 한편으론 부러웠다. 현대 예술을 이끌어온 기라성 같은 작가들에게 자신의 방을 부여해 오로지 자신의 작품만을 전시할 수 있는 행운이야말로 자본주의가 주는 특권이리라. 뿐만 아니라 전통 미술관의 영역과 한계를 뛰어넘어 커다란 공간 속에 전시된 대형 작품들은 마치 그 장소를 위해서 제작되어진 것처럼 작품성을 백분 발휘하였다. 현대미술의 흐름을 잘 반영한 전시 기획은 현대 작가들의 작품 세계의 깊이를 알게 된 좋은 기회였다. 미술관의 수많은 유리창으로 쏟아지는 자연광은 마치 광활한 자연에서 작품을 마주하는 듯 오랫동안 기억에서 지워지지 않았다.

건축가   로버트 어윈
주소   3 Beekman Street, Beacon, NY 12508, USA
홈페이지   www.diabeacon.org

뉴 뮤지엄
New Museum

직사각형 박스를 랜덤 하게 쌓아놓은 듯한 독특한 건축물

소호의 프라다 매장을 지나서 조금 걸으면 직사각형 박스를 랜덤 하게 쌓아놓은 듯한 미술관이 보인다. 이곳은 멀리서도 외관이 독특하여 한눈에 찾기 쉬웠다. 프리츠커 가문이 설립한 하얏트 재단에서 인류와 환경에 공헌한 건축가에게 수여하는 상으로 흔히 '건축계의 노벨상'이라 불리는 프리츠커 건축상^{Pritzker} Architecture Prize을 수상한 일본 건축가인 세지마 카즈요Sejima Kazuyo와 니시자와 류에Nishizawa Ryue의 SANAA*가 디자인한 뉴 뮤지엄은 소호거리 끝자락에 있다.

SANNA는 여성 건축가 세지마 카즈요와 남성 건축가 니시자와 류에의 공동 프로젝트명이다. 세지마 카즈요(1959~) 1981년 니혼 여대에서 건축을 공부하였고 니시자와 류에(1966~)는 요코하마 국립대학에서 건축 석사를 마쳤다. 이들은 1995년부터 건축 프로젝트 'SANAA'라는 이름으로 활동해왔다. 2004년 베니스 건축 비엔날레에서 황금사자상을 받았고 2010년에는 프리츠커 상을 수상하였다. SANAA의 대표작으로는 뉴욕의 뉴 뮤지엄 외에도 일본 가나자와 21세기미술관과 스위스 로잔의 롤렉스 학습센터, 프랑스 랑스의 루브르 박물관 분관 등이 있다.

　　뉴 뮤지엄의 건물 외벽에 설치된 한 송이의 장미 조형물이 다소 낯설었지만 군더더기 없는 단순한 기하학적 박스 형태로만 비스듬히 쌓아올린 미술관 건물은 스스로를 현대미술관이라고 나타내주어 단숨

뉴 뮤지엄의 전경

위: 뉴 뮤지엄의 데스크 / 아래: 로비에 걸린 벽 장식의 포스터

에 찾을 수 있었다. 붉은 장미는 독일작가 이자 겐즈켄Isa Genzken 작품이다. 개관한 지 얼마 안 된 뉴 뮤지엄은 이미 소호 지역의 랜드마크로 급부상하고 있었다.

로비에 들어서니 오른편의 선물 숍과 왼편의 창구가 사람을 편안하게 맞아주었다. 선물 숍을 단순한 박스형 칸막이로만 구역을 분할한 아이디어에서는 일본 건축가다운 면모를 읽을 수 있었다

로비 왼편에 걸린 커다랗고 새까만 포스터 속에 유난히도 새빨간 입술의 여인과 빨간 사과가 환상의 조화를 이루고 있었다. 포스터에서 눈길을 뗄 수 없었다. 포스터 속의 공간은 실제 공간처럼 느껴져 좁은 공가의 확장을 유도해냈다. 빨간 입술의 모델과 빨간 사과가 담긴 포스터는 간극을 오가며 스틸 재질의 회색빛 천정과 조화를 이뤄냈고 그 장소는 그야말로 허와 실이 어우러진 최상의 공간이었다. 커다란 포스터에 둘러진 공간은 실제 공간 사이에서 새로운 건축 공간으로 풀어내었다. 나는 한동안 그 공간을 프레임에 담았다. 프레임 컷을 통해 보이는 1층 카페의 독특한 샹들리에도 눈에 띄었다. 그곳에서 잠시 휴식을 취하며 미술관 내부 곳곳을 훑어보았다.

전시장으로 올라가기 위해 엘리베이터를 찾아 두리번거렸다. 새까만 포스터에 가려진 엘리베이터 문은 구획의 분간이 쉽지 않았다. 까만 엘리베이터를 열고 들어가니 반전이었다. 연두색의 화려한 컬러가 신선하게 반겨주었다. 지하와 지상 4층의 전시장은 유연한 공간 구조를 취합해 어떠한 형식의 전시도 수용 가능하게 디자인 되었다.

지하로 내려가는 계단도, 복도도 반전의 연속이었다. 복도를 장식하고 있는 독특한 사진을 담은 벽지는 커다란 벽화와 같았다. 화장실 역시 세면대와 거울을 뺀 모든 공간은 문짝과 천정 할 것 없이 온통 꽃무늬를 발라놓았다. 화장실 분위기와 지하 복도는 일본 디자이너만이 지닌 독특한 개성을 엿볼 수 있었다.

뉴 뮤지엄은 뉴욕 최초의 컨템퍼러리 전문 미술관으로 1977년 설립 이후 지금까지 최전방에서 동시대에 일어나는 미술계를 빠르게 읽으며 뉴욕 시에서 실행하는 문화적 실천에 앞장서왔다. 디지털 아카이브, 공공 프로그램 및 간행물

위: 뉴 뮤지엄의 엘리베이터 내부 / 아래: 뉴 뮤지엄의 화장실

등의 기본 자료는 무료 온라인 접속이 가능하다. 이 데이터베이스를 통해 사용자는 4000여 명의 예술가와 큐레이터 그리고 미술관의 프로그램과 관련된 단체를 검색할 수 있을 뿐 아니라 약 7500개 시각적 레코드를 탐색할 수 있도록 개방해 놓았다. 이렇게 대중에게 전면적으로 개방한 것은 뉴 뮤지엄이 개관 30주년을 맞아 2007년 맨해튼의 다운타운에서 소호로 옮겨오면서다. 최대의 자료를 갖춘, 최초의 컨템퍼러리 미술관인 셈이다.

유머러스한 캐릭터의 인물 초상으로 독자적인 장르를 개척한 조지 콘도 George Condo(1957~)의 특별전은 대가의 진면목을 볼 수 있는 좋은 기획 전시였다. 전시를 둘러본 후 올라갔던 옥상 정원의 조그마한 카페에서 내려다본 소호거리는 정겨웠다. 소호의 옛 모습이 확연하게 드러났다. 요즘 어딜 가나 대형 미술관에 질린 터라 좁은 공간은 오히려 안락함으로 피곤함을 덜어주었다. 어슴푸레한 저녁 시간에 뉴 뮤지엄을 나오니, 뉴욕의 옛 정취와 새로움이 어우러진 소호거리는 노을에 물들어 분위기가 한층 고조되었다. 미술관 주변에 드문드문 들어선 갤러리와 디자인 숍들을 기웃거리는 재미 역시 소호다웠다.

뉴욕에 머무는 동안 허드슨 호텔에 짐을 풀었다. 허드슨 호텔은 프랑스 태생의 유명 산업디자이너 필립 스탁 Philippe Patrick Starck이 디자인한 부티크 호텔이다. 입구의 연두색 형광의 에스컬레이터부터 기대감에 부풀었다. 모던과 클래식이 어우러진 편안한 로비에는 필립 스탁이 디자인한 다양한 종류의 소파가 놓여 있었다. 사람의 실체를 파악하기조차 어려울 정도로 새까만 엘리베이터 안은 정적이 흘렀고, 독특한 패턴의 블랙 엘리베이터의 틈새로 들어오는 한줄기 희미한 빛은 고혹적이면서도 이색적이었다. 객실은 예상했던 대로 비좁고 불편하였다. 그렇지만 여인 얼굴 장식의 스탠드에 불이 서서히 켜질 때의 유머러스함은 감동을 주었고, 조그마한 욕조에 새긴 자신의 사인과 욕조를 가려주는 하늘거리는 커튼은 이미 필립 스탁의 스타일에 익숙함에도 불구하고 새로운 즐거움을 안겨주었다. 저녁식사 후 들른 북 카페는 쉽게 접할 수 없는 독특한 책들과 가구들, 이

상야릇한 사진 작품들로 온통 흥밋거리를 북돋았다.

　새벽에 멀리 보이는 허드슨 강 사이로 들어온 어슴푸레한 뉴욕 풍경은 나를 설렘으로 흥분시켰다. 1950년대 건축에서 국제주의 양식을 대표하는 두 건물, 파크 애비뉴의 미스 반 데어 로에가 설계한 시그램 빌딩Seagram Building과 SOMSkidmore, Owings and Merrill이 디자인한 레버 하우스를 오랜만에 다시 찾았다. 레버 하우스 1층에 위치한 레스토랑 카사 레버는 세계에서 가장 주목받고 있는 산업디자이너인 마크 뉴슨Marc Newson이 디자인한 이탈리안 식당이다. 시드니 예술대학에서 보석과 조각을 공부한 후 산업디자이너로 활동하고 있는 마크 뉴슨은 최근 2014년 9월부터는 애플 디자이너로 영입되었다. 그의 가장 유명한 작품인 록히드 라운지 체어를 떠올리니 애플의 새로운 디자인이 몹시 기대된다. 선실 문을 연상케 하는 긴 육각형의 입구를 지나면 말쑥한 웨이터가 맞이해 자리를 안내한다. 모던한 레스토랑 분위기와 어울린 세련된 슈트 차림의 뉴요커들 틈바구니에서 와인을 마시며 뉴욕의 컬러를 곱씹어보았다.

건축가　　세지마 카즈요, 니시자와 류에
주소　　　235 Bowery, New York, NY 10002, USA
홈페이지　www.newmuseum.org

시카고 현대미술관
Museum of Contemporary Art Chicago

제2차 세계대전 이후의 시각예술 작품 수천 점의 소장을 자랑하는 미술관

시카고는 미시간 호에 연해 있는 일리노이 주의 북동부에 위치한 상공업의 중심 도시로 학술 문화의 중심지며 교통의 요충지이자 현대건축의 메카다. 시카고 하면 수많은 단어들이 떠오른다. 바람의 도시, 시카고 대화재, 〈시카고 트리뷴〉, 갱스터 알 카포네, 시카고 불스의 마이클 조단, 초고층 빌딩, 시카고 학파를 낳은 시카고 대학 등 유명세가 너무나 많은 도시다.

시카고는 1871년에 발생한 대화재 이후 재건된 도시로 화재 당시에 인구의 3분의 1인 10만 명이 집을 잃었다고 한다. 이 불길은 건조한 날씨와 거센 바람 탓으로 무려 27시간 동안 걷잡을 수 없이 번져 수많은 건물이 소실되었다. 이러한 일련의 사건 원인이 바람 때문이었기에 그 이후부터 시카고는 '바람의 도시 Windy City'라는 별명이 주어졌다. 그 덕분에 시카고는 어떤 강풍에도 견디어낼 수 있는 최첨단 하이테크 공법이 미국에서 가장 발달하게 되었고 건축의 메카로서 우뚝 서게 되었다. 미시간 호가 만나는 시카고 강의 세찬 바람조차도 아랑곳없이 견딜 수 있는 철골 구조와 스켈레톤skeleton 공법을 이용한 최초의 고층 건물이

위: 시카고의 초고층 빌딩 / 아래: 시카고 현대미술관의 전경

속속 들어서게 되었으며, 그 무렵 미스 반 데어 로에, 프랭크 로이드 라이트, 헬무트 얀Helmut Jahn과 같은 유명한 건축가들이 대거 참여하면서 새로운 도시계획을 시도하였다. 다양한 모습의 고층 건물들과 오래된 건축물이 조화롭게 어우러진 시카고는 도시 전체가 건축박물관을 방불케 하였다.

1967년에 설립된 시카고 현대미술관 역시 건축의 도시답게 지어진 미술관이다. 'MCA 시카고'로도 불리는 시카고 현대미술관은 세계적인 규모의 동시대 미술관으로 제2차 세계대전 이후의 시각예술 작품 수천 점을 소장하고 있는 미국 현대미술관 중 대표적인 미술관으로 손꼽히고 있다.

소장품으로는 팝 아티스트 선두 주자로 너무나도 유명한 앤디 워홀을 비롯해 현대미술을 대표하는 사진작가 신디 셔먼, 아프리카계 작가 카라 워커, 움직이는 조각의 창시자이며 추상주의 조각의 선구자 알렉산더 칼더 등 미국을 대표하는 작가의 작품이 있다. 또한 초현실주의Surrealism, 팝 아트Pop art, 미니멀리즘Minimalism, 개념미술, 포스트모더니즘Postmodernism의 대표작과 시카고 출신 작가들의 작품들이 소장되어 있다. 시카고 현대미술관에서 열렸던 유명한 전시 가운데는 프리다 칼로Frida Kahlo의 미국에서의 첫 개인전과 제프 쿤스Jeff Koons의 첫 번째 미술관 개인전 등이 있다.

시카고 현대미술관은 본래 시카고 온타리오에 있었으나 1996년 현재의 위치인 이스트 시카고에 종전의 5배 규모로 재개관하였다. 재개관한 시카고 현대미술관은 독일의 대표적인 모더니즘 건축가인 요제프 파울 클라이휴즈Josef Paul Kleihues가 설계를 맡아 1996년 완공되었다. 그가 미국에 설계한 최초의 건축물 MCA 시카고는 시카고의 근대건축 전통을 이어가면서도 혁신의 정신을 담아 새로운 모습의 건축물을 선보였다.

요제프 파울 클라이 휴즈는 독일 베를린에

요제프 파울 클라이휴즈(1933-2004)는 스투트가르트 대학과 베를린 공과대학을 졸업한 후 장학금을 받고 프랑스 파리로 건너가 에콜 수페리에 데 보자르에서 공부하였다. 1994년 뒤셀도르프 쿤스트 아카데미의 교수로 임용되었다. '시적 이성주의poetic rationalist' 스타일을 추구하는 요제프 파울 클라이휴즈는 프랑크푸르트 선사박물관The Museum of Prehistory과 하노버의 슈프렝겔 뮤지엄Sprengel Museum 등의 미술관 설계를 통해 국제적인 명성을 얻게 되었다.

있는 19세기에 지어진 함부르거 반호프 역을 새롭게 리모델링하여 함부르거 반호프 미술관으로 거듭나게 한 장본인이며, 여전히 함부르거 반호프 미술관은 베를린의 관광 명소로서 예술인들의 사랑을 듬뿍 받고 있다. 그는 MCA 시카고에 시카고 도시계획의 사각형 격자 크기를 건축디자인의 기본 틀로 삼아 외관 및 바닥의 형태를 격자무늬로 차용하였으며, 단순성과 개방성을 중시하였다. 함부르거 반호프의 확장 설계한 시기와 같은 시기(1996년)에 지어졌다.

MCA 시카고 외관에서 가장 상징적인 기능은 메인 계단이다. 정문 중앙에 넓은 계단을 두어 고대 아크로폴리스와 유사한 역할을 담당하고 있었다. 이 공간은 지역 주민과 방문객을 위한 건축가의 배려. 건축가의 이 고안은 카를 프리드리히 싱켈Karl Friedrich Schinkel에 의해 설계된 베를린 구 박물관에서 영감을 얻었다고 한다. MCA 시카고의 상징이라 할 수 있는 정면의 수십 개 계단을 올라야만 비로소 미술관 1층으로 들어서게 된다. 계단 꼭대기에는 토마스 쉬테Thomas Schütte의 노란색 군상이 놓여 있다.

요제프 파울 클라이휴즈는 시적 합리주의의 이론가로 알려져 있다. MCA 시카고 역시 심플하면서도 현대 유리 박스의 기능주의 미학이 곳곳에서 드러났다. 1층에는 재단학습연구소와 교육센터, 기념품 숍, 서점을 두어 각각 특색을 두었다. 2층은 테라스 가든과 중앙 아트리움을 두어 동쪽과 서쪽의 유리 벽을 통해 시카고 시내와 미시간 호를 조망할 수 있도록 힐링의 공간을 두었다. 3층은 후원자의 가족 컨퍼런스 룸과 가족 갤러리, 라운지가 있었다. 4층은 전시장으로 사용하였다. 전시실 공간은 임시 벽을 두어 갤러리마다 각각의 전시를 위해 사용자가 유연하게 사용할 수 있도록 배려하였다. 이외에도 거대한 회의장과 대규모 극장, 미시간 호가 내려다보이는 조각공원 등이 있다.

미술관 입구의 조그마한 정원은 조각을 설치하기 위해 만든 공간으로 부서진 자동차를 설치해놓아서 눈길을 끌었다. 이 작품은 마이클 엘름그린Michael Elmgreen과 잉가 드래그셋Ingar Dragset의 작품이다. 노르웨이 출신의 엘름그린과 덴마크 출신의 드래그셋은 2005년부터 텍사스의 황량한 광야 한가운데 프라다의

위: 토마스 쉬테의 <노란색 군상> / 아래: 마이클 엘름그린과 잉가 드래그셋의 설치 작품

위: 시카고 현대미술관의 야경 / 아래: 밀레니엄 파크 내 프리츠커 파빌리온

한 매장을 예술 작품으로 설치해놓아 더욱 유명해진 작가이기도 하다.

미술관을 관람한 후 데일리 센터The Daley Center 광장의 피카소 조각 앞에서 잠시 쉬며 여행의 피로를 풀었다. 시카고의 찢어지듯 세찬 바람에 옷깃을 곧추 세우며 걸음을 재촉하는 중 미스 반 데어 로에가 설계한 시카고 연방센터 앞 광장에서 선홍빛의 칼더 조각 〈플라밍고Flamingo〉를 만났다. 순간 들이비치는 햇빛 속에서 선홍색의 칼더 조각은 더욱 강렬하게 빛을 발하여 알싸한 느낌의 시카고를 잠시 훈훈하게 데워주었다. 멋진 조각이었다.

다음 날 밀레니엄 파크Millennium Park로 향했다. 빌비오 구겐하임 미술관 설계로 유명해진 프랭크 게리Frank Gehry는 시카고 시민들이 즐겨 찾는 밀레니엄 파크에 '제이 프리츠커 파빌리온Jay Pritzker pavilion'을 세우게 된다. 넓은 공원의 파란 잔디와 하나가 된 은빛 스테인리스 구조물은 햇빛에 반사되어 더욱 반짝이며 빛을 발하고 있었다. 나는 조형물 앞에 자유롭게 누워서 독서와 담소를 즐기는 시카고 시민들과 하나 되어 그들의 풍요를 잠시 누렸다. 마냥 즐거워하는 어린아이와 함께 일상을 즐기는 시민들의 모습을 프레임에 담아보았다.

그 옆에는 인도 출신으로 영국의 세계적 조각가인 아니쉬 카푸어Anish Kapoor의 '클라우드 게이트Cloud Gate'라는 부제를 단 거대한 스테인리스 조형물이 설치되어 있다. 수은 액체로부터 영감을 받아 만들었다는 콩 모양의 스테인리스덩어리로 된 이 조각은 밀레니엄 파크 안에서 일어나는 일상들을 조각 안에 고스란히 담아내고 있었다. 감상자들은 각자의 움직임에 따라 자신의 모습이 왜곡된 형상으로 비춰질 때마다 발걸음을 멈추고 조각 가까이 다가가고 있었다. 현실과 왜곡의 괴리된 삶을 적나라하게 보여주는 예다. 밀레니엄 파크의 크라운 분수Crown Fountain는 시카고 시민들의 얼굴들을 LED로 된 대형 프레임에 담아 얼굴 표정이 바뀔 때마다 입속에서 물을 뿜어내어 행인들에게 즐거움을 안겨주었다.

건축가   요제프 파울 클라이휴즈
주소   220 E Chicago Ave, Chicago, IL 60611, USA
홈페이지   www.mcachicago.org

밀레니엄 파크 내 크라운 분수

샌프란시스코 현대미술관
San Francisco Museum of Modern Art, SFMoMA

채광창 사이로 샌프란시스코 하늘이 바라다보이는 미술관

아름다운 항구도시 샌프란시스코는 일탈을 꿈꾸는 여행객과 방랑객이 붐비는 곳이다. 문화와 예술을 사랑하는 이 자유분방한 도시는 샌프란시스코 아트 페어, 필름 페스티벌, 재즈 축제, 게이 축제 등 다양한 행사가 1년 내내 계속 되어 미국인이 살고 싶은 도시 1순위로 손꼽힌다. 이 도시의 랜드마크인 금문교는 오래된 다리임에도 불구하고 여전히 세계에서 가장 아름다운 다리로 꼽힌다. 노란 햇살이 내려앉은 태양의 도시 샌프란시스코는 평화로웠다.

다운타운의 유니언스퀘어 공원을 가로질러 공원 왼쪽에 위치한 샌프란시스코 현대미술관은 미국 서부에서 20세기의 미술품 소장과 전시를 목적으로 설립된 최초의 현대미술관이다. 본래 1935년 시빅 센터의 참전군인회관에서 시작되었는데, 계속해서 늘어나는 소장품을 수용하기 위해 개관 60주년인 1995년에 마리오 보타Mario Botta●의 설계로 샌프란시스코 시내에 지금의 모습으로 재개관하였다.

샌프란시스코 현대미술관의 전경

멀리서 바라본 샌프란시스코 현대미술관은 얼룩말 무늬로 된 비스듬한 원통형의 구조물만 눈에 들어왔다. 가까이 다가갈수록 마리오 보타의 트레이드마크인 붉은 벽돌과 흰색 돌로 패턴화된 기하학적 디자인에서 그의 작품임을 한눈에 읽을 수 있었다.

내부로 들어서니 다소 어두웠고 원통형의 4개 기둥이 아트리움 중앙에 놓여 있어 그 육중함에 답답함을 느꼈다. 하지만 어느새 채광창 아래로 새어 든 빛으로 인해 사물들은 서서히 윤곽을 드러내주었고, 그 빛은 1층 중앙 안뜰까지 환히 밝혀주었다. 중앙 아트리움 바닥에 떨어진 빛은 시시때때로 변하였고, 관람자의 그림자와 어우러진 공간은 안온함으로 가득했다. 미술관 꼭대기의 채광창 아래에는 공간을 가로지르는 트러스 브리지가 설치돼 있었다. 이 브리지를 건너야만 다음 전시장으로 갈 수 있었고, 그 공간의 경험은 색다른 체험이었다. 기하학 무늬로 새겨진 원형 채광창으로 바라보이는 샌프란시스코 하늘과 구름은 어떤 작품보다도 더 아름다웠다. 그 채광창이야말로 현대 추상화였다. SFMoMA가 마리오 보타의 수작으로 손꼽히는 이유를 어렴풋이 깨달을 수 있었다.

때마침 와인과 관련된 건축디자인 전시회를 하고 있었다. 레드와 화이트, 로제 와인, 샴페인까지 하나씩 향을 맡아볼 수 있도록 기획한 전시는 흥미로웠다. 와인이 담긴 병 부분의 좁다란 고무 부분을 펌핑pumping하면 플라스크flask를 통해 향기를 음미할 수 있었다. 그윽한 와인 향기에 실눈이 풀려 여행은 더 감미롭고 풍요로웠다. 세계 유명 건축가가 설계한 와이너리를 촬영한 사진 전시 앞에서는 발걸음을 뗄 수가 없었다. 프랑스 보르도의 와이너리부터 포르투갈의 라호야까

마리오 보타(1943~)는 스위스 멘드리소-티치노에서 태어나 티치노 지방을 중심으로 활동하면서 지역적 아이덴티티를 강하게 살리는 건축물을 지어 세계적으로 명성을 얻게 된다. 그는 어린 나이인 16세에 첫 번째 집을 지었고, 27세에 이탈리아 루가노에 자신의 건축사무소를 개설하였다. 밀라노와 베니스에서 건축을 공부한 후 르 코르뷔지에와 루이스 칸Louis Kahn의 설계사무소에서 경험을 쌓았고, 이탈리아를 대표하는 건축가 카를로 스카르파에게 사사하기까지 당대 최고의 건축가들에서 영향을 받았다.

마리오 보타가 설계했던 1980년대 이후의 티치노 지방의 건축물들은 그에게 수많은 수상과 명성을 안겨주었다. 유명 작품으로는 스위스 뇌샤텔의 뒤렌마트 기념관과 바젤의 장 팅겔리 미술관, 일본 도쿄의 와타리움 미술관 등 다수의 미술관이 있으며, 국내에도 서울 강남의 교보 타워와 삼성미술관 리움 등이 있다.

위: 기하학 무늬로 새겨진 채광창 / 아래: 원형 채광창과 4개의 기둥

위: 와인과 관련된 소품디자인 전시 / 아래: 조엘 샤피로의 조각 <무제>

지 꼭 가보고 싶었던 유명 건축물을 총망라하고 있었다. 좋은 전시회를 만나는 것은 여행의 기쁨을 배가시킨다. 기억의 비밀 창고 속에 쌓아놓고 불현듯 꺼내 보는 기쁨이야말로 어찌 이보다 즐거울 수 있으랴.

샌프란시스코 현대미술관은 미국 서부를 대표하는 도시의 미술관답게 2만 7000여 점의 작품을 소장하고 있다. '동부에 MoMA가 있다면 서부에는 SFMoMA가 있다'는 그 적절한 표현에 100% 공감이 갔다. 빼어난 기획력과 개성 있는 컬렉션으로 알려진 독특한 유형의 미술관 SFMoMA는 미국 작가와 유럽 작가의 명작 컬렉션에만 집착하지 않고, 그동안 주목받지 못했던 남미와 아시아권의 미술 작품을 소개하는 미술관으로 여느 미술관과 다른 차별화된 전시 기획을 자랑하고 있다.

주요 컬렉션으로는 색채의 마술사 마티스와 현대 추상회화의 시조 파울 클레를 비롯하여 조안 미로와 입체파의 기수 파블로 피카소, 누보 레알리즘의 선두 주자 아르망, 미니멀리즘 조각가 조엘 샤피로 등의 작품이 있었다. 아크릴 판 위에 수십 개의 트럼펫을 자유롭게 펼쳐놓은 아르망Armand Pierre Fernandez의 작품 〈트럼펫〉은 금방이라도 음표에 맞춰 춤을 출 것만 같았다. 미술관 건물 옥상에서 바라본 샌프란시스코의 정경은 어스름한 노을로 인해 더욱 아름다웠고, 두 건물 사이로 모습을 드러낸 조엘 샤피로Joel Elias Shapiro의 조각 〈무제〉는 미술관을 산책이라도 하듯 경쾌하였다.

특히 SFMoMA는 사진 컬렉션에 비중을 뒤 1830년대부터 유럽 아방가르드, 미국 모더니즘까지의 사진 작품 1만 4000여 점을 자랑하고 있다. 20세기 가장 위대한 사진작가이며 즉물사진의 시조 에드워드 웨스턴Edward Weston의 작품들과, 흑백 풍경사진의 지존 안셀 아담스Ansel Adams의 작품 〈골든게이트 브리지〉, 미국 근대사진의 아버지 알프레드 스티글리츠의 〈뉴욕〉, 일본 현대사진의 거장 히로시 스기모토Hiroshi Sugimoto의 〈극장〉 시리즈, 순간 포착의 대가 앙리 카르티에 브레송Henri Cartier Bresson의 작품 등 사진 예술계 거목들의 주요 작품을 볼 수 있는 절호의 기회였다.

SFMoMA는 2016년 새로운 모습으로 확장되었다. 빠른 시기에 SFMoMA의 새로운 건축과 새 컬렉션을 보기를 기대해본다.

건축가　　　마리오 보타
주소　　　　151 Third Street, San Francisco,California 94103, USA
홈페이지　　www.sfmoma.org

드 영 미술관
de Young Museum

골든게이트 파크에 있는 나무들에 대한 송가를 담은 시적 디자인의 미술관

샌프란시스코의 골든게이트 파크Golden Gate Park에 있는 드 영 미술관은 최근 리모델링한 캘리포니아 과학 아카데미와 마주 보고 있다. 드 영 미술관은 1894년 골든게이트 파크에서 열린 캘리포니아 동계 만국박람회에서 시작되었다. 이듬해인 1895년 만국박람회의 전시품을 기본으로 설립되었고, 이후 만국박람회의 이사장이며 신문인이었던 드 영Michael Harry de Young(1849~1925)을 기념하기 위해 현재의 미술관 이름이 붙여졌다. 1906년의 대지진으로 기존의 건물이 크게 손상되면서 1919년에 새롭게 지어진 드 영 미술관은 1989년 또 다시 대지진으로 인해 심하게 파손되어 문을 닫았다. 결국 소장품을 보관할 새로운 집을 마련하기 위해 전례 없는 모금을 하여 2005년에 신축 재개관했다. 새로 지은 이 미술관 건물은 도전적이고 그 자체가 하나의 예술 작품이며 샌프란시스

헤르조그 & 드 뫼롱Herzog & de Meuron은 스위스 바젤에 본사를 두고 있는 건축회사로 자크 헤르조그(1950~)와 피에르 드 뫼롱(1950~)이 공동 설립했다. 이들의 가장 유명한 작품은 오래된 발전소 건물을 현대적으로 개조한 영국의 테이트 모던 미술관이다. 2001년 프리츠커 상을 수상하였고, 최근 작품으로는 일본 도쿄의 프라다 매장, 스페인 바르셀로나의 포럼 빌딩과 중국 베이징의 올림픽 경기장 등이 있다.

드 영 미술관 조각공원

드 영 미술관 복도에서 바라본 샌프란시스코 전경

위: 드 영 미술관의 전경 / 아래: 드 영 미술관 옥상에서 바라본 해안선 띠처럼 보이는 지붕

코의 새로운 랜드마크다. 스위스 출신의 유명 건축가 자크 헤르조그^{Jacques Herzog}와 피에르 드 뫼롱^{Pierre de Meuron}ⓡ이 설계를 맡았다.

3개동의 4각형 건물이 연합된 뒤틀린 형태의 미술관

3개동의 미술관이 나란한 사각형으로 구성되어 있는 드 영 미술관은 갤러리와 복도 사이의 좁은 공간 틈 사이로 샌프란시스코의 아름다운 풍경을 볼 수 있도록 건물을 비스듬히 세워놓아 구조가 특이하였다. 북쪽 끝에 9층탑을 이룬 미술관 건축물은 건물 뒤편의 도시 구획과 일직선을 이루며 비틀어져 올라간다. 내부는 서로 다른 다양한 문화를 드러내기 위한 별개의 방들을 배치하였다. 이 건물들을 서로 연결하는 커다란 지붕은 동판 재료를 사용하였다. 옥상에서 바라본 이 동판 지붕은 마치 해안선의 띠처럼 커다란 회화 작품이 공중에 떠 있는 듯하다.

　드 영 미술관은 선사시대부터 현재에 이르기까지의 아메리카, 아프리카, 아시아 지역의 회화와 조각품을 총망라한 전 세계의 다양한 역사적 유물들과 예술품 2만 7000여 점을 소장하고 있다. 페루와 테오티와칸^{Teotihuacan} 지역에서 출토된 남미 지역의 선사시대 유물과 아프리카 사하라사막에서 출토된 선사시대 공예품은 문화적, 인류학적 가치가 높은 소중한 유물들이다. 이외에도 1만 1000여점의 중앙아시아의 카펫, 일본의 세계적인 사진작가인 히로시 스기모토의 역사 사진 등 진귀한 소장품을 자랑하고 있었다.

　드 영 미술관은 다양한 소장품을 보여주는 방식 또한 혁신적이라고 평가받고 있다. 그 이유는 대규모 미술관들이 보여주는 일반적인 방식인 시대순 나열에서 벗어나 다양한 시기, 주제의 작품들이 전시된 전시실을 여러 개의 입구를 통해 관람자 마음 내키는 대로 자유롭게 감상할 수 있기 때문이다. 중앙 홀을 제외하면 크고 작은 전시실과 복도가 이리저리 연결되어 있는 유기적인 구조로 관람객은 자신의 선택에 따라 자유롭게 전시실을 이동할 수 있다. 한 가지 아쉬운

점은 이전 전시실에서 감동을 받은 작품과 다음 전시실에서 감동을 받은 작품이 같은 작가의 작품이었을 경우 시대적 변화를 비교하고 싶은 충동이 일어날 때다. 이전 전시실로 돌아가기에는 동선이 너무 길어 포기할 때가 많기 때문이다. 현재 이 미술관은 연평균 120만 명 이상이 방문하는 샌프란시스코의 새로운 명소로 자리매김하고 있다.

상쾌한 날씨와 여행의 자유로움을 만끽하기 위한 예술가와 게이, 보헤미안들로 샌프란시스코는 항상 문전성시를 이룬다. 1950년대 비트^{Beats} 문화를 낳은 자유와 사랑이 넘치는 이 도시는 얼마 전 타계한 애플의 창업사인 스티브 잡스의 고향이기도 하다. 이곳에서 매년 5월에 열리는 필름 페스티벌은 50년의 역사를 자랑하며 제3세계 신인 감독들의 우수작을 볼 수 있는 절호의 찬스다. 이안 감독의 영화 〈헐크〉와, 우피 골드버그가 풍만한 수녀로 등장하는 코미디 영화 〈시스터 액트〉 등 많은 영화들이 이 도시를 단골 배경으로 삼는다. 특히 필름 페스티벌이 열리는 팰리스 오브 파인 아트^{Palace of Fine Arts}는 숀 코네리와 니콜라스 케이지가 출연한 영화 〈더 록〉의 무대로도 유명하다.

샌프란시스코의 마리나 지구 아름다운 호숫가에 위치한 팰리스 오브 파인 아트는 고대 그리스 양식을 모방한 고풍스러운 건물로 1915년 파나마-퍼시픽 박람회 때 지어졌다가 이후 철거되지 않고 보존된 것이다. 그 건물 옆에는 40년 전통을 자랑하는 과학체험관이 있고 주변에는 빅토리아풍의 아름다운 고택들이 늘어서 있어 관광객의 발길이 끊이지 않는 명소로 손색이 없었다.

건축가   헤르조그 & 드 뫼롱
주소   50 Hagiwara Tea Garden Dr, San Francisco, CA 941181, USA
홈페이지   deyoung.famsf.org

팰리스 오브 파인 아트

현대유대인박물관
The Contemporary Jewish Museum

코발트블루가 돋보인 마름모 형태의 불안정한 건축

1994년 샌프란시스코 재개발 프로젝트로 시작해 2008년 오픈한 현대유대인박물관은 샌프란시스코의 새로운 랜드마크로 사랑받고 있다. 해체주의 건축으로 유명한 폴란드 출신의 세계적인 건축가 다니엘 리베스킨트[Daniel Libeskind]가 설계한 이 박물관은 마치 거대한 2개의 기울어진 주사위가 놓여 있는 듯하다.

빌딩 사이로 보이는 마름모 형태의 불안정한 이 건축물은 행인들의 호기심을 자극하여 가까이 다가가 살피고 만져보고 싶은 충동을 불

미국의 건축가 다니엘 리베스킨트(1946~)는 유대계 폴란드인으로 대표작 베를린 유대인박물관으로 유명세를 얻었고, 9·11테러로 무너진 뉴욕 세계무역센터 자리에 들어설 프리덤 타워를 설계해 주목을 끌었다. 그가 디자인한 한국의 건축물로는 칸딘스키의 비구상 작품을 연상시키는 현대산업개발 사옥인 아이파크 타워가 있다.

러일으킨다. 약간 어두워진 시각임에도 불구하고 건물 외벽의 코발트블루는 아름다웠다. 이브 클라인[Yves Klein]의 인터내셔널 클라인즈 블루[IKB]를 오마주한 듯 외관의 컬러는 태평양과 오버랩되어 오묘한 빛깔을 뿜어내었다. 이 박물관은 1940~1980년대 유대인들의 음악과 작품 등을 전시하고 있었다. 특이한 점은 여

현대유대인박물관의 전경

느 미술관이나 박물관과는 달리 편하게 앉아서 작품을 감상할 수 있도록 전시 공간이 자유롭게 구성되어 있었다.

건축가   다니엘 리베스킨트
주소   736 Mission St, San Francisco, CA 94103
홈페이지   thecjm.org

게티 센터
The Getty Center

고대 아크로폴리스를 재현한 듯 기념비적인 건축순례지

로스앤젤레스는 천사의 도시라 불릴 만큼 살기 좋은 도시다. 이민자들의 천국인 이 도시는 청명한 날씨와 산타모니카 해변의 아름다운 자연경관을 자랑한다. 디즈니 콘서트홀, 게티 센터, LA 카운티 미술관, 비벌리 힐스, 유니버설 스튜디오, 할리우드 등 볼거리가 다양한 문화 예술의 도시이며 문화 소비의 도시이자, 또한 건축의 도시이기도 하다. 수많은 관광객들이 LA의 멋진 건축물들과 미술관을 감상하리 이 도시를 찾는다.

　미국의 대부호인 진 폴 게티Jean Paul Getty는 자신이 수집한 컬렉션과 막대한 기금을 바탕으로 LA의 버려진 국유지를 뮤지엄 단지로 조성하여 로스앤젤레스를 문화의 도시로 거듭나게 하였다. 1974년부터 시작된 게티 뮤지엄 건립 프로젝트는 리처드 마이어Richard Meier에 의해 고전적 모더니즘 스타일의 건축물로 1997년에 완성되었다. 2006년에는 게티 뮤지엄을 게티 센터로 이름을 바꾸게 된다. 이와 별개로 폴 게티는 말리부 해변에 로마시대 빌라를 본떠 지은 게티 빌라를 오픈하였고, 이 빌라에도 그리스 · 로마 · 에트루리아(지금의 토스카나 지방) 유물을

모노레일에서 내려 미술관으로 올라가는 관람객(사진 제공: J. Paul Getty Trust)

중앙정원과 전시관의 전경(사진 제공: J. Paul Getty Trust)

전시하여 많은 사람들이 찾는 LA 명소 중 하나가 되었다.

　기념비적인 백색 미술관 게티 센터는 LA 웨스트우드의 약 3만 평 언덕에 자리하고 있었다. 게티 센터의 순례는 주차장 입구에서 운행하는 모노레일을 타고 산등성이를 오르면서 시작되었다.

　오전 시간임에도 불구하고 뜨거운 햇살이 온몸에 내리쬐었지만 어디선가 시원한 바람이 불어왔다. LA의 신선한 공기가 코끝에 닿는다. 모노레일에서 내리니 멀리 드넓은 바다가 시야에 펼쳐졌다. 계단을 오르면 넓은 언덕 위에 4개동의 하얀색 미술관이 한눈에 들어온다. 언덕 사이로 태평양과 로스앤젤레스 다운타운이 멀리 바라보이는 거대한 게티 센터는 마치 고대 아크로폴리스를 재현한 듯 브렌우드 언덕 위 사방으로 둘러져 있었다.

　계단 중앙에는 아리스티드 마이욜의 조각 작품이 놓여 있다. 왼손을 들고 누워 있는 마이욜의 여인 조각상은 그리스 미의 여신 아프로디테와 오버랩되었다. 여인의 아름다움을 한껏 드러낸 누드 조각상은 왼손을 들어 관람객에게 축복이라도 하듯 맞아주었다.

　계단을 올라서며 마주한 첫 번째 건물은 모든 안내물이 비치된 로비였다. 그 건물 중정에는 르네상스 시기의 특별전을 선전하는 현수막이 길게 늘어뜨려져 있었다. 건물 천정의 채광창으로 들어오는 빛에 의해 내부는 눈부시도록 밝았고, 유리로 지은 벽 사이로는 LA의 파란 하늘과 구름, 나무, 게티 센터의 건물들이 반사되어 파노라마 같은 아름다운 정경이 펼쳐졌다.

리처드 마이어(1934~)는 1960년대 뉴욕의 진보적인 건축가 그룹 '뉴욕 파이브New York 5의 멤버로 활동을 시작하였고, 주변 환경과 조화를 이루면서도 눈을 사로잡는 백색 건축물로 유명하다.
대표적인 주거 건축으로는 스미스 하우스Smith House가 있으며, 미술관 건축으로는 독일 프랑크푸르트의 장식미술관Musuem of Decorative Arts과 스페인 바르셀로나 현대미술관이 유명하다.

　안내관을 통과하면 중앙 분수와 바위 정원 그리고 그 주위를 에워싼 여러 동의 건물이 연결되어 있는 전시관이 나왔다. 전시장 건물은 이탈리아 티볼리에서 가져온 부드러운 유백색의 대리석으로 지어졌고, 박스형의 모던한 디자인이 주를 이루었다. 건물마다 옹벽과 기단은 거칠게 마감되어져 고전미를 부각시킨

게티 센터 입구의 파빌리온(사진 제공: J. Paul Getty Trust)

디자인은 브렌우드 언덕의 자연환경과 어우러진 최상의 조화였다. 분수 정원 주변과 바위 정원 주위에는 관람객들이 여기저기 앉아 쉬고 있었다. 미술관 산책에서 분수와 정원은 미술관을 찾게 하는 요소 중 하나이기도 하다.

전시관은 중앙 정원을 중심으로 좌우에 6개동의 건물들을 지형에 따라 분산시켜 놓았다. 각 동은 서로 연결되어 하나의 거대한 단지를 이루고 있다. 2개동을 연결한 거친 유백색 대리석의 벽 사이로 바라본 하늘과 LA의 원경은 한 폭의 그림처럼 아름다웠다. 그 공간은 게티 센터에서만 누릴 수 있는 축복의 장소였다.

동서남북으로 배치된 4개동의 건물과 2개동의 건물이 드문드문 펼쳐져 있다. 2개동의 건물에는 저마다 다른 역할들을 맡는 게티 보존연구소, 게티 미술연구소, 예술교육센터, 인문과학연구소, 게티 버추얼 라이브러리Virtual Library, 게티 재단, 레스토랑과 야외 카페, 야외 테라스 카페 등이 있다.

전시장을 나와 야외 테라스 카페에서의 향긋한 커피와 함께 유백색의 기둥 사이로 들어온 햇살과 정오의 그림자는 장관이었다. 언덕 위 테라스에서 내려다본 LA 시가지와 아스라이 바라본 태평양 바다는 게티 센터에서 가장 아름다운 추억의 장소였다.

각 전시관은 채광을 끌어들였고, 막힌 공간과 트인 공간을 구사하여 극적인 분위기를 자아내었다. 각 동은 폴 게티가 오래전부터 수집해온 그리스, 로마의 르네상스 미술품부터 후기 근대회화와 현대사진까지 방대한 양의 소장품을 시대별로 전시하였다. 스페셜 컬렉션으로는 고대의 조각, 중세의 필사본, 근대의 인상파 회화, 근현대의 사진 등 그 시대를 대변하는 대표적인 예술 장르의 작품들과 귀중한 희귀 아카이브가 있다.

게티 센터에서 게티 미술연구소의 역할은 중차대하다. 미술연구소는 미술 자료를 전문적으로 수집 관리하며 사진, 필름, 비디오, 건축도면, 드로잉, 판화 등으로 구성된 5만 권에 달하는 희귀 도서와 800장이 넘는 희귀 사진을 소장하고 있다. 건축과 디자인, 다다와 초현실주의, 러시아 사진, 이탈리아 미래주의, 일본 아방가르드, 20세기 광학 장치 등의 스페셜 컬렉션은 게티 센터의 귀중한 자

게티 센터와 바위 분수(사진 제공: J. Paul Getty Trust)

미술관 테라스에서 바라본 LA의 원경(사진 제공: J. Paul Getty Trust)

위에서 바라본 게티 센터의 원경(사진 제공: J. Paul Getty Trust)

산이다. 게티 미술연구소와 게티 보존연구소에서 출판된 250여 권의 책들은 디지털 파일로 무료 제공되고 있으며, 온라인상으로도 열람이 가능하다. 고대부터 근대 서양미술과 건축, 공예에 관련된 2만여 점에 이르는 방대한 규모의 사진 자료는 게티 미술연구소의 가장 큰 자랑이다.

3개동의 전시관만 둘러본 후 야외 정원을 산책하였다. 야외 정원은 미국 작가 로버트 어윈이 설계를 맡았다. 야외 정원의 전체적인 조경은 주제별로 조성되어 있었다. 중앙 분수, 중앙 정원, 숨어 있는 작은 연못들, 정원 사이를 연결해놓은 교각, 바위 정원, 유럽식 원형 정원, 폭포와 수로, 꽃밭 등을 산책하였다. 정원 사이사이마다에 설치해놓은 마크디 수베로, 알렉산더 칼더, 니키드 상팔 등 유명 조각가들의 조각들을 감상하고 나니 어느새 한나절이 다 지나갔다.

가족 단위로 피크닉을 나온 시민들이 뜨거운 햇볕에도 아랑곳없이 푸른 잔디 위에 뒹굴며 일탈을 누리는 모습은 부러웠다. 또한 미술관이 주는 혜택을 고스란히 누리는 LA 시민들의 문화 의식과 여유가 피부에 와 닿았다. 우아하고 고전적인 이미지의 게티 센터는 LA에 활력소를 줄 뿐만 아니라 여행자들에겐 기념비적인 건축 순례지가 되었다. 미술관의 아름다운 정원에서 휴식을 취할 수 있는 로스앤젤레스의 시민들은 정말 커다란 혜택을 받은 사람들이다.

야외 정원을 산책한 후 게티 센터 안에 마련된 식당 더 레스토랑the restorant에서 늦은 점심을 하였다. 태평양의 넓고 푸른 바다를 마주한 식당에서 여유로운 식사로 여행의 자유를 만끽하였다. 카르파초와 함께 샤블리의 향을 입안 가득 오래오래 음미하며 부케 향에 빠져드는 야릇한 환희의 순간을 무엇과 비교할 수 있으랴. 미술관 앞에 솟구치는 시원한 분수, 아름다운 정원, 분수 바로 옆의 야외 카페. 이 모든 일탈이 주는 행복은 자존감으로 가득 차 게티 센터를 떠나는 발걸음에 생기를 실어주었다.

건축가   리처드 마이어
주소   1200 Getty Center Drive Los Angeles, California 90049, USA
홈페이지   www.getty.edu/museum

LA 카운티 미술관
Los Angeles County Museum of Art, LACMA

빨간색 철골빔과 우윳빛 대리석이 조화를 이룬 렌조 피아노의 증축관

월셔 대로Wilshire Boulevard의 핸콕 파크에 위치한 LA 카운티 미술관은 미국 서부 최대 규모의 컬렉션을 자랑하는 미술관으로, LA 시민들은 줄여서 '라크마LACMA'라 부른다. 1910년 엑스포 공원Exposition Park에 세워졌던 과학·역사·미술 박물관으로부터 비롯된 이 미술관은 고대부터 현재에 이르는 전 세계의 미술 작품 11만 점 이상을 소장하고 있다. 해마다 20회 이상의 특별전을 기획할 뿐만 아니라 강연과 심포지엄, 워크숍, 퍼포먼스, 영화 상연 및 음악회를 열어 문화 축제의 장으로도 사랑받는 LA의 명소로 떠오르고 있다. 1986년에는 로버트 O. 앤더슨Robert O. Anderson 빌딩이 증축되었고, 1988년에는 일본미술관과 제럴드 캔터 조각공원Gerald Cantor Sculpture Garden이 조성되었고, 1998년에는 LA 카운티 미술관의 서관이 세워졌다. 이후 세계적인 건축가 렌조 피아노의 워크숍을 통한 미술관 확장 프로젝트를 시작해, 2008년에는 브로드 현대미술관Broad Contemporary Art Museum, BCAM이, 2010년에는 레즈닉 파빌리온Resnick Pavilion이 차례로 오픈하였다.

LACMA 후문으로 들어가니 외부 도로로 연결된 낮은 콘크리트 벽으로 세

위: 라크마 후문에서 바라본 미술관의 전경과 긴 콘크리트 통로 / 아래: 마이클 하이저의 <공중에 떠 있는 돌>

워진 긴 통로가 맞아주었다. 이 통로는 후문에서 미술관으로 들어오는 진입로 역할을 하는 야외 복도인 셈이다. 통로를 따라 중간 정도 걸어가면 커다란 바위 덩어리가 하늘 위에 떠 있다. 그 바위는 떠 있는 것이 아니라 콘크리트 벽 양쪽 끝에 살짝 걸쳐 있다는 표현이 오히려 적절할 듯하다. 이 조형물은 대지예술가 마이클 하이저Michael Heizer의 조각 작품 〈공중에 떠 있는 돌Levitated Mass〉이다. 이 작품을 처음 마주했을 때는 무엇을 표현했는지 좀처럼 이해되지 않았지만, 잠시 후 그 바위 밑을 통과함과 동시에 독특한 경험을 하게 되면서 작가의 의도를 읽게 된다. 짧은 터널과도 같은 거대한 바위 아래를 통과하면서 바위 틈 사이로 바라보는 LA의 드넓고 푸른 하늘은 그야말로 장관이었다. 거대한 바위덩어리는 광활한 하늘의 대자연 앞에 한낱 돌멩이에 지나지 않았지만, 340톤의 커다란 바위가 공중에 매달려 있는 모습은 마치 하늘이 조각대인 양 놓인 조각으로의 변신이다. 그 웅장한 바위덩어리는 LA의 하늘을 온통 대지예술의 장으로 바꿔놓았다. 매달린 바위덩어리는 감상자와 소통하며 저마다 그 바위 아래서 공중에 떠 있는 돌 형상을 흉내 내며 다양한 포즈로 작품에 빠져들었다.

LA 카운티 미술관 안에는 BCAM 건너편에 렌조 피아노˚가 설계한 레즈닉 파빌리온이 2010년에 들어섰다. 레즈닉 파빌리온은 세계적 자선사업가인 린다와 스튜어트 레즈닉Lynda and Stewart Resnick 부부의 기부로 지어진 전시관이다. 4500만 달러와 1000만 달러 가치의 소장품을 기증하면서 새롭게 지은 단층의 멋스러운 파빌리온이다. 최대 7개의 대규모 기획전을 전시할 수 있는 공간을 자랑하고 있다. 입구에서부

이탈리아 출신의 건축가 렌조 피아노(1937~)는 건설업을 하던 집안에서 자라 자연스레 건축가의 꿈을 키우며 밀라노 공과대학에서 건축을 공부하였다. '하이텍high-tech'을 주도하는 대표 건축가로, 자신의 디자인 출발을 기술로 삼으면서 사용자의 요구와 편안함을 수용하고 있다. 33세의 젊은 나이에 프랑스 파리의 퐁피두 센터 국제현상공모 당선을 통해 데뷔하였고, 대표작으로는 스위스 바이엘러 미술관, 미국 뉴욕 타임즈 사옥, 영국 런던 브릿지 타워 등이 있다.

터 BCAM과 레즈닉 파빌리온으로 가는 회랑은 시원스럽게 뚫려 있었다. 렌조 피아노 특유의 빨간색 철골빔으로 된 멋진 회랑이었다. 빨간색 철골빔은 투명한 유리, 우윳빛 대리석과 함께 멋진 조화를 이루었다. 레즈닉 파빌리온 상단의 뾰

족뾰족한 형태의 우윳빛 대리석의 긴 구조물은 유난히 청명하고 파란 LA 하늘을 찌를 듯한 기세였다.

레즈닉 파빌리온에서는 월터 드 마리아Walter De Maria의 〈2000개 조각The 2000 Sculpture〉이 전시 중이었다. 전시장 바닥에 배열된 기하학적 형태의 질서정연한 격자 조각들은 넓은 전시 공간과 잘 어울렸다. 2000개의 각 조각들의 수평적 효과를 강조하기 위해 전시장의 한 벽을 오픈하여 빛의 효과를 극대화시켰다. 조각가의 의도에 따라 2010년 완성된 LACMA 레즈닉 파빌리온의 공식 오픈 이전에 북쪽 벽의 한 공간을 막지 않고 그 조그마한 공간으로 새어 들어온 빛을 최대한 이용하여 전시를 한 것이다. 다시 말해 '2000개 조각' 전은 갤러리 내부의 벽을 세우기 전의 전시로 의미가 남다르고, 확장된 레즈닉 파빌리온의 첫 번째 전시인 셈이다. 렌조 피아노는 첫 번째의 설치 조각과 확장된 건축 사이의 이상적인 관계를 조각전으로 표현하고자 하였다. 건축가다운 발상이었다.

미국 미술관에서의 월터 드 마리아 전시는 디아 센터 전시를 포함해 이번 레즈닉 파빌리온 오픈 전시가 두 번째 개인전인 만큼 그 의미도 컸다. 디아 센터에 영구 전시되고 있는 '뉴욕 대지의 방'이란 부제의 작품은 비시각적인 영역을 가시적인 영역으로 이끌어낸 작업이라는 평가를 받았다. 그의 작업은 미니멀리즘과 개념미술 그리고 대지예술로 연결되어져 아틀리에 작업의 한계성을 벗어나 자연과 예술이 함께 어우러진 상상의 세계를 재현함으로써 새로운 도전 정신을 보여주었다. 월터 드 마리아는 얼마 전에 타계하였지만, 그의 도전 정신은 작품으로 남아 오래도록 기억되고 있다.

월터 드 마리아를 유명하게 만든 작품은 1968년 '길이 1마일의 드로잉'이란 제목으로 발표한 대지예술이다. 석회 가루를 사용하여 12피트의 간격을 둔 평행선을 1마일에 걸쳐 네바다 사막에 그렸다. 그 작품은 당연히 실물은 사라지고 현재는 기록사진으로만 남아 있다. 이후 불가시성, 비물질성, 비존재로 향한 관심을 발전시켜 뮌헨의 파이너 프리드리히 화랑의 바닥 전체를 흙으로 메운 작업을 선보여 미술계의 이목을 끌었다. 1977년에는 뉴멕시코의 황량한 벌판에 400

레즈닉 파빌리온의 전경

레즈닉 파빌리온으로 가는 회랑

위: 월터 드 마리아의 '2000개 조각'전 / 아래: LA 카운티 미술관에 새롭게 확장된 BCAM

개의 스테인리스 스틸 봉을 일정한 간격의 격자 모양으로 설치하여 놓았다. 이 작품은 뉴멕시코 상공의 번개가 스테인리스 스틸 봉에 들이칠 때 번뜩이는 섬광을 볼 수 있도록 만든 작업이다. '번개 치는 들판The Lightning Field'이란 부제를 단 그 작품은 그 현상을 보기 위해 24시간 동안 그 장소에서 기다리는 인내와 수고도 뒤따른다. 또한 그의 경력도 이색적이다. 미국의 유명한 록 밴드인 벨벳 언더그라운드의 드러머로도 활동했던 독특한 이력을 지니고 있다. 로커로도 활동했던 작가의 자유분방함을 고려해볼 때 눈에 보이지 않는 비가시적 현상을 보기 위한 기다림의 수고쯤이야 아무것도 아닐 것이리라.

BCAMThe Broad Contemporary Art Museum 은 미국 어만장자 엘리Eli와 에디스 브로드 Edythe Broad의 컬렉션을 기부하면서 지어진 미술관이다. 건물은 두 개의 대칭적 형태를 하고 있으며, 유리와 아이보리 색의 대리석 외장으로 마감되어 있다. 마치 톱날 같은 지붕은 차양 형태를 하고 있었다. 에먼슨 빌딩과 서쪽 윙을 연결시켜주는 빨간색 철골빔의 긴 회랑은 기분을 고조시켰다. 뚫린 회랑을 지나 에스컬레이터를 타고 올라가면 전시장이 드디어 보인다.

전시장 입구에 리처드 세라의 작품 〈밴드Band〉가 설치되어 있었다. 밴드의 의미대로 외부와 내부를 연결하듯 세라의 대형 작품은 마치 내부 공간을 뚫고 나갈 것만 같았다. 실내로 유입된 자연광 효과에 의해 철이 지닌 고유한 색상은 더욱 확장되어 폭발적이었다.

1층 전시장은 피카소, 폴 클레, 호안 미로, 칸딘스키 등 대가들의 작품을 비롯해 미국 현대미술을 대표하는 재스퍼 존스, 샘 프란시스, 프랭크 스텔라, 존 체임벌린, 매튜 바니, 제프 쿤스, 클래스 올덴버그, 루이스 네빌슨 등의 작품들이 전시되어 있었고 그 외에 백남준의 비디오 작품도 볼 수 있었다. 1950년대 후반에서 현재에 이르는 현대미술품 위주의 컬렉션이었다. 3층 전시장은 익숙지 않은 동시대의 젊은 작가들의 대형 작품과 환경 조형물이 전시되어 있었다. 여백을 강조한 공간들은 현대미술 전시장으로의 역할을 충실히 하고 있었다.

전시장에 설치된 천정에서 바닥까지 내려온 대형 작품은 가리개 역할까지

위: 빨간 철제빔 사이로 드러난 에스컬레이터 / 아래: BCAM 2층 전시장 입구

위: 리처드 세라의 대형 조각 <밴드> / 아래: 3층 전시장의 전경

이중 효과를 노렸고, 작품의 전면과 후면을 동시에 보여주는 특이한 아크릴 작품이었다. 그 작품에 다가가면 관람자의 모습이 아크릴 앞면과 뒷면에 반사되어 작품과 하나가 되었다. 흥미로웠다.

　　건너편 애먼슨Ahmanson 빌딩은 상설 전시관이고, 해머Hammer 빌딩은 현대미술을 상설 전시하거나 기획 전시를 한다. 동쪽의 빙 센터Bing Center에는 극장과 카페, 도서관 등이 들어서 있다. 빙 센터 맞은편의 앤더슨Anderson 빌딩의 2층 전시장에서는 마침 스탠리 큐브릭Stanley Kubrick 감독의 회고전을 하고 있었다. 그의 초기 사진부터 1940년대에 찍은 전시회 도록의 표지 컷 작품까지, 그는 과연 시대를 앞선 감독임이 한눈에 읽혀졌다. 또한 1950년대의 획기적인 감독으로의 출발부터 1990년대까지의 스탠리 큐브릭 영화를 총망라한 그의 평생 업적을 볼 수 있는 좋은 전시였다. 그의 영화에 대한 다양한 주석의 스크립트와 사진, 렌즈 및 카메라, 설정된 모델, 의상 및 소품 전시는 전설적인 스탠리 큐브릭 감독의 업적과 성과를 미술관의 맥락에서 바라본 전시 기획이었다. 이 전시를 통해 당대의 예술과 영화의 교차점을 찾아볼 수 있었고, 스탠리 큐브릭의 예술적 심미안을 다시 한번 재평가하게 되는 계기가 되었다. LACMA 전시 기획의 주제인 '2012 아트+필름' 전시는 에드 루샤Ed Ruscha와 스탠리 큐브릭을 재조명하여서 두 사람의 예술적 상관관계를 보여주는 훌륭한 전시였다. 이 전시회를 감상한 후 스탠리 큐브릭이야말로 21세기 영화감독의 전설이며, 천재 예술가임을 새삼 인정하게 되었다.

　　토요일 오후 LACMA의 식당은 인파로 그득하였다. 오피스박스 한편에 온통 유리로 디자인된 레스토랑 레이스Ray's가 있다. 입구에는 중정 개념의 커다란 오픈된 공간이 펼쳐져 있었다. 중정 군데군데 자유롭게 널브러진 의자들은 관람객에겐 반가운 쉼터다. 식당 역시 건축가 렌조 피아노의 손길이 곳곳에 닿아 있었다. 렌조 피아노가 퐁피두 미술관에서도 즐겨 사용하였던 트레이드 컬러인 빨강은 이곳 식당 디자인에도 어김없이 사용되었다. 빨간색 의자들과 메탈 재료의 은빛 주방은 환상의 조화를 이루었다. 레스토랑 레이스는 농장에서 직배송한 제철의 즉석요리로 유명하여 식사만을 위해서도 일부러 찾는 LA의 명소다. 그날도

위: 해머 빌딩의 전경 / 아래: LACMA의 레스토랑 레이스

LA 카운티 미술관의 정면과 그 앞에 설치된 작품 <어반 라이트>

방문객들은 뜨거운 햇살도 마다하지 않고 열띤 담소로 자유로운 분위기에 고취되었다. 셰프가 추천한 지중해식 스타일의 해물 파스타와, 셰프가 직접 가꾼 허브를 얹은 신선한 샐러드는 신선하고 입맛을 돋우었다. 빨간색 에스프레소 잔에 담긴 스모그 향의 커피는 나른한 오후를 달래주었다. 레즈닉 파빌리온의 곳곳에서 드러난 레드 컬러는 렌조 피아노가 LA에 선물한 특별한 컬러이기도 하다. 뉴욕의 컬러가 회색빛이라면 빨강, 파랑, 초록의 3원색은 LA의 컬러였다. 렌조 피아노는 LA의 색을 어느 누구보다도 잘 읽었고 잘 표현한 건축가였다. 레스토랑 레이스에서 지중해식 파스타와 역동적인 레드 컬러로 LA의 기쁨을 만끽하였나.

"레드는 LA에서만 누릴 수 있는 아름다운 환경적 특권과 기쁨을 잘 표현해주는 컬러다. 파란 하늘은 초록 나무와 함께 레드와 어우러졌을 때 역동적인 생명감을 준다. 파랑과 초록과 레드는 최상의 매치를 이루는 컬러로, 완벽한 로스앤젤레스의 기쁨이다."
렌조 피아노의 인터뷰 중에서

전시장 몇 곳을 감상한 후 후문 반대편에 있는 미술관 정문으로 나왔다. 그 앞에는 설치 작품 〈어반 라이트〉가 놓여 있었다. 조각가 크리스 버든Chris Burden이 LA의 구석구석을 다니며 모은 202개의 오래된 가로등을 2008년에 설치한 것이다. 〈어반 라이트〉 앞에는 다양한 포즈의 관광객들이 사진 찍기에 분주하였다. 빈티지에 의미를 부여한 시간의 흐름을 간직한 작품이다. 그 의미를 알고 나니 그 작품에 서서히 매료되었다. 때마침 화보 촬영으로 섹시한 포즈를 취한 한 여성 모델이 〈어반 라이트〉 앞에서 작품 사이사이로 바삐 움직였다. 그 모델을 담은 〈어반 라이트〉가 사진작가의 시선을 통해 탄생될 색다른 〈어반 라이트〉를 상상하며 발길을 재촉했다.

건축가   렌조 피아노의 증축
주소   5905 Wilshire Boulevard Los Angeles, CA 90036, USA
홈페이지   www.lacma.org

로스앤젤레스 현대미술관

The Museum of Contemporary Art, MoCA

신인 작가들의 교두보 역할을 담당하는 미술관

모카MoCA는 미국 서부 최대의 근현대미술 전문 미술관이다. 본관과 별관, 디자인 센터의 총 3개 시설로 구성된 것이 특징이다. 모카 본관은 다운타운의 그랜드 애비뉴에, 별관 게펜 모카는 리틀 도쿄 지역에, 모카 태평양 디자인센터Pacific Design Center는 웨스트 할리우드에 있다.

프랭크 게리에 의해 1983년 임시로 지어졌던 '템퍼러리 컨템퍼러리Temporary Contemporary'는 1996년에 다비드 게펜David Geffen의 기부로 확장하면서 '게펜 컨템퍼러리 앳 모카The Geffen Contemporary at MOCA'로 개칭되었다.

1979년에 후원자들의 기부에 의해 창립된 모카의 본관은 1988년에 일본 건축가인 아라타 이소자키Arata Isozaki●가 설계를 맡아 미국에 첫 작품을 선보였고, 그의 대표작으로 손꼽힌다. 그

아라타 이소자키(1931~)는 도쿄 대학에서 건축을 공부하고 당케 겐조의 사무실에서 수련 후 1963년 자신의 사무실을 오픈하였다. 아라타 이소자키의 건축은 구조 개체에 중점을 둔 메타볼리즘Metabolism이 특징으로 화려한 색과 놀라운 기하학적 형태를 첨단 기술이 조화롭게 담고 있다. 1986년에는 RIBA 금상을 수상하였으며 일본 교토의 콘서트홀, 이바라끼의 아트 타워, 중국 상하이의 히말라야 센터, 이탈리아의 뉴타운 라이브러리 등을 설계하였다.

로스앤잴레스 현대미술관의 전경

는 모카 디자인으로 세계적인 건축가 반열에 오른 계기가 되었다.

다운타운의 디즈니 콘서트홀 맞은편에 자리한 모카 본관은 입구에 설치된 고철덩어리의 프랭크 스텔라Frank Stella 조각부터 현대미술관 신고식을 확실히 하였다. 제일 먼저 맞아준 고철 쓰레기더미의 조각은 새를 형상화하였고, 우리나라 포스코 빌딩 앞에 설치된 스텔라 조각과 유사하였다. 스텔라 조각 왼편에는 아라타 이소자키가 디자인한 뮤지엄 숍이 있다. 4각 박스형의 심플한 디자인이었다. 뮤지엄 숍 건물 제일 밑에 있는 4개의 창에는 모카 로고를 디자인해놓아 눈길을 끌었다. 알파벳 M은 블루 네모박스 안에, O는 초록 박스 안에, C는 하얀 박스 안에, A는 빨간 박스 안에 새겨 넣었다. 말레비치의 절대주의에서 출발한 네모, 원, 삼각형 디자인은 알파벳 M, O, C, A와 조화를 이루어 환상이었다. 현대미술관 숍다운 이상적인 디자인이었다. 그 숍에는 디자이너의 소품들, 전시했던 작가들의 도록과 다양한 물품들이 진열되어 있었다.

모카는 출발 당시부터 현대미술의 본거지로써 실험적인 작가들에게 기회를 마련해주는 장이었다. 그 후 오랫동안 모카는 1960년대와 1970년대 미국 현대미술에서 자주 거론되었던 개념미술과 설치미술 작가를 소개하는 실험적 미술관으로서의 면모를 과시하였다.

그 당시에 알려지기 시작한 조나단 보로프스키Jonathan Borofsky, 존 챔벌린John Chamberlain, 댄 플래빈, 제임스 터렐James Turrel 등의 작품을 소개하여 실험적 미술관으로서 위상을 떨쳤고, 현재에 이르러 이 작가들은 현대미술을 이끄는 거장으로 우뚝 서게 되었다. 뿐만 아니라 모카 기획 전시에 포함되었던 마이클 애셔Michael Asher, 마이클 하이저, 마리아 노드먼Maria Nordman, 로버트 테리엔Robert Therrien과 같은 신진 작가들에겐 절호의 찬스였다. 이 작가들은 모카 큐레이터가 주문한 신작들을 처음 선보임으로써 미술계의 관심을 모으게 되었고, 점차적으로 모카는 신인 작가들을 발굴하는 교두보 역할로써의 현대미술관으로 자리를 확고히 하게 된다. 모카의 영구 소장품으로는 잭슨 폴락, 줄리앙 슈나벨, 마크 로스코, 자스퍼 존스, 로버트 스미슨, 앤디 워홀 등의 회화 작품을 비롯해 비디오, 사진, 영상,

디자인, 건축에 이르는 1940년대 이후부터 지금까지의 난해한 현대미술을 소장하고, 전시하고, 장려한다는 취지 아래에 현재까지 6천여 점의 작품을 선보이고 있다.

모카는 컨템퍼러리 미술 분야에서 세계 최고 수준의 미술관으로 인정받고 있지만 10년째 재정난으로 위기를 맞게 되면서 새로운 탈출구를 필요로 하고 있다. 그 여파로 인해 2011년에 방문했을 때는 일부의 전시 공간만 오픈하여 소장전만 볼 수 있었다. 실험적 기획 전시에 대한 기대감이 무너져 몹시 아쉬웠고, 전시된 작품을 찍지 못하게 해서 내부 공간을 사진으로 남길 수 없어 더욱 아쉬웠다.

2014년에는 프랭크 게리, 톰 메인Thom Mayne, 에릭 오웬 모스Eric owen Moss, 패트릭 타이Patrick Tighe, 스튜디오 워크 아키텍트Studio Work Architects 등 캘리포니아 출신의 세계적인 작가와 젊은 건축가들의 건축 모형 작품들을 동시에 전시하여 건축계를 뜨겁게 달구었다.

저녁 식사 후 디즈니 콘서트홀Walt Disney Concert Hall에 들렀다. 건축과 문화에 전혀 문외한일지라도 이 건축물을 마주하면 건축가의 놀라운 상상력과 경이로움에 저절로 탄성이 터진다. 디즈니 콘서트홀은 21세기 건축의 흐름을 한눈에 읽을 수 있는 대표적 건축이다. 건축 외피의 자유분방한 덩어리와 거대한 공간 구축은 마치 현대인의 끝없는 욕망을 보는 듯하였다. 해체주의 건축가인 프랑크 게리야말로 21세기가 추구하는 물질 만능 시대의 욕망을 건축 외피에 반영한 천재 건축가임을 누가 부인할 수 있으랴.

노을에 물들 때, 다양한 빛의 연출에 의해 시시각각 변하는 티타늄 재질의 파사드facade는 너무나 아름답고 매혹적이었다. 무의식적으로 순간 셔터를 빠르게 눌렀다. 현대인의 욕망을 담은 이 건축도 자연의 힘을 거스를 수 없었고 태양빛에 의해 더욱 장엄해졌다. 하이테크놀로지 건축이라 할지라도 빛이 없다면 제 역할을 다하지 못하리라.

디즈니 콘서트홀은 월트 디즈니의 부인 릴리안 디즈니Lillian Disney가 세계적인

로스앤젤레스 현대미술관의 측면

로스앤젤레스 현대미술관의 뮤지엄 숍

디즈니 콘서트홀

건축가인 프랑크 게리에게 설계를 의뢰하였다. 이 건물은 활짝 피어나는 장미의 형상을 하고 있다. 장미 형상은 릴리안이 좋아했던 백장미에서 모티브를 얻었다고 한다. 이와 유사한 게리의 작품 중 하나인 스페인의 빌바오 구겐하임 미술관은 몰락의 길을 걸었던 공업도시 빌바오를 문화 도시로 활성화시킴으로써 문화의 힘이 얼마나 막강한지 극명하게 드러낸 예다. 디즈니 콘서트홀은 예전 LA의 명소였던 유니버설 스튜디오의 관광객 수를 제치고 LA의 새로운 명소로 급부상하였다.

매년 수많은 여행자와 음악 애호가들은 이 콘서트홀을 찾는다. 시즌이라 세계 각국에서 몰려온 관광객들과 음악 마니아들로 인해 표 구하기조차 힘들었다. 어렵게 구한 표는 비록 좋은 좌석은 아닐지라도 마냥 고맙기만 하였다. 최상의 음향을 자랑하는 그 명성대로 어느 좌석에서나 좋은 소리를 들을 수가 있었다. 마침 말러Gustav Mahler의 〈교향곡 4번Symphony No. 4 in G major〉을 LA심포니오케스트라가 연주하였다. 이 곡은 말러의 작품들 중에서 가장 짧은 교향곡이지만 감동적이었다. 지휘자와 오케스트라, 감상자는 하나가 되었고 연주 후 박수갈채는 앵콜로 이어졌다. 휴식 시간, 옥상 정원에서 바라본 LA의 야경은 더없이 아름다웠다. 멋진 의상으로 한껏 분위기를 돋운 관객들과 더불어 LA의 밤 문화를 맘껏 누렸다.

21세기의 건축은 이제 더 이상 권력의 장식물이 아니라 그 자체가 권력이며 문화다. 다시 말해 건축에 총체적 문화가 함축되어 있다 해도 과하지 않다. 과거에는 문화가 같은 집단끼리 모여 한 문화를 발전시켰다면, 현대사회는 다문화를 동시에 흡수하며 공유하는 다문화 공동체 집단으로 서서히 변하고 있다. 이민자 도시 LA는 이러한 다문화 양상을 총체적으로 집합한 건축물이 곳곳에 들어서 있어, 21세기 건축의 흐름을 한눈에 읽을 수 있는 대표적 도시라 할 수 있다.

건축가   아라타 이소자키
주소   250 South Grand Avenue, Los Angeles, CA 90012, USA
홈페이지   www.moca.org

멕시코

멕시코시티
소마야 미술관
타마요 현대미술관
프리다 칼로 미술관

소마야 미술관
Soumaya Museum

멕시코 통신 재벌 카를로스 슬림이 죽은 부인을 위해 지은 미술관

멕시코시티는 찬란했던 테오티와칸 문명, 아스테카 문명, 스페인 식민 문화, 인디오 문화가 아우러진 독특한 도시다. 거듭된 문명의 폐허 위에 고대와 근현대의 다양한 문화 형성은 예술 전반에 걸쳐 세계적인 예술가를 낳게 된다. 국민 영웅인 디에고 리베라^{Diego Rivera}와 멕시코의 전설적인 화가 프리다 칼로, 건축계의 거장 루이스 바라간과 같은 존경받는 예술가들을 배출하였다. 뿐만 아니라 멕시코혁명을 치른 역사적 현장으로 인해 1920년경에는 세계의 미술가들이 대거 찾았던 전위예술의 메카이기도 하였다. 이와 같이 다양한 문화를 접한 멕시코시티는 고딕, 르네상스, 바로크양식의 성당을 비롯해 성모 마리아의 발현지로 유명한 과달루페 성당, 소깔로 광장 주변의 역사 지구, 인류학박물관 등 볼거리가 넘치는 매력적인 도시였다.

　세계적인 통신왕 카를로스 슬림^{Carlos Slim} 소유의 소마야 미술관은 멕시코의 문화 수준을 한눈에 읽을 수 있는 기하학적인 외관을 자랑하는 현대적인 건축 공간이었다. 소마야 미술관은 1994년에 설립되어 2011년 옛 공업 지대를 재개

발해 만든 폴란코 지역에 새롭게 지어져 개관되었다. 엣 공업 지역에 소마야 박물관이 들어서며 주변의 공공장소를 활성화시키고 지역의 경제활동을 촉진시키는 역할도 하고 있다. 멕시코 통신 재벌인 카를로스 슬림이 죽은 부인 소마야를 위해 지었다는 이 미술관은 7000만 달러의 비용이 들었다 한다. 마치 거대한 조각상이 회전하고 있는 듯한 형태의 미술관은 오브제 역할로도 충분히 기능을 다하였다. 1만 6000개의 육각형 알루미늄 모듈로 이루어진 파사드는 불투명한 마감을 하여 노출을 최소화하였다 한다. 이는 건물의 보존성과 수명을 최적으로 유지하기 위함이다. 총 6층 건물로 지어진 이 미술관은 강당, 도서관, 레스토랑, 기념품 가게, 다용도 라운지, 작품 수장고가 있다.

비선형 원형 공간의 전시 공간을 따라서 작품들을 감상하면 올라가는 통로와 자연스레 만나게 되고 다음 전시 공간으로 이어진다. 어느덧 꼭대기 6층 갤러리의 가장 큰 전시장에 이르렀다. 쉘Shell 구조의 천정은 29개의 독특한 곡선형 철제 기둥과 기하학적 배열로 이루어졌고, 건물의 구조는 각층에 위치한 7개의 고리 시스템으로 안정화되었다. 이 건물은 카를로스 슬림의 사위인 페르난도 로메로Fernando Romero®가 설계를 맡아 공사비에 아무런 제재 없이 막대한 돈을 들였다 한다. 이는 모든 건축가들에게겐 부러움의 대상이다.

소장품으로는 15세기부터 20세기까지의 잘 알려진 유럽 작가들의 회화와 조각 작품을 비롯해 멕시코 근현대의 회화, 조각, 장신구, 가구에 이르는 예술과 종교 유물 등 6만 6천여 점에 달한다. 소장품 중 히스패닉 및 식민지 시대 동전은 세계 최대의 컬렉션을 자랑하며 380여 점의 로댕Auguste Rodin 컬렉션은 세계 2위를 자랑하였다.

특별히 침례 요한의 조각에 눈길이 끌렸다. 헤롯 왕과 왕의 이복동생의 아내 헤로디아의 결혼에 반대했던 요한은 목이 잘린 참수를 당했다. 살로메가 쟁반에 올린 요한의 두상을 든 티치아노Vecellio Tiziano의 유화나 카라바조Michelangelo Merisi da

Fernando Romero(1971~)는 2004년 독일 바우하우스 국제 상을 수여받았다. 멕시코 문화유산인 에코 뮤지엄과 멕시코시티 수족관Acuario Inbursa 건축으로 유명하다. 뉴 멕시코 시티 국제공항(NAICM)을 노만 포스터와 협력하여 마스터플랜을 수행하고 있으며 2020년 완공예정이다.

소마야 미술관의 전경

위: 비선형 원형의 전시 공간 / 아래: 꼭대기 6층 갤러리의 전시 모습과 쉘 구조의 천정

위: 로댕의 조각 <침례 요한> / 아래: 소마야 미술관의 전시장 모습

Caravaggio의 유화 작품은 본 적이 있지만, 성스런 침례 요한을 근육질의 나체 조각상으로 묘사한 조각은 처음 보았기에 로댕의 사고에 궁금증만 증폭되었다.

이 미술관의 가장 가치 있는 컬렉션으로는 다빈치Leonardo da Vinci의 〈성모와 실패Madonna of the Yarnwinder〉를 꼽는다. 십자가 모양의 실패를 든 아기 예수와 함께 있는 성모 마리아를 그린 이 작품은, 다빈치의 원작은 아니고 1501년에 그려진 원작이 분실되었기에 다빈치 제자들에 의해 다시 그려진 것이다. 소마야 미술관에 소장된 이 작품은 그때 제작된 여러 버전 중 하나다. 2003년 〈성모와 실패〉의 버전 중 개인 소장품 한 점이 스코틀랜드에서 도난당했고 다행히도 그 후 4년 만에 되찾게 된다. 도난당했을 당시에도 이 작품은 세계 10대 도난 미술품 중 하나로 꼽히고 있을 정도로 유명하였다. 그 당시 최소 2500만 파운드(약 460억 원)의 가치를 지녔다고 하였으니 이 작품이 얼마나 귀중한 작품인지 추정 가능하다. 〈성모와 실패〉는 유리 케이스에 넣어져 특별히 보관되어 접근할 수도 사진 촬영도 금지되어 있었다. 엘 그레코, 틴토레토, 고흐, 마티스, 모네, 르노아르, 미로, 달리, 피카소 등의 작품을 비롯해 멕시코의 거장 디에고 리베라와 루피노 타마요Rufino Tamayo 그리고 라틴아메리카 작가들의 방대한 컬렉션을 감상하기엔 시간이 부족하였다.

건축가　페르난도 로메로
주소　Boulervard Miguel de Cervantes Saavedra 303, Granada, Miguel Hidalgo, 11529 Ciudad de México, CDMX, Mexico
홈페이지　www.soumaya.com.mx

타마요 현대미술관
Museo Tamayo Arte Contemporáneo

테오티와칸 피라미드가 연상되는 파사드

타마요 현대미술관을 보는 순간 멕시코 테오티와칸 피라미드를 연상하였다. 고대의 테오티와칸 문명은 7세기경 소멸하였다. 8세기부터 12세기까지는 톨텍 문화가 멕시코 중앙고원에 많은 도시국가를 세우게 된다. 13세기경에는 북멕시코에서 이동해온 인디언들에 의해 아즈테카Aztec문명을 꽃피운다. 그러나 불행히도 멕시코는 1520년 스페인의 침략으로 인디언 문화는 사라지고 식민지 시기를 거쳐 혼혈화가 이루어지고 18세기에는 고유의 혼혈 문화를 형성하기에 이른다. 이런 파란만장한 역사적 배경으로 인해 멕시코의 문화 예술은 전반적으로 강렬하지만 애환이 담긴 암울한 분위기가 서려 있었다. 테오티와칸Teotihuacan은 '신들의 장소'라는 의미다. 메소아메리카 역사상 테오티와칸만큼 광역의 교류가 이루어진 도시는 없었다. 이렇게 번영을 누렸던 이 도시가 어떤 요인 때문에 붕괴되었는지는 불분명하다.

이집트의 피라미드와는 달리 테오티와칸 피라미드는 왕의 무덤이 아닌 종교의식을 위한 제단이었다. 이집트 피라미드는 일정한 크기와 모양의 돌만 사용

테오티와칸의 전경

해서 지었지만 테오티와칸 피라미드는 모양과 크기가 서로 다른 돌에 회반죽을 섞어 지었다. 현재 우리가 마주한 무채색의 피라미드는 고대엔 화려한 문향으로 채색되어졌다 한다. 그처럼 화려했던 문명이 한순간 역사의 뒤편으로 사라졌다 하니 인간의 빈약한 사고로는 도저히 헤아릴 수조차 없다. 나는 찬란했던 문명이 낳은 테오티와칸 피라미드와 타마요 현대미술관의 웅장한 외관이 오버랩되어 숙연한 마음으로 미술관 안으로 들어갔다.

이 미술관은 멕시코 작가 루피노 타마요의 이름을 따서 지어졌다. 1899년 태어난 루피노 타마요는 인디언 혈통의 오악사카Oaxaca(멕시코 동남부의 상업도시) 출신이다. 너무 강한 개성 탓에 국립미술학교로부터 퇴학당한 후 독학으로 그림 공부를 하였다. 멕시코의 전통 미술을 유럽의 현대회화와 접목시켜서 단순함과 강렬한 색채가 돋보이는 자신만의 세계를 구축하게 되지만 초기에는 피카소와 마티스의 영향을 많이 받았다. 강렬한 색채의 그림들이 한때 인기를 누렸지만, 그는 새로운 작업에 도전하기 위해 멕시코를 떠나 뉴욕행을 결심한다. 뉴욕 화실에서 붓끝이 망가지도록 온종일 작업에만 몰두하면서 여러 차례 전시회를 열었고, 타마요는 점차 이름을 얻었다. 마침내 뉴욕에서 화가로서 대성공을 이뤄낸 후 타마요는 영웅 대접을 받으며 멕시코시티로 귀향하였다.

1981년에는 아내와 함께 타마요 현대미술관을 오픈하게 되었고. 타마요 부부는 자신들이 소장했던 작품을 국가에 모두 기증하기에 이른다. 기증품의 가치는 1970년대에 10만 달러 이상의 값어치를 지녔다 하니 현재의 가치로 환산하면 엄청난 숫자로 헤아리기 어렵다. 2011년에는 그의 작품 〈수박〉을 뉴욕 현대미술관에서 200만 달러(약 23억 원)에 구입하였다는 기사를 보며 타마요의 뉴욕행이 이뤄낸 결실로 라틴아메리카의 거장임을 다시 한 번 확인하였다.

차풀테펙 공원 안에 위치한 타마요 현대미술관은 작가 자신이 직접 디자인에 참여하고 민간 자금으로 건설한 멕시코 최초의 주요 미술관이었다. 주로 20세기 중반에서 현대에 이르기까지 300점 이상의 회화, 조각, 판화, 사진 등의 다양한 작품이 소장되어 있었다. 현관에는 〈오마주Homenaje〉라는 타마요의 초기의

타마요 현대미술관의 전경

벽화가 걸려 있었다. 피카소를 비롯해 마크 로스코, 호안 미로, 맥스 에른스트, 페르낭 레제, 보테로, 프랜시스 베이컨, 르네 마그리트, 이사무 노구치, 로버트 마더웰, 헨리 무어 등의 작품들을 감상하면서 타마요의 안목에 탄복하였다. 타마요 현대미술관은 1986년부터 2012년 사이에 전시장을 비롯하여 전자 예술의 전시 공간인 사이버라운지Cyberlounge, 재단 설립자의 이름을 붙인 강당, 미술관 아트 숍과 식당 등 5개의 홀로 구성되어 있다. 2001년에는 방문자가 온라인으로 사이버라운지에서 작품과 비디오를 보며 음악도 들을 수 있는 전자 예술 부분의 최첨단 장비를 설치하였다. 이 공간은 2008년 미국건축가협회AIA 명예회원으로도 선정될 정도로 전문가인 베르나르도 고메즈-피미엔타Bernardo Gomez-Pimienta에게 의뢰하였다 하니 한 치의 소홀함 없는 전문성을 자랑하는 미술관임을 곳곳에서 읽을 수 있었다.

낮고 길다란 타마요 현대미술관에서 육중하지만 현대적인 정갈한 느낌을 받았다. 건물 파사드는 타마요가 추구하는 멕시코 전통의 정신세계와 연결되어져 돌무더기로 쌓은 테오티와칸 피라미드를 연상케 하였다. 특히 계단을 배열한 형태는 마치 제단을 쌓아올린 듯하였고 평평하고 넓은 공간 위에 세워진 돌 재질의 육중한 미술관은 엄숙한 공간으로 닿아왔다.

안으로 들어서니 심플한 내부 공간은 현대적 미감이 물씬 풍겼고, 전시 공간은 자유스런 동선으로 인해 작품들을 편안히 감상할 수 있었다. 미술관 중정을 중심으로 펼쳐진 정원도 멋스러웠다. 현관에 전시된 타마요의 벽화는 멕시코 전통에서 드러나는 음양의 조화와 멕시코의 토속적인 느낌을 잘 표현하고 있었다.

라틴아메리카의 거장 타마요는 1991년 세상을 떠났지만 그는 메스티소의 탄생과 멕시코 문명을 전 세계에 알리려 하였다. 인물이나 동물, 정물을 단순하고 반추상적으로 묘사한 화풍이 주를 이루며 주요 작품으로는 〈자화상〉, 〈흰 나비〉, 〈우주의 공포〉, 〈가련한 소녀〉 등이 있다. 타마요의 행로를 따라서 다양한 작품들을 세밀히 감상하다보니 어느새 문 닫을 시간이었다. 촉박해 다른 소장품들 전시를 지나쳐 아쉬웠다. 타마요의 작품들 곳곳에서 자신의 나라 멕시코의

위: 타마요 현대미술관의 입구 / 아래: 타마요 현대미술관의 내부 공간

정신과 멕시코 특유의 냄새가 물씬 풍겨졌고, 멕시코 현대미술을 전 세계에 알리려는 정신과 작가의식이 투철한 작가였음을 느낄 수 있었다. 건축가 테오도로 곤살레스 데 레온Teodoro González de León에 의해 설계된 이 미술관은 매년 12만 명 이상의 방문자가 다녀간다 하니 멕시코인들의 예술 사랑이 얼마나 수준 높은지 가히 짐작이 갔다. 타마요 현대미술관은 오픈했던 1981년에 멕시코 국립건축상을 수상하였다. 그 후 타마요는 자신의 고향인 오악사카에도 자신의 작품 소장 전문 미술관인 루피노 타마요 미술관을 지었다. 타마요는 1991년 죽음 직전까지도 미술관 영구 컬렉션을 소개하는 데 최선을 다했고, 라틴아메리카를 세상에 알리는 홍보대사로서의 활발했던 삶을 주시해보면 그 어느 누구보다도 작가정신이 투철한 작가임에 틀림없다.

미술관을 떠나며 2001년 아카데미 각본상을 수상한 스티븐 소더버그 감독의 영화 〈트래픽〉이 떠올랐다. 소더버그가 특유의 인디오 정신을 불어넣었고, 멕시코의 색을 잘 표현한 영화였다. 3가지의 스토리를 브라운, 내추럴, 블루 톤의 상징적인 기법으로 표현한 강렬한 영상은 타마요의 정신세계와 오버랩되었다. 그 색들은 멕시코 민족의 애환의 색이며, 광활한 자연과 파란 하늘을 담은 멕시코의 색이었다.

건축가   테오도로 곤살레스 데 레온
주소   Paseo de la Reforma 51, Bosque de Chapultepec, Bosque de Chapultepec I Secc, 11580 Ciudad de México, CDMX, Mexico
홈페이지   www.museotamayo.org

프리다 칼로 미술관
Museo Frida Kahlo

코요아칸에 있는 프리다 칼로의 생가다. 조용한 주택가에 위치한 푸른 집은 코발트 칠의 강렬함에서 한눈에 알아볼 수 있었다. 디에고 리베라의 친구인 멕시코의 화가이자 건축가 후안 오 고먼 Juan O'Gorman●이 푸른집 프로젝트를 담당했다.

후안 오 고먼(1905 –1982)은 멕시코 화가이자 건축가다. 삶의 엄격한 기능주의에서 벗어나 프랭크 로이드 라이트의 영향력과 전통 멕시코 건축물을 결합한 유기적인 건축 양식을 개발했다. 멕시코시티의 독립기념관 Independence Room과 멕시코 국립대 중앙도서관의 대형 벽화를 그렸다 .

독특한 자화상으로 유명한 화가 프리다 칼로는 18세 때 교통사고로 여러 차례의 수술을 받은 비운의 여성이다. 그럼에도 불구하고 프리다 칼로는 화가의 길을 걸으며 자신의 고통스러운 삶을 주제로 한 그림들을 그렸다. 교통사고로 전신에 깁스를 한 채 침대에 누워 있어야만 했던 암울한 기억들을 캔버스에 옮겼다. 그 표현이 잔인할 정도로 적나라하면서 동시에 감각적이며 관능적이다. 그 중 감동적인 작품은 1932년 작 〈떠 있는 침대Henry Ford Hospital〉이었다.

원제와 다르게 〈떠 있는 침대〉로 번역되어 있는 이 작품은 몇 번의 유산 후

위: 프리다 칼로 미술관의 정면 / 아래: 프리다 칼로 미술관의 안뜰

푸른집의 내부 공간

병원에서 그린 죽은 아이에 대한 오마주이며 자신의 암울한 삶을 그대로 담은 누드 자화상이었다. 프리다 칼로는 1953년에야 비로소 멕시코에서 첫 개인전을 열게 된다. 그녀의 삶이 얼마 남지 않았음을 직감한 디에고 리베라가 열어준 전시회였다. 프리다 칼로의 강인한 삶을 생생하게 그린 영화 〈프리다〉의 마지막 부분이 너무나 인상적이었다. 앉을 수조차 없게 된 프리다가 자신의 침대에 누운 채 전시회장으로 등장하며 그녀의 첫 개인전 오픈식에 참석한 그 장면은 잊을 수가 없다. 전시회를 보러 온 군중들 앞에서 누운 채로 기뻐하며 건배했던 장면은 그녀의 당당한 모습 뒤에 가려진 고통으로 더 애절하였다.

프리다 칼로가 죽은 지 1년 후, 리베라는 그녀가 평생을 몸담았던 '푸른 집'을 나라에 기증했다. 푸른 집은 프리다 칼로를 기리는 미술관이 되어 오늘날까지 수많은 예술가들이 찾는 명소가 되었다.

프리다 칼로의 집을 돌아보며 남편이었고 그녀의 정신적 지주였던 멕시코 벽화의 거장 리베라의 숨결이 곳곳에 느껴져 리베라를 언급하지 않을 수 없다. 그는 정치적 역사적인 주제를 강렬한 색채로 표현한 가장 멕시코다운 화가였다. 그는 멕시코의 풍경과 멕시코인들의 삶을 사랑했다. 그의 회화적 신념은 뚜렷했다. 그는 메소아메리카의 아름다움을 표현하고자 하는 인디오 정신이 투철했던 예술가이며 조국과 인디언을 사랑했던 숭고한 혁명가였다. 1920년 미국과 유럽, 라틴아메리카의 젊은 미술가들은 멕시코혁명의 예술 현장으로 찾아왔다. 그 무렵 오로스코, 시케이로스와 함께 벽화 운동의 중심에 서 있었던 디에고 리베라는 수많은 공공장소에 벽화를 그렸다. 1929년 처음 개관한 뉴욕 현대미술관은 첫 개인전으로 앙리 마티스를, 두 번째 개인전으로 디에고 리베라를 초대할 정도로 리베라의 입지는 대단하였다. 노동자를 그린 디트로이트 미술학교의 벽화는 미국의 공업화를 대표하는 작품으로 그의 대표적인 걸작으로 평가된다. 1933년 록펠러 센터 내부를 장식할 벽화 속에 노동자들의 거대한 메이데이 행진과 이 행진을 이끄는 레닌의 초상을 그려 넣자 이를 제거해줄 것을 요청받았지만 거부하여 결국 그 벽화 자체가 파괴되었던 일화는 유명하다.

프리다 칼로 미술관의 전시실 모습

리베라는 미술에 대한 열정뿐 아니라 여성 편력의 열정도 대단하였다. 두 차례의 이혼 이후, 세 번째 연인 프리다 칼로를 만나지만 5년 만에 파경을 맞게 되었다. 그러나 둘은 재결합하여 칼로가 세상을 떠나는 1954년까지 함께하며 서로의 작품에 영향을 주었다.

다음 날은 건축가의 순례지 루이스 바라간 하우스Casa Luis Barragán*를 찾아갔다. 루이스 바라간이 40대에 지어 말년까지 머물렀던 그 집은 차풀테펙Chapultepec 공원 남쪽 경계 지점의 한적한 동네에 있었다. 1980년에 프리츠커 상을 수상한 루이스 바라간은 멕시코 건축계에 커다란 영향을 미쳤을 뿐 아니라 루이스 칸에게도 영향을 준 현대건축계의 거장이다.

멕시코 출신의 루이스 바라간(1902~1988)은 제3세계의 문명과 자연을 현대건축 공간과 조화시킨 20세기의 위대한 건축가다. 대학에서 토목을 전공한 후 건축에 관심을 갖게 되어 유럽으로 건너가 르 코르뷔지에의 강의를 듣고 건축에 새로운 눈을 뜨게 되었다.
대표작으로는 멕시코시티의 카푸친 수도원Chapel for the Capuchinas, 산 크리스토발 주거 단지 등이 있다.

두근거리는 마음을 달래며 바라간 하우스의 현관문을 조심스레 열고 들어섰다. 사진 속에서 수없이 보았던 강렬한 색채와 빛의 공간을 찾아 시선을 곤두세웠다. 구석구석에서 그의 숨결이 느껴졌다. 좁은 계단을 내려가니 바로 옆의 측면 창에서 빛이 들어왔다. 빛이 대각선 아래 홀 벽에 반사되어 다시 맞은 편 바닥으로 쏟아지는 그 공간은 눈이 부실 정도로 아름다웠다. 그 빛은 진분홍 벽의 공간을 시시각각 변하게 하는 색의 마술사였다.

좁은 통로를 지나 침실로 들어오니 미세한 빛이 새어 들어왔다. 창문 안쪽에는 다시 덧문을 달았다. 어둠 속에서 네 쪽의 비례가 다른 덧문이 닫힐 때마다 창문을 뚫고 들어온 빛은 소파나 빈 공간과 어우러져서 신비스런 빛의 공간들을 펼쳤다. 덧문 네 쪽 모두를 살며시 닫을 때의 빛의 음영은 마치 십자가 형상으로 나타나 어둠을 밝혀주었다. 나는 덧문을 하나씩 닫았다가 다시 열기를 반복하면서 빛의 공간이 주는 마력에 깊숙이 꽂혔다. 시간의 변화에 따라서 빛이 발하는 세미한 색들의 향연과 드리워진 그림자를 프레임에 담을 때의 격한 감동은 지금까지도 뇌리에서 지워지지 않는다.

루이스 바라간 하우스의 분홍색 방 벽에 붙은
십자가

1층 조그마한 공간과 방 사이의 벽은 분홍색으로 되어 있었다. 벽의 분홍문과 가장자리 바로 위의 분홍 십자가 장식이 인상적이었다. 문 아래는 단아한 상을 두어 성소의 공간처럼 꾸몄다. 비록 잠시 동안의 방문이었지만 여백의 미와 독립된 공간에서 오묘한 빛의 변화를 체험했던 그때의 감동은 지금 이 순간까지도 너무나 또렷하다. 세계적인 건축가인 안도 다다오Ando Tadao도 바라간 하우스 침실의 덧문으로 새어 들어온 빛에서 모티브를 얻어 오사카에 '빛의 교회'를 지었다는 글을 읽은 적이 있다.

바라간은 평생 독신으로 살았다. 집 어디를 가나 자신이 만든 가구와 소품들로 그득하였다. 한쪽에 가득 모아둔 LP판들과 책장에 가득한 고서들, 곳곳에 둔 예수 십자가상과 종교적인 그림들, 피카소의 〈게르니카〉, 그리고 책장 아래에 둔 누드화와 말 그림들, 조셉 앨버스Josef Albers의 유화 등을 보면서 인간 내면의 욕망과 구도자적 삶을 추구했던 거장 바라간의 모습이 떠올려졌다. 서재 책상 앞에 놓여 있는 바라간 사진 앞에서 나는 잠시 거장을 오마주하였다. 그는 공간을 넘어서 빛으로 투사된 자연의 색과 여백의 미를 추구하는 철학자이며 구도자였다. 그 여백은 자연에 순응하는 공간이며 마음의 터가 아닐까.

일정을 마친 후 루이스 바라간과 리카르도 레고레타*의 합작으로 지은 호텔 카미노 로얄 호텔에 짐을 풀었다. 호텔 입구의 로고부터가 색다르다. 담의 효과를 노린 길고 커다란 격자무늬의 핑크빛 가벽과 황금빛 구조물은 외부를 자연스럽게 차단하면서 낮은 분수와 어우러져 멋진 공간을 만들어냈다. 사람들이 붐비는 로비

리카르도 레고레타(1931~2011)는 컬러리즘과 미니멀리즘이 돋보이는 건축 세계를 선보인 멕시코 출신의 세계적인 건축가다. 루이스 바라간의 제자이며, 대표작으로 과달라하라 IBM 캠퍼스와 마나구아 메트로폴리탄 대성당이 있다. 세계건축가연맹 금상과 프레미엄 임페리얼Praemium Imperiale 상을 수상하였다.

와 홀의 넓은 공간은 노란색을 사용하였고 물과 조화를 이룬 바ᵇᵃʳ는 푸른색 일색이었다. 긴 복도를 통과하여 호텔 방까지 가는 동안 다양한 색의 공간을 경험하였다.

호텔 수영장에서 바라본 호텔 외벽의 붉은빛이 도는 자주색은 바로 멕시코 흙색이다. 리카르도 레고레타의 건축을 마주하면 마치 동화 속 어린아이의 순수한 원색을 읽게 된다. 그가 이처럼 생동적인 색을 사용하게 됨은 유년 시절에 아버지와 함께 멕시코 시골을 구석구석 여행했던 경험이 건축 작품에 녹아든 덕분일 것이다. 시골 자연의 색채에 자연스럽게 익숙해진 때문이다. 카미노 레알 호텔 바의 코발트색은 멕시코의 찬란한 하늘색이었다. 아름다운 색의 공간이었다. 일정을 마친 후, 호텔 바에서 마신 마가리타는 달콤하면서도 부드러웠다. 목젖을 타고 흐르는 부드러운 감촉은 여행의 희열을 맛보게 해주었다. 그 공간은 여유를 만끽하는 평화가 있었다. 나는 일탈의 기쁨을 한껏 누리며 멕시코 특유의 색의 공간으로 빠져들었다. 미력하게나마 라틴 문화와 멕시코의 색깔을 어렴풋이 이해할 수 있었다.

건축가   후안 오 고먼
주소   Londres 247, Del Carmen, Coyoacán, 04100 Ciudad de México, CDMX, Mexico
홈페이지   museofridakahlo.org.mx

브라질

상파울루
상파울루 미술관

리우데자네이루
니테로이 현대미술관

상파울루 미술관

Museu de Arte de São Paulo
Assis Chateaubriand, MASP

빨간색 철골빔과 유리의 조화가 환상인 남미 최대의 미술관

여행은 아름다운 일탈이면서 동시에 소중한 일상을 깨닫게 하는 열쇠다. 그리고 여행의 일탈은 일상으로 돌아왔을 때 여유와 평온함을 누릴 수 있게 하는 삶의 저장고이며 비상 저축이기도 하다. 삶의 저장고가 풍족할수록 우리의 인생은 풍요로워진다. 우리는 여행을 통하여 새로운 세계라는 위대한 책을 볼 수 있고, 역사 속의 수많은 흔적들에서 터득한 배움은 자신을 채움과 비움의 조화로운 일상으로 되돌아오게 하는 유일한 길이며 삶의 지혜가 아닐까?

브라질 하면 삼바 축제의 도시 리우데자네이루Ri de Janeiro와 상파울루를 먼저 떠올린다. 상파울루에는 마스피MASP라고도 불리는 상파울루 미술관이 파울리스타 대로에 위치해 있었다. 빨간색 강철빔과 유리가 조화를 이룬 멋진 미술관이었다. 모서리를 떠받치고 있는 4개의 빨간 철골빔이 유일한 지지대 역할을 하고 있는 브라질 최초의 강철빔 미술관이다.

콘크리트의 천정 사이로 들어오는 빨간색 철골빔의 강렬함은 삼바 축제의 나라 브라질의 열정과 몹시 닮았다. 철골빔이 떠받치고 있는 육중한 빨간 콘크

위: 상파울루 미술관의 전경 / 아래: 빨간색 철제빔이 떠받치고 있는 전시장 천정과 매표소가 있는 1층 공간

리트 공간은 오가는 행인들의 쉼터이며 아이들의 놀이터로 역할을 다하기에 충분한 멋진 공간이었다. 철제빔으로 된 1층 매표소를 지나 엘리베이터나 계단을 통해서만 2층 전시장으로 들어갈 수 있도록 설계되어 있음은 그 당시 건축디자인으로는 획기적인 디자인이었으리라.

건축디자인을 맡은 리나 보 바르디Lina Bo Bardi는 이탈리아 출신으로 브라질 현대건축을 대표한 유명 건축가다. 1968년에 새롭게 지어진 이 미술관의 오픈 행사에는 영국 여왕 엘리자베스 2세도 참석할 정도로 이슈가 되었던, 그 당시 남미 최대의 미술관이었다 한다. 내가 방문했을 때는 부분적인 수리에 들어가 미술관 전체 컬렉션을 감상할 수 없어 아쉬움이 컸다.

마스피MASP는 브라질의 언론 재벌로 명망이 있었던 아시스 샤토브리앙Assis Chateaubriand의 기증으로 개관하게 되었다. 전 생애를 통해 수집하였던 방대한 미술품 전부를 기증한 아시스 샤토브리앙은 혈전증으로 인해 미술관 개관 몇 개월 전에 사망했다. 그 아쉬움은 무엇으로도 위로가 되진 않겠지만 미술관 곳곳에서 살아 숨 쉬고 있는 그의 소중한 컬렉션은 그 어떤 무엇과도 비견할 수 없는 값진 것이었다.

원래 상파울루 미술관은 비영리 재단으로 1947년에 세워졌다. 마스피는 중세 유럽의 예술품부터 20세기의 근현대미술품까지 총 1만 점 이상의 작품을 소장한 남미 최대의 미술관이다. 소장품 중 렘브란트Rembrandt, Harmensz van Rijn의 작품 〈금목걸이를 한 자화상〉과 루벤스Rubens, Peter Paul의 작품 〈알베르트 7세 초상화〉가 인상적이었다. 또한 반 다이크, 보티첼리, 들라크루아를 비롯해 피카소, 고갱, 고흐, 세잔, 르누아르, 마네, 모네, 마티스, 모딜리아니 등 20세기 거장들의 작품과 지하 전시장에 소장된 자코메티를 비롯해 브랑쿠지, 드가의 조각들까지의 방대한 분량의 작품을 감상할 수 있었다. 이른 아침부터 서둘러 입장하였지만 세세히 보기에는 턱없이 시간이 부족하였다. 대단한 컬렉션이었다. 특이할 점은 전시관 내부에 벽이 없어 콘크리트 큐브에 박은 판유리에 작품을 걸어 전시를 하고 있었다.

유니크 호텔의 전경

상파울루 미술관을 감상 후 바쁜 일정을 마치고 이비라푸에라Ibirapuera 공원 근처에 위치한 유니크 호텔Hotel Unique Sao Paulo에 짐을 풀었다. 배를 모티브로 한 이 호텔 디자인은 브라질 출신의 건축가인 류 오타케Ruy Ohtake의 작품이다. 일본인 조각가였던 어머니로부터 물려받은 섬세함과 스승인 오스카 니마이어의 영향을 받은 조형적인 공간감이 적당히 조화를 이룬 세련된 부티크 호텔이었다.

룸과 욕실 사이에는 불투명한 접이식 유리문을 두어 룸메이트와의 관계를 배려함에 감동하였고, 욕조 위에 놓인 베개와 세면대, 동그랗고 커다란 창문에서는 일본인 조각가인 어머니의 섬세함이 엿보였다. 유명세를 탄 부티크 호텔 대부분이 디자인에만 천착하여 사용하는 데 불편함이 많았지만 유니크 호텔에서의 하룻밤은 그 통념을 말끔히 해소시켜주었다. 로비에 놓인 알렉산드로 멘디니Alessandro Mendini의 화려한 꽃무늬 소파는 안락함을 주었고 오브제로서의 역할도 십분 발휘했다. 유니크 호텔 로비의 높은 천정과 어울린 샹들리에의 조화 역시 멋진 휴식 공간을 창출해내어 머무는 동안 내내 즐거움을 안겨주었다.

건축가   리나 보 바르디
주소   Av. Paulista, 1578 – Bela Vista, São Paulo – SP, 01310-200, Brazil
홈페이지   www.masp.art.br

니테로이 현대미술관
Niterói Contemporary Art Museum

거대한 코발트색 바다를 품고 있는 비행접시

리우데자네이루는 브라질(1763~1960년)과 포르투갈 식민지(1808~1821년)의 옛 수도였으며, 세계 최대의 삼바 축제가 열리는 도시다. 리우데자네이루의 해안 경관은 아주 아름답고 수려하여 나폴리와 시드니에 비견되는 세계 3대 미항으로 꼽힌다. 뿐만 아니라 풍부한 문화유산과 유혹에 빠져들 장소들이 도처에 있다. 이 도시는 리우 카니발이 열리는 동안 지상에서 가장 거대하고 화려한 파티장으로 변하여 세계 곳곳으로부터 60만 명에 이르는 사람들이 이곳으로 모인다고 한다. '죽기 전 딱 하루, 축제의 날을 허락받는다면 광기의 도시 리우로 가라'는 속설이 생겨난 이유를 실감하였다. 리우데자네이루에 머물 때가 마침 카니발 준비 기간 중으로 도시가 축제의 열기로 뜨겁게 달아올라 있었다. 2016년 올림픽을 치렀던 리우는 세상을 축제의 장으로 달궜다.

니테로이 현대미술관은 거대한 바다를 품고 있었다. 바다를 앉고 있는 조형적인 건축미야말로 압권이었다. 기능주의에서 벗어나 기하학적인 공간과 유선형의 조형 언어로 빚어진 니테로이 현대미술관의 아름다운 형상에 매료되었다

니테로이 현대미술관의 전경

이 건축은 브라질 출신의 세계적인 건축가인 오스카 니마이어Oscar Niemeyer의 작품이다. 그는 곡선의 대가답게 코발트색의 드넓은 바다 끝자락의 절벽을 조각대로 하여 하얀 유선형의 조형물을 절벽 위에 살포시 올려놓았다. 그 형상은 마치 바다 위에 떠있는 비행접시를 연상케 하였다. 나선형의 계단과 한쪽으로만 고정된 보cantilever와 미술관 내부의 낮은 천장과의 공간 비례는 드넓은 바다의 지평선을 강조한 공간 구축으로 자신만의 건축적 언어를 여실히 보여주었다. 낮은 비례의 미술관 건물과 높은 하늘과 바다의 아름다운 조화는 시각적 즐거움을 안겨주었다.

거대한 바다를 품은 니테로이 현대미술관의 기하학적 공간들은 마치 아름다운 바다와 자연의 소리를 내부로 옮겨놓은 듯 시적인 공간을 창출하였다. 공중으로 떠 있는 진입로를 따라 올라가면 미술관 입구가 나온다. 1층은 운영 시설이 있었고 전시 공간은 2층에 자리하였다. 2층 갤러리에서 사방으로 펼쳐져 있는 구아나바라Guanabara 만의 풍경을 마주하며 작품을 여유롭게 감상할 수 있었던 평화로운 그 순간을 어찌 잊을 수 있으랴. 기다란 유리창을 통해 바라보이는 코발트색 바다는 평화로웠고 파란 바다 위를 수놓은 수백 마리의 갈매기 떼는 니테로이 현대미술관에서만 즐길 수 있는 최고의 선물이었다. 전시 작품을 감상하는 공간이기 전에 이 갤러리의 창문을 통해서 바라보이는 아름다운 바다와 멀리 리우데자네이루의 풍경이 어우러진 프레임의 공간은 관람객만이 누릴 수 있는 특권이었다.

그 갤러리 공간은 오롯이 감상자를 위한 공간 구축으로 브라질의 감성을 담아낸 건축가의 배려였으리라. 2층 전시장에는 여섯 개의 작은 전시장이 있었다. 내부의 둥그런 조명도 유선형의 건축물과 닮았다. 방문 때 마침 사진전시회를 하고 있었다. 브라질 작가들 전시로 생소한 이름의 작가들이었지만 브라질의 감성을 담은 공간과 브라질 작가의 작품들은 어우러져 마치 그 공간을 위해 준비되어진 것처럼 자연을 담은 정겨운 사진들이었다.

아름다운 건축의 유선형 외형과 내부 조형미를 감상하는 것만으로도 일탈

위 / 아래: 니테로이 현대미술관 2층 전시장의 전경

의 자족감을 채우기에 조금도 부족함이 없는 멋진 미술관이었다. 아래층에는 강당과 레스토랑이 있었다. 그곳 레스토랑에서의 메뉴도 미술관다운 세련미와 풍미가 어우러진 최고의 맛을 자랑하였다. 니테로이 현대미술관의 형상을 모방한 메뉴판과 나오는 음식마다 맛은 물론 예술적인 비주얼 역시 미술관 식당다웠다. 그 식당에서 누렸던 풍요로움과 향기는 결코 잊을 수 없는 소중한 시간이었다.

이파네마Ipanema의 해변에 위치한 호텔 파사노Fasano Hotel 에 투숙하였다. 필립 스탁이 디자인한 안락한 소파에 지친 몸을 던지며 호텔 구석구석을 훑었다. 흰색 모던한 소파와 바로크풍의 다양한 의자들, 나무를 쪼갠 테이블로 조화를 이룬 조그마한 로비는 편안하였다. 지하 카페는 필립 스탁 디자인의 낡고 오래된 가구와 예술가들을 담은 사진들로 꾸며져 있어, 마치 여느 미술관에 들어온 듯하였다. 좁은 복도를 따라가면 룸 넘버를 독특하게 표기한 필립 스탁의 기발하고 유머러스한 디자인들이 계속 주의를 끌었다. 룸의 하트형 조명등과 여인 모습으로 가득 채워진 화장실 유리문은 기대를 저버리지 않았다.

깊은 밤중임에도 불구하고 이파네마 해변 모래사장을 걷는 맨발 위로 부딪히는 철썩이는 파도 소리는 모든 것을 다 수용할 수 있었다. 어둠 속에서 발길을 옮길 때마다 전해오는 부드럽고도 따뜻한 모래 촉감은 피로를 말끔히 씻어주었다.

이른 아침, 해변에서 자유스럽게 노니는 개와 함께 조깅하는 노익장의 진풍경은 끌로드 를루쉬 감독의 영화 〈남과 여〉 속의 바닷가의 장면과 오버랩되었다. 이파네마 해변의 바다 내음과 아름다운 정경에 취해 한동안 셔터를 누르는 것도 잊었다. 이파네마 해변의 산봉우리를 붉게 물들인 일출은 고요하면서도 강렬하였다.

브라질리아 도시계획안을 세운 세계적인 건축가 오스카 니마이어의 건축물을 찾아다니는 동안 연발되는 감탄사는 금할 길 없었다. 그는 2012년에 106세로 타계했지만 104세까지도 왕성하게 현역에서 일을 했던 최장수 건축가였다. 그는 정녕코 한 세기를 대표하는 현대건축가의 전설로 불리기에 조금도 이의가

대통령궁

브라질리아 대성당 내부

없으리라. 오스카 니마이어는 브라질의 신수도 건설이라는 시대적 배경과 맞물려 당대 대통령인 주셀리노 쿠비체크의 전폭적인 지지 아래에 그 누구도 누릴 수 없는 행운을 갖게 되었다. 그 당시 브라질 정부는 해안 지역의 집중된 인구를 내륙으로 분산시키기 위해 1956년부터 리우데자네이루에서 브라질리아로 수도를 옮기기 위한 작업을 준비하였고 신도시계획을 오스카 니마이어가 실행하였다. 브라질리아는 불모지인 중부 고원에 오스카 니마이어의 계획안으로 세운 신도시다.

이러한 신도시계획의 행운은 20세기 근대건축의 거장 르 코르뷔지에조차도 시샘을 했다고 하니 모든 건축가들에겐 부러움이고 염원일 것이다. 브라질리아는 과거의 역사라곤 찾아볼 수 없는 불과 50년의 역사를 지닌 새롭게 탄생된 신도시다. 그럼에도 불구하고 1987년 도시 전체가 유네스코 세계 문화유산으로 지정되기까지는 오직 한 사람의 건축가 오스카 니마이어의 열정과 정열에서 비롯되었다 해도 과언이 아니다. 중앙고원의 초원 위에 그의 스승인 코스타와 함께 브라질의 수도를 자신의 계획안으로 마음껏 디자인하는 행운을 거머쥔 오스카 니마이어는 브라질 가는 곳곳마다 그의 작품을 남겼다.

그의 스승인 코스타가 비행기 모형을 연상시키는 도시계획안을 기획하였고, 오스카 니마이어는 대통령궁을 비롯해 국회 의사당, 브라질리아 대성당 니테로이 대중극장 등 주요 건 축물들을 연이어 짓게 된다. 어떤 제약이나 장애물 없이 도시 전체를 통일된 유기체로 건설하게 되는 행운을 안게 된다. 1988에는 세계 건축계의 노벨상이라 불리는 프리츠커 상을 미국 출신의 건축가 고든 분샤프트Gordon Bunshaft와 함께 공동으로 수상하였다. 오스카 니마이어는 "내 뿌리, 내가 태어난 나라와 자연스럽게 연결되는 방식으로 즐거움을 주는 것을 고안해야 한다."며 그의 건축 세계를 한 켜에 담은 글로써 자신의 정신세계를 잘 보여주었다.

시간이 흐를수록 여행의 신선함은 퇴색하여 어디론가 사라지겠지만, 리우의 광기 어린 축제와 이파네마의 바다 내음, 오스카 니마이어의 위대한 건축은

니테로이 대중극장

국회의사당

서랍 속의 누렇게 바랜 책의 소중함처럼 기억 창고 속에서 한 편, 한 편 되살아나 일상에서 문득문득 나를 깨울 것이다. 우리나라 반대편의 가장 먼 곳에 자리한 남미로의 여행은 비록 힘든 여정이었지만 소중한 기억 창고에 차곡차곡 쌓아두기 위해선 그 어떤 불편도 감수할 만하였다.

건축가   오스카 니마이어
주소   Mirante da Boa Viagem, s/n°, Boa Viagem, Niterói-RJ, 24210-390, Brazil
홈페이지   www.macnitroi.com.br

스페인

마드리드
레이나 소피아 국립중앙미술관
프라도 국립미술관
마드리드 카이사포럼

바르셀로나
바르셀로나 현대미술관
호안 미로 미술관

빌바오
빌바오 구겐하임 미술관

레이나 소피아 국립중앙미술관
Museo Nacional Centro de Arte Reina Sofía

피카소의 〈게르니카〉만으로도 꼭 들러야 할 미술관

수도 마드리드는 이베리아반도의 중앙에 위치한 스페인의 정치·예술·문화의 중심지이며 수많은 천재적인 예술가들의 본향이기도 하다. 초현실주의 작가이며 엽기 예술가 달리, 광기의 영화감독 페드로 알모도바르, 광적인 레알 마드리드 축구팀을 비롯해 마요르 광장 주변에서 매일 벌어지는 기이한 퍼포먼스는 멋진 볼거리 중 하나다.

　　마드리드 시가지를 지나 마요르 광장과 에스파냐 왕궁을 들른 후 레이나 소피아 국립중앙미술관으로 발길을 옮겼다. 마드리드의 레이나 소피아 국립중앙미술관은 스페인의 국립현대미술관으로 줄여서 '소피아 미술관'이라고도 부른다. 지금의 모습에 이르기까지 여러 우여곡절을 겪었다. 현재 미술관의 본관으로 사용되는 건물은 16세기에 펠리페 2세에 의해 왕실을 위한 병원으로 지어진 것이다. 이후 18세기에 카를로스 3세에 의해 또 다른 병원 시설이 추가되고 확장되었지만 1965년에 폐쇄되기에 이른다. 이 건물은 수차례 철거의 위기를 넘기고 마침내 1986년 레이나 소피아 아트센터로 문을 열었다. 그리고 1988년 국립미

위: 소피아 미술관의 전경 / 아래: 소피아 미술관의 복잡한 형태의 천정과 외부 계단

위: 리히텐슈타인의 조각 <붓 자국> / 아래: 소피아 미술관 레스토랑의 전경

소피아 미술관 앞에 놓인 조각

술관이 되었으며, 1992년 스페인 왕비인 소피아의 이름을 따서 재설립하였다.

2005년에는 세계적으로 유명한 프랑스 건축가인 장 누벨Jean Nouvel°의 디자인으로 증축 공사가 완료되었다. 새로운 신관 건물을 누벨 관으로 부른다.

확장된 신관 건물은 전시관 외에도 콘서트홀, 도서관, 서점, 레스토랑 등을 갖추고 있다. 장 누벨은 열린 벽과 사선으로 뚫린 천장을 통해 빛을 내부로 끌어들여 내부와 외부의 공간을 모호하게 만들고, 외장재로는 빨강과 검정red-black 컬러를 사용해 더욱 대조를 이루었다. 기존의 구관 건물은 가운데에 중정을 두고 ㅁ 자형

프랑스 출신의 장 누벨(1945~)은 간결함과 투명성을 중시하는 현대건축의 거장으로 '빛의 마술사'로도 불린다. 1966년 국립고등예술학교를 수석으로 입학하였고, 1975년 자신의 사무실을 열고 프랑스 건축 운동 'Mars'를 공동으로 창립하였다. 2008년 프랑스 건축가로는 두 번째로 프리츠커 상의 영예를 안았다. 대표작으로는 기하학적인 아라베스크 패턴의 빛의 양을 조절하는 창을 사용한 파리의 아랍 문화원과 까르띠에 본사, 케 브랑리 박물관, 아부다비 루브르 박물관 등이 있다. 국내에 지어진 작품으로는 삼성미술관 리움이 유명하다.

으로 구성된 고전 양식의 건물이지만 외부의 통유리 박스로 된 엘리베이터에 의해 확연하게 현대적인 느낌을 더했다. 중정에 놓인 로이 리히텐슈타인의 조각 〈붓 자국Brush stroke〉은 지붕이 오픈된 ㅁ 자형 공간을 한층 멋스럽게 하였다. 바로 옆에 있는 레티로 공원Parque de Retiro 안에 있는 크리스탈 궁과 벨라스케스 궁 역시 소피아 미술관 소유로 사용되고 있었다.

소피아 미술관에는 스페인의 근현대미술 작품을 중심으로 한 4000여 점의 회화를 포함해 조각, 판화, 사진, 비디오, 설치미술을 총망라한 1만 6200여 점에 이르는 소장품이 있다. 피카소, 달리, 미로, 타피에스 등 20세기의 뛰어난 예술가들의 작품을 만날 수 있었다.

소장품 중 가장 유명한 작품은 단연 20세기의 거장 피카소의 〈게르니카〉다. 〈게르니카〉는 1937년 파시스트 장군 프랑코를 지원하는 독일의 무차별 폭격에 의해 게르니카Guernica라는 바스크 지방의 작은 도시가 폐허가 된 비참한 상황을 묘사한 피카소의 대표작이다. 마침 그해에 열리기로 예정된 파리 만국박람회의 스페인 관 벽화 제작을 의뢰받았던 피카소는 조국의 비보를 듣고 한 달 반 만에

피카소의 〈게르니카〉

대벽화를 완성하여 '게르니카'라고 이름을 붙였다. 미술관 4층의 커다란 방에는 오로지 가로 7.8미터, 세로 3.5미터 크기의 〈게르니카〉한 작품만을 전시하고 있었고 이와 더불어 〈게르니카〉의 제작 과정에서의 스케치들과 부분 습작들을 전시하여 감상자로 하여금 작품 이해에 많은 도움을 주었다. 전쟁의 무서움과 민중의 분노, 슬픔을 상징적으로 표현한 작품 〈게르니카〉는 극적인 구도와 흑백의 대비 효과를 통해 죽음의 주제를 적나라하게 드러내 보여주었다.

상처 입은 말과 버티고 서 있는 소의 상징은 피카소가 즐겨 다루던 투우의 테마이기도 하다. 이 테마를 흰색과 검정색으로 압축시켜 처절한 비극성을 극대화시킨 〈게르니카〉를 직접 볼 수 있었던 것은 일생일대의 행운이었다. 〈게르니카〉는 파리 만국박람회 전시 이후에 구미 여러 나라에서 순회 전시를 가졌다. 그러나 스페인이 프랑코 체제로 독재화되자, 공화파 지지자였던 피카소는 자신의 작품 〈게르니카〉가 스페인으로 반입되는 것을 거부하였다. 이에 스페인의 민주주의와 자유 회복 후에는 이 작품을 반드시 프라도 국립미술관에 되돌려줄 것을 조건으로, 뉴욕 근대미술관에 무기한 대여 형식으로 빌려주게 된다. 프랑코의 독재 시기에는 조국과 화해할 수 없다고 했던 피카소의 신념을 존중하여 1981

년에야 비로소 스페인에 반환되어져 조국의 품 안으로 돌아와 마드리드의 프라도 국립미술관에 소장되었다. 그 후 보관상의 문제 제기로 인해 〈게르니카〉는 정치인과 예술가들의 강력한 반발이 있었지만 결국 1992년 레이나 소피아 국립 중앙미술관으로 옮겨져 이 미술관의 가장 자랑스러운 소장품으로 자리한다.

건축가   장 누벨에 의해 확장
주소   Calle de Santa Isabel, 52, 28012 Madrid, Spain
홈페이지 www.museoreinasofia.es

프라도 국립미술관
Museo Nacional del Prado

고야의 〈옷을 입은 마하〉와 〈옷을 벗은 마하〉, 벨라스케스의 〈시녀들〉을 소장한 미술관

1819년에 개관한 프라도 국립미술관은 12세기부터 19세기까지의 유수한 유럽 미술 작품들을 소장한, 손꼽히는 미술관 중 하나다. 스페인 왕가의 소장품을 중심으로 시작하여 현재는 7600여 점의 회화와, 1000점의 조각, 4800점의 프린트와 800여 점의 드로잉 등을 소장하고 있다. 그중에서도 고야Francisco Goya의 〈옷을 입은 마하〉와 〈옷을 벗은 마하〉, 벨라스케스Diego Velázquez의 〈시녀들〉, 엘 그레코El Greco의 〈그리스도의 세례〉는 대표적인 컬렉션이다. 또한 루벤스와 반 다이크를 중심으로 한 플랑드르 회화와 리베라, 무리요, 수르바란 등 스페인 대가들의 귀한 작품을 감상할 수 있는 곳이다.

　　프라도 국립미술관의 유명 소장품 중 하나인 히에로니무스 보스Hieronymus Bosch의 제단화祭壇畵 〈세속적 쾌락의 정원The Garden of Earthly Delights〉은 광기로 가득했고, 그로테스크Grotesque의 절정을 보여주었다. 20세기 광기 예술의 선두 주자인 달리조차도 〈세속적 쾌락의 정원〉 앞에서는 광기의 질투심에 자신의 눈을 가렸다 하니, 달리의 극찬을 헤아려보며 나 역시 그로테스크한 그 작품 앞에 서니 온

프라도 미술관 구관의 전경

위: 모네오에 의해 확장된 프라도 국립미술관의 로비 / 아래: 프라도 국립미술관 신관과 구관을 연결한 전경

고야의 <옷을 벗은 마하> © Museo Naciconal del Prado

고야의 <옷을 입은 마하> © Museo Naciconal del Prado

몸에 소름이 돋듯 빨려들었다.

미술관에는 스페인을 대표하는 고야의 초기부터 만년에 이르기까지의 100여 점 유화와 수백 점의 소묘가 소장되어 있다. 미술사에 단골로 등장하는 고야의 대표작 <옷을 벗은 마하>와 <옷을 입은 마하>의 작품 앞에서는 한동안 눈길을 뗄 수가 없었다.

18세기 스페인에서 공식적으로 누드가 금지되었던 시기였음에도 불구하고 노골적으로 여성의 몸을 대상화하여 세속적으로 표현했던 고야는 역시 대가다웠다. 고야의 후원자 마누엘 고도이는 카를로스 4세를 대신해 군을 통솔했던 당

벨라스케스의 <시녀들> © Museo Naciconal del Prado

대 최고의 권력자였고, 마누엘 고도이의 주문이었기에 <옷을 벗은 마하>가 그려질 수 있었다.

관능적인 여성 모델은 고도이와 연인 관계였던 알바 공작부인이었다는 추측설도 있지만 실존 인물이라기보다는 이상화된 여성일 수도 있다. 그러나 두 사람의 관계를 의심한 알바 공작이 이 사실을 알게 되었고 고도이는 이 사실을 은폐하기 위해 <옷을 입은 마하>를 다시 주문하였다 한다.

'마하Maja'는 '마호Majo(멋쟁이 사나이)'의 여성형으로, 그 당시 스페인에서 특이한 옷차림과 행동거지로 주목을 받았다 한다. 마하는 18세기 스페인 화단의 대표적인 주제로써 여러 화가들의 작품 소재로 쓰였다. 고야는 〈옷을 벗은 마하〉 외에도 수많은 마하 초상을 남겼다. 프라도 미술관 정문 앞에 세워진 고야의 동상 아래에도 〈옷을 벗은 마하〉의 조각이 새겨져있다.

벨라스케스의 〈시녀들〉 앞에 섰을 땐 만감이 교차하였다. 캔버스에 등장하는 벨라스케스 자신과 화면에 직접 등장하진 않지만 거울을 통해서 반사된 이미지로 등장하는 국왕 부부 등, 보이는 것과 보이지 않는 것의 구성적 요소로 인해 회화사에 수없이 회자되는 작품이다. 후대의 수많은 작가들은 이 작품을 오마주하였고, 피카소는 무려 58점의 〈시녀들〉 연작을 남겼다.

2007년에는 스페인 건축가인 라파엘 모네오 Rafael Moneo의 설계로 증축되었다. 라파엘 모네오는 오래된 역사적인 건물들의 화려함을 그대로 보존하면서도 절제된 디자인을 구사해 미술관 본연의 역할에 충실하도록 하였다.

확장된 부분에는 전시 공간을 비롯해 도서관과 카페, 식당, 강당 등의 시설을 갖추고 있다. 신관의 로비는 바닥부터 천장까지 닿는 넓은 창문들을 통해 바로크 스타일의 옛 궁전을 바라볼 수 있도록 배려하였고, 두 개의 전시 공간은 완벽한 입방체 형태를 이루고 있다. 복원된 회랑에 둘러싸인 위층의 조각 전시 공간은 편안하고 자연스러운 힐링의 공간이었다. 미술관은 넓은 지하 통로 공간으로 연결되어 전시 공간으로 이동하기에 편리함을 추구하였다.

스페인 출신의 건축가 라파엘 모네오(1937~)는 1961년 마드리드 공대를 졸업한 후 1966년부터 동 대학에서 강의를 시작했다. 그 후 바르셀로나 공대와 마드리드 공대에서 건축이론을 가르쳤다. 1985년부터 5년 동안은 하버드 대학 디자인대학원(GSD) 학장으로 재직했다. 1966년에는 프리츠커 상을, 2001년에는 미스 반 데 로에 현대건축상을, 2012년에는 스페이 최고 권위의 '프린시페 데 아스투리아스 상'을 수상했다. 대표적인 건축으로는 LA 천사들의 모후 대성당, 휴스턴 파인아트 미술관의 확장, 스페인 메리다에 있는 국립 로마미술관, 산 세바스찬에 있는 콸라 팰리스Kursaal Palace가 있다.

건축가   라파엘 모네오의 확장
주소   Paseo del Prado, s/n, 28014 Madrid, Spain
홈페이지   www.museodelprado.es

마드리드 카이사포럼
CaixaForum Madrid

수직 정원의 미술관

카이사포럼은 마드리드에 있는 현대미술관으로 2008년에 오픈하였다. 1899년에 지어져 오래되어 버려진 전기발전소의 건물을 금융 그룹인 카이사 재단이 2001년 매입하여 몇 년 간의 확장과 리노베이션 공사를 거쳐 현재의 미술관으로 재탄생시켰다. 미술관의 새롭게 확장된 영역의 디자인은 일본 도쿄의 오모테산도 거리에 있는 프라다 빌딩의 설계로 잘 알려진 헤르조그 & 드 뫼롱이 맡았다.

　카이사포럼의 가장 큰 특징은 무엇보다 기존의 건축물을 최대한 활용하면서도 그것을 새로운 감각의 디자인과 조화시켜 변신을 시도한 점이다. 헤르조그 & 드 뫼롱은 옛 전기발전소의 붉은 벽돌 건물의 특성을 그대로 유지하면서 건물 지붕 위로 현대적 느낌의 금속성 지붕을 겹겹이 올렸다.

　미술관 외부에는 녹색 식물이 심어진 수직 정원을 만들어 자연 친화적이고 밝은 공간을 구축하였다. 수직 정원은 프랑스 식물학자 패트릭 블랑Patrick Blanc이 디자인하였다. 푸른 수직 정원과 잘 어우러진 파사드는 어디까지가 건축 공간이며 야외 공간인지의 구분을 희석시키며 외부와 소통하는 열린 공간을 추구하고

위: 마드리드 카이사포럼의 전경 / 아래: 마드리드 카이사포럼의 주차장 공간

위: 아르네 야콥슨의 스완 소파와 조명 / 아래: 헤르조그 & 드 뫼롱 디자인의 샹들리에가 있는 카페

있었다. 그렇게 크지도 작지도 않은 공간을 구석구석 한 치의 소홀함 없이 활용한 이 미술관 건물은 헤르조그 & 드 뫼롱의 명성을 그대로 드러내기에 충분하였다. 전시 공간은 물론 시원스레 뚫린 격자형 계단과 기념품 숍, 카페의 디자인 모두 독특하였다.

카페 내부에 놓인 아르네 야콥슨의 스완 소파The Swan와 조명의 매치는 멋스럽다. 스모그 향의 커피 맛에 취하여 스완 소파에서 잠시 여유를 찾았다.

어두운 주차장은 알루미늄 소재의 천정 마감으로 인해 빛의 굴절 효과를 극대화시켰다. 카이사포럼은 과거와 현대, 자연 친화성과 금속성 등 어울릴 것 같지 않은 요소들을 독특한 분위기로 조화시켜 아방가르드 건축디자인의 진수를 보여주었다.

건축가	헤르조그 & 드 뫼롱
주소	Paseo del Prado, 36, 28014 Madrid, Spain
홈페이지	madrid.caixaforum.com

Museu d'Art Contemporani de Barcelona, MACBA

백색 미술관

바르셀로나는 지중해 연안의 항구도시로 스페인 제1의 도시이며 최대의 산업도 시다. 바르셀로나를 찾는 사람은 누구나 안토니 가우디Antoni Gaudí의 작품을 접하 게 된다. 그는 전 세계의 예술 애호가들을 매료시켰다. 그는 젊은 시절 카탈로니 아 민족주의 운동에 참여했으며 하나의 교회를 짓기 위해 결혼도 하지 않은 채 자신의 영혼을 건축에 쏟아부으며 가슴속에는 항상 원형에 대한 진실을 추구 하고 고민했다. 그 결과 모든 사람들에게 감동을 주는 수많은 작품을 만들었고, 가우디는 세월이 지날수록 더욱 사랑받는 건축가로 우뚝 서고 있다.

사그라다 파밀리아 성당의 건축양식은 입체기하학에 바탕을 둔 네오고딕 양식이다. 사그라다 파밀리아Sagrada Família의 의미는 '예수, 마리아, 요셉' 세 사람 의 성스런 가족 중심의 성당을 뜻한다. 성당 구조는 탄생 수난 영광을 의미하는 3개의 파사드로 이루어져 있다. 가우디가 1926년 사망하기 직전까지 43년간 혼 신을 바친 작품으로 3개의 파사드에는 각각 4개의 첨탑이 세워져 총 12개의 탑 으로 이루어져 있다. 그리스도의 탄생을 경축하는 '탄생'의 파사드Nativity Façade만

사그라다 파밀리아의 정면

이 가우디 생전에 완성되었고, 나머지 '수난'의 파사드Passion Façade는 1976년에 완성되었다. '영광'의 파사드Glory Facade는 2002년에 착공하여 2026년 완공을 바라보며 현재까지도 계속 짓고 있는 중이다. '수난'의 파사드는 십자가에 못 박히는 예수를 묘사하였고, 정문에서 바라보이는 '영광'의 파사드는 신의 영광을 찬미하였다. 정면의 머리 위로는 12개의 종탑이 하늘을 향해 솟아 있었다. 각각의 탑은 12명의 사도를 상징한다. 건축을 전공한 가이드의 설명을 쉴 새 없이 듣고 나니, 사그라다 파밀리아 성당의 외부 파사드와 내부 공간과 종탑의 경이로움이야말로 오늘날 가우디를 건축의 성자로 부르기에 한 치의 이견이 있을 수 없음을 깨닫게 되었다. 그날도 개보수 중으로 이곳저곳 놓친 부분들이 있어 아쉬움이 많았다.

바르셀로나는 구엘 공원을 비롯해 어느 곳을 가나 천재 가우디의 건축으로 가득하였고, 아름다운 고딕건축과 유구한 역사를 자랑하는 건축들이 즐비하였다. 드디어 유구한 역사적 도시 바르셀로나에 미국 건축가 리처드 마이어가 설계한 순백색의 현대건축물이 들어서게 된다. 스페인의 파란 하늘과 순백색의 현대미술관의 어우러짐은 환상의 조화였다.

1995년에 개관한 바르셀로나 현대미술관은 스페인의 현대미술은 물론 세계적인 현대미술을 소장 전시하기 위해 세워졌다. 현대미술관을 짓기 위한 계획은 1980년대 말부터 시작되었다. 1988년 현대미술관 재단이 설립되었고, 미술관 프로젝트를 계획하며 설계하기까지 역사적인 도시답게 오랜 기간이 걸렸다. 드디어 바르셀로나 시에서 로스앤젤레스의 게티 센터를 지은 미국 건축가 리처드 마이어에게 설계를 의뢰하게 된다.

직사각형과 원통형 외관이 적당히 조화를 이룬 이 미술관은 백색 건축 대가의 작품답게 온통 하얗다. 직선과 곡선의 적절한 조화는 내부 곳곳에서도 잘 보여주었다. 유리로 둘러싸인 원통형 입구를 통과하면 각층의 전시실로 연결되었고 램프로 연결된 지하 1층 전시장과 3개 층의 전시동이 나온다. 자연 채광을 위

위: 바르셀로나 현대미술관의 야경 / 아래: 바르셀로나 현대미술관 야경의 복도 공간

한 유리창과 램프를 이용한 동선 처리는 리처드 마이어의 건축 철학이 잘 담겨 있었다. 카페나 다른 서비스 구역을 가기 위해서는 로비를 나와 다시 맞은편의 입구로 돌아가도록 동선이 배치되어 있었다.

　　미술관 컬렉션은 20세기 중반부터 현재까지의 작품 위주로 국제적인 컬렉션을 자랑하지만, 2000여 점의 작품은 마드리드의 프라도 국립미술관이나 레이나 소피아 국립중앙미술관의 방대한 컬렉션에 비하면 적은 양이다. 철저하게 정부 기관에서 미술관 경영을 주도하고 있는 공공 미술관이기에 비싼 현대미술 작품을 구입하기엔 재정이 부족하여 소장품은 주로 1945년 이후 스페인 미술과 카탈루냐 지방 미술을 집중 조명하여 보여주고 있었다.

　　1층 전시실은 기획전을 열고 있었고 2층과 3층 전시실은 소장품이 상설 전시되어 있었다. 외국 작가로는 주로 미국 현대미술 위주의 컬렉션으로 앤디 워홀을 비롯해 바스키야, 알렉산더 칼더, 토니 크랙, 장 뒤뷔페, 도널드 저드, 볼탄스키 등 익히 알려진 작가를 볼 수 있었다. 스페인 작가로는 스페인을 대표하는 화가 안토니 타피에스와 에두아르도 칠리다, J. M. 시칠리아, 미겔 바르첼로, L. 쿠엔카, M. 메르츠, S. 솔라노 등 1980년대를 풍미했던 작가들의 작품들을 한꺼번에 감상할 수 있어 반가웠다. 2층 테라스에는 오래전 우리나라에서도 전시했던 타피에스 작품들이 벽에 설치되어 있었다.

건축가　　리처드 마이어
주소　　　Plaça dels Àngels, 1, 08001 Barcelona, Spain
홈페이지　www.macba.cat

호안 미로 미술관
Fundació Joan Miró

차세대 예술가들을 위한 전시 공간

바르셀로나의 몬주익 언덕에 위치한 호안 미로 미술관은 바르셀로나 출신의 초현실주의 화가이자 조각가였던 호안 미로Joan Miro(1893~1983)를 기리기 위해 지어진 미술관이다. 호안 미로 미술관은 1968년 바르셀로나에서 열린 미로의 대규모 전시회를 계기로 1975년에 설립되었다. 미술관의 디자인은 스페인 출신의 건축가이며 친구인 호세 루이스 서트Jose Luis Sert(1902~1983)와 함께 미로 자신이 직접 설계하였다.

현대적인 느낌을 주는 아이보리 색의 건물은 단순해 보이지만 지중해 전통 양식의 정원을 중정에 두고 배치된 다양한 형태의 공간 곳곳에서는 시적 공간들을 만날 수 있었다. 작가 특유의 해학적인 조각 작품과 자유분방한 유화는 그 공간과 조화를 이루었다. 미로의 작품에 매료되어 작품 앞에서 한동안 머물렀다. 전시실 내부까지 자연광이 들어오도록 의도한 밝은 공간과 옥상 정원에 놓인 밝고 경쾌한 원색의 조각들에서는 미로의 작품 세계를 고스란히 읽을 수 있었다. 그는 자신의 고향인 카탈루냐 지방의 역사와 풍토에서 깊은 영향을 받았

위: 호안 미로 미술관의 입구 / 아래: 호안 미로 미술관의 북쪽에 놓인 조각 <달, 해와 별>(사진 제공: Fundacio Joan Miro)

위: 호안 미로 미술관의 전시실 / 아래: 호안 미로의 작품들(사진 제공: Fundacio Joan Miro)

다. 호안 미로는 1919년 파리로 이주하였고 당시 초현실주의 예술가의 선구자인 브르통, 아라공, 엘뤼아르 등과 친교를 나누면서 초현실주의 예술가의 일원이 되어 왕성하게 활동하였다.

　　초현실주의 거장 호안 미로는 미술관 설립 취지를 자신의 작품 전시 공간으로써 사용하기보다는 차세대 예술가들을 위한 전시 공간으로 사용되는 데 중점을 두었다 한다. 호안 미로의 밝고 경쾌한 작품처럼 미술관 설립 취지도 후배를 위한 따뜻한 배려라 생각한다. 이에 감동되어 잠시 작품 앞에서 미로를 오마주하였다. 관람 후 입구에 자리한 미술관 숍에 진열된 각종 기념품과 포스터, 서적들을 뒤적거리며 호안 미로의 다양한 작품 세계에 새롭게 매혹되었다. 호안 미로의 어린아이와 같은 순수성과 밝고 경쾌한 작품 세계를 반영한 멋진 미술관이었다.

건축가　　　호안 미로, 호세 루이스 서트
주소　　　　Parc de Montjuïc, s/n, 08038 Barcelona, Spain
홈페지이　　www.fmirobcn.org

빌바오 구겐하임 미술관
Museo Guggenheim Bilbao

회색빛 공업도시를 하루아침에 신데렐라로 바꾼 거대한 조형물

스페인의 북부에 있는 빌바오 시는 구겐하임 미술관이 들어섬으로 도시의 역사를 바꾸었다 해도 과언이 아니다. 미술 애호가라면 신문 지면이나 SNS를 통해 회색빛 공업도시 빌바오가 하루아침에 신데렐라로 탈바꿈되었다는 글을 한번쯤은 읽은 적이 있으리라. 이베리아반도 북쪽 끝에 위치한 빌바오 시는 과거엔 스페인에서 네 번째로 큰 도시로서 제철소와 조선업이 성했었다. 1970년대 중반까지도 산업 중심지였지만 1980년대에 철강업이 쇠퇴하고 바스크 분리주의자들의 잇따른 테러로 인해 도시는 쇠퇴해갔다. 몰락의 늪에서 벗어나기 위해 문화산업 일환으로 1억 달러를 들여 구겐하임 미술관을 유치하기에 이른다. 빌바오 구겐하임 미술관이 바로 그 신데렐라의 주인공이다.

　1997년 세계적인 미술재단인 구겐하임은 스페인 바스크^{Basque} 지방의 빌바오에 구겐하임 미술관을 개관하였다. 이 미술관은 미국 철강계의 거물 솔로몬 구겐하임^{Solomon R. Guggenheim}이 직접 수집했던 현대미술 작품들을 전시하기 위하여 설립한 뉴욕 구겐하임 미술관의 분관이다. 바스크 지방정부는 구겐하임 재단

빌바오 구겐하임 미술관의 원경과 주변

에 미술관의 운영을 위탁하였고 프랭크 게리°의 설계로 7년 만에 미술관 건물을 완공하였다.

빌바오 시는 옛 명성을 되살리고 활성화시키기 위해 공항, 지하철 역사, 최첨단의 다리를 건설하였다. 1997년 이후부터 매년 100만 명에 가까운 관광객이 이 도시를 방문한다고 하니, 당시 빌바오의 인구가 40만 명임을 감안하면 참으로 놀라운 성과다. 지금까지 빌바오 구겐하임 미술관을 다녀간 관람객의 숫자만도 대략 1000만 명을 훌쩍 넘는다고 한다.

캐나다 출신의 미국 건축가인 프랭크 게리(1929~)는 토론토에서 태어나 고교 졸업 후 미국으로 건너와 USC에서 건축을, 하버드 디자인대학원에서 도시계획을 공부를 하였다. 해체주의 건축가로 알려진 그의 대표적 작품으로는 빌바오 구겐하임 미술관 외에도 프라하의 ING 사옥(일명 댄싱 빌딩), 로스앤젤레스의 월트 디즈니 콘서트홀, 산타모니카에 있는 자신의 저택, 파리의 루이비통 재단 미술관 등이다. 1974년 미국건축가협회 골드메달과 1989년 프리츠커 상을 수상하였다.

번쩍거리는 티타늄 패널로 둘러싸인 50미터 높이의 독특한 형상을 한 거대한 빌바오 구겐하임 미술관은 멀리서 보아도 호기심을 불러일으킨다. 나도 모르게 걸음걸이가 빨라졌다. 바라보는 위치에 따라 다양한 형태로 모습을 드러내었다. 물고기 형상을 패러디하였다는 프랭크 게리의 말처럼 여러 마리의 물고기들이 서로 뒤엉켜 커다란 조형물로 드러난 거대한 건물 외관은 흡사 비늘이 반짝이는 것처럼 멀리서도 빛났다.

몇 개의 덩어리로 축적되어진 이 건물은 다양한 재료와 각기 다른 공간으로 이루어져 있었다. 스페인산 라임스톤(석회암)과 신소재인 티타늄 그리고 유리의 세 가지 소재로 된 이 미술관은 희귀한 소재들의 어우러짐으로 환상적인 컬러를 뿜어내고 있었다. 흔히 볼 수 없는 값비싼 티타늄 소재가 지닌 화려하면서도 우아한 성질들을 적나라하게 드러낸 매혹적인 미술관이었다. 티타늄 패널의 공간이 전시 공간이고 유리 커튼 월의 개방된 부분은 관객들이 이동하는 공간이다. 자연광이 유입된 전시 공간은 층의 구분이 불분명하였고 기둥이라고는 눈에 띄지 않았다. 입구의 홀을 지나면 미술관의 심장인 중앙 아트리움이 나온다. 아트리움에서 3층 전시 공간까지는 동심원 모양으로 빙빙 돌아서 올라가도록 디자인되었다. 그곳에서 다시 여러 방향의 전시 공간으로 이동할 수 있도록 설계되었다. 19개의 전시실은 모양이 제각각이었고 전시 공간은 어딘지 산만해 보였다.

1층 전시장은 리처드 세라의 작품 〈더 매터 오브 타임The mater of time〉으로 넓은 공간을 꽉 채웠다. 높이 4미터에 달하고 길이가 31미터에 이르는 이 조형물은 보는 이에게 위압감마저 주었다. 이 거대한 조각의 명제 'matter'의 뜻은 일정한 공간을 점유하는 것이다. 리처드 세라의 조형물은 그 공간을 지배하려는 듯 위압적이었지만 마치 그 조각 작품들을 위해서 디자인된 공간처럼 적재적소에 놓여 있었다. 미술관 디자인 초기부터 적소의 자리에 조각품들을 완벽하게 설치하기 위한 치밀함을 엿볼 수 있었다. 이 전시장은 오로지 리처드 세라의 8개 조각만을 영구히 전시하는 곳이다.

각 전시관에서 로이 리히텐슈타인과 클래스 올덴버그Claes Thure Oldenburg의 설치 작품을 비롯하여 팝아트, 미니멀리즘, 개념미술, 추상표현주의 계열의 현대미술 대표 작가의 작품들을 감상하였다. 특히 윌렘 드 쿠닝과 에두아르도 칠리다의 작품 컬렉션이 마음에 와닿았다. 또한 바스크 지방과 스페인을 대표한 현대미술도 볼 수 있는 좋은 기회였다.

네르비온 강변에는 아니쉬 카푸어의 조각 〈큰 나무와 눈Tall tree & the Eye〉이 놓여 있었다. 미술관 입구를 수호하는 제프 쿤스의 조각 〈퍼피Puppy〉와는 대조를 이루었다. 아이러니하게도 두 개의 조각이 주는 느낌은 전혀 다르다. 아니쉬 카푸어의 스테인리스 조각이 당당하고 냉철한 수호신이라면, 제프 쿤스의 강아지는 마냥 귀여운 사랑스런 수호신이었다.

네르비온 강에 반사되어 티타늄 패널의 색이 시시각각 변하는 거대한 조형물은 고요한 바다에 정박한 멋진 배를 연상시켰다. 아름다운 건축과 소장된 값비싼 미술품의 문화적인 가치가 오늘날 빌바오 시에 활력을 불어넣어 주었고 경제를 되살려 놓은 셈이다. 뿐만 아니라 빌바오 시민들에게는 자긍심을 불어주었고 대중문화에 불을 지펴서 문화 도시로 거듭나게 하였다. 원래 이 지역은 산업 폐기물이 쌓였던 곳이었지만 빌바오 시와 시민들의 노력으로 인해 새롭게 건설되었다. 또한 옛 도시의 모습을 그대로 간직하고 있는 북쪽 강변은 공원을 만들

빌바오 구겐하임 미술관의 옆면

네르비온 강변에 설치된 아니쉬 카푸어의 조각 <큰 나무와 눈>

어 시민들의 산책로로 이용되었고 주변은 시민들의 문화 공간과 놀이터로 바뀌었다.

후안 카를로스 스페인 국왕은 빌바오 구겐하임 미술관 건물을 '20세기 인류가 만든 최고 건물'이라고 극찬을 아끼지 않았다 한다. 빌바오 구겐하임 미술관의 오묘하고 독특한 건축이 하루아침에 회색빛의 빌바오 시를 신데렐라로 바꾼 셈이다. 이 미술관을 보기 위해 오늘도 수많은 관광객들은 빌바오를 찾고 있다.

건축가   프랭크 게리
주소   Abandoibarra Etorb., 2, 48009 Bilbo, Bizkaia, Spain
홈페이지   www.guggenheim-bilbao.es

프랑스

파리
퐁피두 센터
루이비통 파운데이션
팔레 드 도쿄
오르세 미술관
케 브랑리 박물관

메츠
메츠 퐁피두 센터

퐁피두 센터
Le Centre Pompidou

여전히 파리지앵에게 가장 사랑받는 미술관

사랑과 낭만의 도시 파리는 수많은 영화와 명화, 사진의 배경으로 우리에게 친숙해 직접 그 장소에 가면 애틋한 향수를 불러일으킨다. 마네와 모네, 로트렉, 샤르트르와 보봐르, 보들레르 등 수많은 화가와 문학가, 철학자의 흔적이 묻어 있는 역사적인 장소들에서 만나게 되는 그들의 천재성과 열정에 대한 오마주는 파리에서만 느낄 수 있는 희열이며 기쁨이다. 미술관 곳곳에서 최고가를 경신하는 인상파의 명화들을 직접 볼 수 있는 행운도 파리만이 안겨주는 또 다른 선물이다. '명화' 속에 담긴 시대적 배경과 철학을 음미하면서 새로운 깨달음에 전율하다 보면 어느새 파리라는 도시를 다 읽게 된다. 나는 수많은 영화 속에 등장했던 퐁피두 센터로 발길을 재촉하였다. 건물 파사드에 빨간색 노출 배관의 에스컬레이터가 커다란 조형물처럼 붙은 퐁피두 센터는 언제 보아도 새롭고 신선하다. 앞마당에 놓인 칼더의 조각 역시 볼 때마다 힐링을 주는 경쾌한 작품이다.

미술관 전시장으로 들어가기 위해 에스컬레이터를 둥글게 감싸는 유리 통로에 들어서면 이유 없이 달뜬다. 에스컬레이터를 오르면서 바라다본 파리 시가지가 유리 공간 안에서 색다른 풍경으로 다가온다. 건축가의 아우라가 담긴 특별한 공간에서의 파리 풍경은 명품 건축의 공간으로 확장되어져 예기치 못한 새로운 도시 풍경을 경험하였고, 유리 박스에 들어온 파리 풍경은 그야말로 피로 해소제였다.

퐁피두 센터는 현대미술의 메카이며 파리 문화 예술의 수준을 단적으로 보여주는 곳으로 조르주 퐁피두 대통령이 세운 종합문화센터다. 그 안에 국립현대미술관을 비롯해 공공정보도서관, 음악·음향탐구연구소, 문화부 등이 들어서 있다. 1977년 완공될 당시 퐁피두 센터는 배수관, 가스관, 통풍구 등의 낯설고 파격적인 노출 건축으로 인해 비난이 거세었지만 지금은 파리지앵에게 가장 사랑받는 건축물로 회자된다.

40여 년 전의 디자인이었음에도 불구하고 현재 짓고 있는 여느 미술관 못지않게 현대적 감각이 한껏 묻어 있는 건축물이다. 건축가 렌조 피아노와 리처드 로저스의 공동 설계로 21세기형 현대미술관의 기능과 역할을 미리 감지했던 두 건축가의 혜안에 탄복하지 않을 수 없다. 퐁피두 센터는 마티스, 샤갈, 피카소 등의 귀중한 소장품 6만여 점을 비롯해 새로운 특별 전시를 기획하여 미술 애호가들이 선호하는 1순위 미술관으로 굳건히 자리하고 있다. 맨 위층에는 파리 시내의 전경을 볼 수 있는 전망대가 있다. 미술관 입구에 자리한 조각분수공원은 여행자들의 쉼터이며 파리지앵의 만남의 장소이기도 하다.

에스컬레이터를 타고 전시장이 시작되는 4층에서 내리면 유리 박스의 긴 회랑을 만난다. 유리와 강렬한 색의 철재를 주재료로 사용한 긴 회랑 공간은 현대적 미감의 극치였다. 긴 회랑을 따라서 멀리 몽마르트 언덕의 사크레 쾨르 성당까지, 파리의 낭만적인 시가를 바라볼 수 있도록 배려한 건축가의 의도와 소통할 때의 기쁨을 그 무엇과 바꿀 수 있으랴. 건축가의 눈으로 바라본 파리 풍경의 색다른 감동은 가히 미술 작품을 감상할 때 밀려오는 감동과 비견될 만하였다.

방대한 컬렉션을 자랑하는 퐁피두 센터는 순수미술뿐만 아니라 사진, 영화, 건축, 뉴미디어, 설치미술, 그래픽디자인, 공예, 가구, 산업디자인까지 20세기 초

퐁피두 센터의 전경

퐁피두 센터의 에스컬레이터

퐁피두 센터의 통풍구

부터 21세기까지의 근현대미술을 총망라한 작품을 소장하고 있는 프랑스를 대표하는 미술관이다. 그중에서 1400여 점에 달하는 20세기 미술 소장품이야말로 세계 최대 수준이다.

4층 전시장은 1960년대 이후의 현대미술 컬렉션이 주를 이루었고 이브 클랭, 아르망, 팅겔리, 세자르의 작품을 비롯해 게르하르트 리히터, 안젤름 키퍼, 조셉 보이스, 앤디 워홀 등 우리에게 익숙한 작품들을 볼 수 있었다. 이외에도 설치미술과 그래픽아트, 비디오아트 등 실험적인 작품들이 눈길을 끌었다. 이브 클랭의 1960년대 퍼포먼스 작품 〈청색 시대의 인체측정학Anthropometries of the Blue Period〉을 영상으로 보여주는 비디오 작품 앞에는 많은 관람객들로 붐볐다. 40여 분짜리 영상에서 이브 클랭은 아름다운 세 명의 누드모델 몸에 자신이 고안한 독창적인 파란색IKB: International Klain Blue 물감을 바르고, 이브 클랭이 직접 작곡한 기괴한 음악에 맞춰 누드모델들은 갤러리의 벽에 붙은 흰 종이 위에 춤을 추듯 몸을 부비는 퍼포먼스를 펼친다. 벽에 그려진 모호한 형태의 파란색 작품은 여성을 '살아 있는 붓'으로 대용한 이브 클랭의 독창적 아이디어였음에 불구하고 당시 파리 화단에 큰 파문을 일으켰고 페미니스트에게 따가운 눈총을 받았다.

에스컬레이터를 타고 5층 전시장으로 가니 20세기 초의 미술계 거장으로 불리는 마티스, 세잔, 몬드리안 말레비치, 피카소, 브라크, 모딜리아니, 루소, 달리, 미로, 파울 끌레, 앙드레 마송, 장 뒤뷔페, 브랑쿠지, 레제 등의 명화들을 감상할 수 있었다. 5층 한 켠에는 현대미술사의 한 획을 바꾸어놓은 마르셀 뒤샹의 레디메이드ReadyMade 작품 〈샘〉과 〈자전거 바퀴〉가 놓여 있었다. 같은 작품의 다른 에디션을 뉴욕 모마와 로마 현대미술관에서도 본 적 있지만, 볼 때마다 예술작품에 대한 발상을 전복시킨 뒤샹의 천재성에 매번 탄성을 지른다. 발코니 곳곳에는 20세기 초에 활동했던 조각품이 놓여 있었다.

현대미술의 거장 게르하르트 리히터Gerhard Richter의 특별전을 보기 위해 6층 전시장으로 향하는 발걸음이 갑자기 빨라졌다. 리히터의 회고전은 커다란 울림과 충격이었다. 초기 작품부터 최근작을 총망라한 전시는 그의 명성대로 감동

그 자체였다. 전후 독일을 대표하는 작가이자 미술사의 새로운 획을 그은 리히터는 구상과 추상, 사진과 회화를 넘나들면서 완벽한 붓놀림과 색의 마술을 보여주었다.

"나는 어떤 목표도, 어떤 체계도, 어떤 경향도 추구하지 않는다. 나는 어떤 강령도, 어떤 양식도, 어떤 방향도 갖고 있지 않다. 내가 무엇을 원하는지 모르겠다. 나는 일관성이 없고, 충성심도 없고, 수동적이다. 나는 무규정적인 것을, 무제약적인 것을 좋아한다. 나는 끝없는 불확실성을 좋아한다."

게르하르트 리히터의 노트에서

"유일하게 역설적인 것은 이것이다. 언제나 적절한, 구성된 모티브로 완결된 사진을 얻으려는 의도를 가지고 시작하는데 조금씩 조금씩 그 의도를 파괴하여 마침내 작품이 완성됐을 때에는 개방성 외에는 아무것도 남지 않게 된다는 것이다."

게르하르트 리히터의 인터뷰에서

리히터의 전시를 시대별로, 때로는 무작위로 전시장을 오가며 여유롭게 감상하였다. 리히터의 딸 베티를 모델로 한 작품 〈베티〉는 어찌 그리 사실적인지, 마치 베티가 캔버스 안에 살고 있는 듯하였고 〈촛불〉 역시 '훅' 하고 불면 꺼질 것만 같았다.

작품 〈11개의 유리판〉은 그의 생각들이 응집된 작업이었다. 11개의 유리판을 세워 자신의 전시 작품들과 관객들이 유리에 반사되도록 의도한 또 다른 모티브의 완결된 작업이었다.

관람 후 지하 1층으로 내려갔다. 마침 공연 중이던 젊은 로큰롤 가수의 연주를 듣기 위해 바닥에 질펀하게 주저앉아 잠시 피로를 달랬다.

지하 1층에는 극장과 연극, 무용, 음악을 즐길 수 있도록 새롭게 변모된 열린 공간이 생겼다. 얼마 전 퐁피두 센터 확장 보수 공사 후 1층에는 애니메이션

퐁피두 센터 1층에 있는 게르하르트 리히터의 광고 전광판

아틀리에가 들어섰고, 1층과 2층에는 기념품 숍과 카페가 새롭게 들어섰다. 4층과 5층의 전시 공간은 확장되어 기존의 상설 작품 외에 예전에 보지 못했던 새로운 컬렉션들을 볼 수 있었다. 2층과 3층에 무료로 개방된 공공 도서관은 미술 관련 도서 외에도 각종 자료들과 최신 컴퓨터를 구비해놓아 관람자의 발길이 끊이질 않았다. 나 역시 새로이 발간된 미술 서적을 뒤적이다보니 시간 가는 줄 몰랐고, 아쉬움을 뒤로 하고 다음 전시장으로 발길을 돌렸다.

퐁피두 센터의 레스토랑 조르주

전시 관람 후 들른 퐁피두 센터의 꼭대기 층 레스토랑 '조르주Georges'는 기대를 저버리지 않았다. 기획 전시가 열리고 있는 6층 전시실 바로 옆에 자리한 '조르주'는 프랑스 대통령이었던 조르주 퐁피두의 이름을 따서 지은 식당이다.

필립 스탁이 디자인했는데, 동굴 속을 연상케 하는 독특한 분위기를 지녔다. 하얀색 동굴과 같은 바bar 사이로 드러난 빨간색 의자가 확연히 눈에 들어온다. 조금 전 게르하르트 리히터의 작품 속에서 본 진홍빛 컬러의 강렬한 감동의 여운이 채 가시기도 전에 빨간 컬러가 준 강렬함은 내 심장을 파고들었다.

바에서 들이킨 샴페인과 프레시 모짜렐라 치즈 샐러드의 조화는 환상이었다. 정성 어린 손맛이 담긴 송로버섯 소스를 뿌린 송아지요리의 그윽한 향이 코끝을 자극하였고, 아스파라거스를 곁들인 가니시garnish의 멋진 디스플레이는 눈까지 호사시켜주어 여행의 즐거움은 최고조에 달했다.

퐁피두 센터의 조각분수공원

퐁피두 센터를 나오면 뒤편에 조각분수공원La Fontaine Stravinsky이 있다. 이 분수는 1983년 러시아 출신의 작곡가인 스트라빈스키Igor Stravinsky를 기념하기 위해 만든 키네틱kinetic 분수다. 스트라빈스키가 한동안 프랑스 국적을 갖고 프랑스에서 살

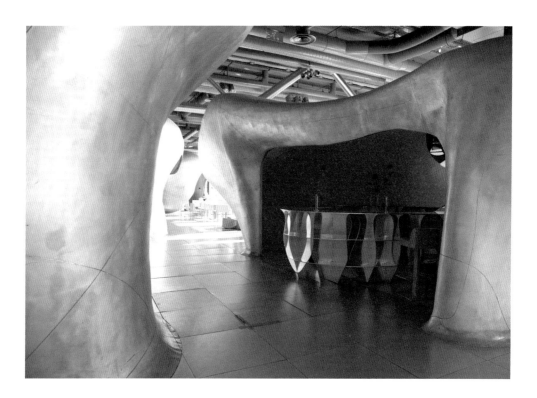

위: 퐁피두 센터의 레스토랑 조르주 / 아래: 퐁피두 센터의 조각분수공원

앉기 때문이다.

스트라빈스키의 익숙한 발레곡 〈불새〉와 〈봄의 제전〉의 리듬처럼 유쾌하고 환상적인 조각들이 분수 안에 여기저기 놓여 있었다. 날개가 불꽃처럼 변한다는 의미를 지닌 상상의 새 '불새'를 형상화한 새 조각을 비롯해 코끼리, 뱀 모자, 음표 등 다양한 형태의 움직이는 조각들은 분수 안에서 제각각 역할을 다하고 있었다. 니키드 상팔Niki de Saint Phalle의 춤추듯 익살스런 조각과, 달리의 초상화를 보노라면 시간 가는 줄 모른다. 분수 주변에 삼삼오오 쉬는 파리지앵과 여행자들은 저마다 상상의 날개를 펴며 일탈을 꿈꾸고 있었다. 멋진 쉼터였다.

건축가　　렌조 피아노, 리처드 로저스
주소　　　Place Georges-Pompidou, 75004 Paris, France
홈페이지　www.centrepompidou.fr

루이비통 파운데이션
Fondation Louis Vuitton

12개의 돛을 형상화한 최첨단 건축물

패션의 아이콘 루이비통은 드디어 파리 불로뉴^{Boulogne} 숲 안에 미술관을 짓기에 이른다. 루이비통 파운데이션은 빌바오의 구겐하임 미술관과 LA의 월트 디즈니 콘서트홀, 뉴욕 타워^{New York Tower} 등 건축을 설계할 때마다 건축계와 문화계에 수많은 화제를 뿌린 세계적인 건축가 프랭크 게리 의 작품이다. 2017년 여름 DDP(동대문 디자인 플라자)에서 전시했던 루이비통 기획전 '비행하라, 항해하라, 여행하라'는 루이비통을 많은 사람들이 왜 그렇게 열광하는지를 한눈에 보여준 멋진 전시회였다. 패션디자인뿐만 아니라 패션디자이너와 예술가의 협업을 통해 당대의 문화와 예술을 리드하며 시대적 흐름을 잘 조명해주는 전시였다.

21세기에 들어서 루이비통 그룹은 디자인의 영역을 넘어서 루이비통이라는 아이콘을 부각시킨 루이비통 플래그십 스토어를 세계적인 유명 건축가인 아오키 준^{Aoki Jun}, 에릭 칼슨^{Eric Carson}, 피터 마리노^{Peter Marino} 등에게 건축디자인을 의뢰하여 멋진 건축물을 짓고 있다. 루이비통의 끊임없는 도전정신은 최근 급성장하는 중국의 상하이와 베이징을 비롯해 일본의 도쿄, 타이의 방콕, 미국의 뉴욕, 유럽, 남미까지 매장 디자인과 쇼윈도를 유명 아티스트들과 협업하여 뜨거운 반응을 일으키고 있다. 로버트 윌슨Robert Wilson, 우고 론디노네Ugo Rondinone, 울라퍼 엘리아슨Olafur Eliasson, 무라카미 다카시Murakami Takashi 등 세계적인 유명 아티스트들과의 콜라보레이션은 문화예술 전반에 영향을 끼쳐 동시대 예술로까지 자리매김하고 있다.

피터 마리노가 리모델링한 루이비통 샹젤리제 본점을 지나 파리 중심가를 벗어나 어느새 불로뉴 숲에 위치한 루이비통 파운데이션에 도착하였다. 2014년 오프닝 전시에 12개의 돛을 형형색색으로 수놓았던 다니엘 뷰렌Daniel Buren의 설치 작품을 영상으로만 감상하였던 루이비통 파운데이션을 드디어 마주하게 되니 설레었다.

멀리서 바라본 루이비통 파운데이션은 오후 햇살 아래에 구부러진 대형 유리판들을 얼기설기 엮듯 독특한 형상으로 모습을 드러내었다. 가까이 다가갈수록 대형 우윳빛 유리판들은 청명한 날씨로 인해 눈부시도록 반사되어 시시각각 변화하였다. 12개의 돛을 형상화한 이 거대한 건축물은 아클리마타시옹 공원Jardin d' acclimatation의 대자연을 캠퍼스로 자유분방하게 세워놓은 포스트모던 건축의 표상이었다. 대형 유리판들을 휘어서 각을 세워 만든 유리 돛들은 서로 아름답게 조화를 이루고 있었으며, 햇빛에 반사되어 대자연 아래 유유히 빛을 발하고 있었다. 마치 여러 개의 조각품들을 연합하여 빚어낸 응집된 결정체였다.

돛 모양의 구부러진 외관을 구현하기 위해 제작된 특수 강화유리는 조각의 개수만 무려 3584개에 이른다 한다. 프랭크 게리에 의해 직접 디자인된 도안에 맞춰 특수 제작된 구부러진 유리판들은 신소재인 섬유강화콘크리트와 현대건축의 고난도 기술 없이는 도저히 불가능하였으리라. 이와 같은 유리건축의 공법은 지금까지 어느 누구도 시도해본 적이 없는 프랭크 게리의 도전에 의해 지어진 최첨단 건축이었고 건축계의 혁신이며 혁명이었다.

건물 파사드에 새겨진 루이비통 로고는 가히 사업의 귀재 베르나르 아르노Bernard Arnault다운 발상이었다. 로고 디자인 역시 프랭크 게리가 하였다. 루이비통

루이비통 파운데이션의 원경(사진 제공: Fondation Louis Vuitton)

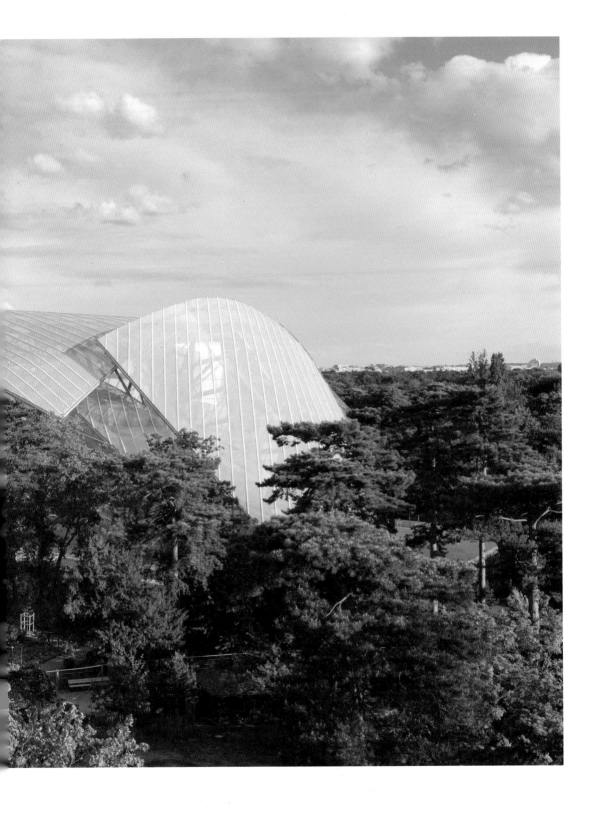

루이비통 로고를 새겨 넣은 루이비통 파운데이션의 정면(사진 제공: Fondation Louis Vuitton)

베르나르 아르노(왼쪽)와 프랭크 게리(오른쪽)
(사진 제공: Fondation Louis Vuitton)

재단의 CEO이며 LVMH 그룹을 세계적 기업으로 성장시킨 프랑스 백만장자 베르나르 아르노의 탁월한 안목과 재력이 겸비되어 있었기에 혁신적인 건축물 탄생이 가능하였으리라. 영국에 화상계의 거물이며 파격적이고 엽기적인 컬렉터 찰스 사치가 있다면, 프랑스에는 명품 패션계의 거물이며 최고의 지성을 자랑하는 컬렉터 베르나르 아르노가 있다.

2014년 10월에 오픈한 루이비통 파운데이션은 어느새 파리의 새로운 랜드마크로 가장 핫한 건축물이 되어 떠오르고 있었다. 많은 관람객들의 줄 틈새에서 까다로운 검색대를 거쳐 미술관 안으로 들어갔다. 목재와 철재, 구부러진 하얀 유리의 절묘한 구조체는 가까이에서 보면 볼수록 복잡하였고, 익숙하지 않은 비정형 구조물과 공간들은 어딘지 낯설게 다가왔다. 총면적 3500제곱미터에 다다르는 이 미술관은 지상의 11개 상설 전시실을 비롯해 지하의 특별 전시실과 1층에는 레스토랑, 기프트 숍, 서점, 대강당이 있다. 옥상에는 4개의 야외 테라스가 있었다. 2층과 3층에서는 루이비통 파운데이션의 소장품인 크리스티안 볼탄스키Christian Boltanski, 피에르 위게Pierre Huygues, 베르트랑 라비에Bertrand Lavier의 작품이 전시되어 있었다.

미술관 동문 산책로를 따라 내려오면 프리즘 형태 43개의 노란색 기둥을

루이비통 파운데이션 지하 공간에 설치된 올라퍼 엘리아슨의 작품(사진 제공: Fondation Louis Vuitton)

세워놓은 수직 공간이 눈길을 끈다. 이 작품 제목은 〈Inside the horizon〉으로 울라퍼 엘리아슨의 작업이다. 물에 반사된 43개의 기둥들은 굴절 효과를 배가시켰다. 미술관 지하 전시실 복도에서도 외부로 나갈 수 있도록 연결해놓은 산책로가 있었지만 방문했을 때는 아쉽게도 문을 폐쇄해놓았다. 2014년 오프닝 때 설치된 샛노란 컬러의 수직 기둥들의 확장 효과는 지하 전시실의 분위기를 살렸다.

지하 특별 전시실에서는 남아프리카공화국 출신의 영국 작가 윌리엄 켄트리지William Kentridge의 전시회가 열리고 있었다. 윌리엄 켄트리지는 2016년 국립현대미술관 서울관에도 초대되었다. 남아공을 둘러싼 여러 문제를 비판적 시각으로 생동감 있게 표현한 다양한 주제들은 내 마음을 울렸고, 마음에 와닿아 두 차례나 서울관을 방문했었다. 루이비통 파운데이션에서 켄트리지의 다른 작품들과 영상 작품을 볼 수 있음에 반갑고 기뻤다.

루이비통 파운데이션은 20세기와 21세기의 유명 작가와 신예 작가의 작품들을 집중적으로 수집하고 있다. 대표적인 컬렉션으로는 현대미술을 대표하는 장-미셸 바스키야Jean-Michel Basquiat, 길버트 & 조지Gilbert & George, 제프 쿤스의 작품 등이 있다. 루이비통 파운데이션 오픈 후 주목을 받은 전시로는 엘스워스 켈리Ellsworth Kelly의 설치 작업 〈Spectrum VIII〉과 아드리안 빌라 로야스Adrián Villar Rojas의 작품을 꼽을 수 있다. 엘스워스 켈리가 미술관 건물의 강당을 위해 12개 돛 형상의 건축물 안에 12개의 컬러 스팩트럼 커튼을 설치한 재기 넘치는 아이디어는 아티스트에게는 자연스러운 발상이었으리라. 아르헨티나 출신의 아드리안 빌라 로야스는 미술관 주변에서 발견된 물건과 버려진 운동화와 식물을 수집해서 물탱크를 만들었다. 그는 2013년 런던 새클러 갤러리의 초대전과 2017년 9월 뉴욕 메트로폴리탄 루프탑에서 기상천외한 조각 전시를 선보여 주목받고 있는 작가다. 그 외 전시로는 자네트 카디프 & 조지 밀레Janet Cardiff & George Mille, 사라 모리스Sarah Morris, 타린 사이먼Taryn Simon, 세리스 윈 에반스Cerith Wyn Evans 등 우리에게는 익숙하지 않지만 세간의 이목을 끈 작가들을 꼽을 수 있다.

옥상 야외 테라스로 나오니 곳곳에 놓인 의자에 눕거나 질펀하게 바닥에 앉은 관람객들을 볼 수 있었다. 그들은 파리의 청명한 하늘을 마치 돛단배 위에서 마주하듯 나른한 오후를 만끽하고 있었다. 나 역시 난간에 기대어 멀리 라데팡스와 에펠탑을 조망하며 일탈을 누렸다. 드문드문 건축 학도들처럼 보이는 무리들이 건축 구조물을 세밀하게 관찰하며 고난도 건축기법에 대해 기염을 토하는 열정도 엿볼 수 있었다. 열띤 토론에 익숙한 파리지앵의 모습 그대로였다. 어디선가 뭉게구름 사이로 불어온 상쾌한 바람은 돛을 올리라는 신호처럼 거대한 12개의 유리 돛 건물은 마치 파리 하늘을 향해 돛을 펼칠 듯 기세등등하였다. 전시 관람을 마친 후 레스토랑 '프랭크'에서의 달콤한 케이크와 에스프레소 더블은 미술품 감상과 비견될 만한 즐거움이요, 낭만이다. 프랑크 게리가 만든 금붕어 형상의 샹들리에 아래 긴 테이블에서의 휴식은 프랑스 패션을 선도하는 루이비통을 곱씹기에 최적의 장소였다.

건축가　　　프랭크 게리
주소　　　　8, avenue du Mahatma Gandhi – Bois de Boulogne 75016 Paris
홈페이지　　www.fondationlouisvuitton.fr

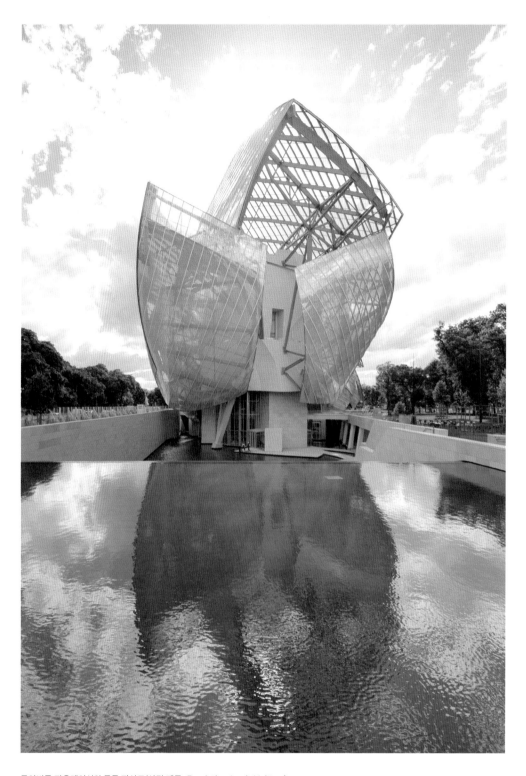

루이비통 파운데이션의 동문 파사드(사진 제공: Fondation Louis Vuitton)

루이비통 파운데이션 오프닝 때 설치했던 다니엘 뷰렌의 작품(사진 제공: Fondation Louis Vuitton)

팔레 드 도쿄
Palais de Tokyo

낮 12시에 문 열고 밤 12시에 문 닫는 최전방위 미술관

2002년에 개관한 팔레 드 도쿄는 1937년 파리 만국박람회 개최 당시 일본관으로 지어진 데에서 현재의 이름을 얻게 되었다. 팔레 드 도쿄 바로 옆에 붙은 파리 시립현대미술관도 파리 만국박람회를 위해서 지어진 건물이다. 파리 시립현대미술관의 소장품 중 라울 뒤피Raoul Dufy의 벽화 〈전기의 요정La Fee Electricite〉과 헨리 마티스Henri Matisse의 벽화 〈춤La Danse〉과 같은 대형 벽화는 만국박람회 때 파빌리온에 그려졌던 작품으로 그 후 옮겨 놓은 것이다.

팔레 드 도쿄는 낮 12시에 문을 열고, 밤 12시에 문을 닫는다. 일과 후 늦은 밤까지 전시를 관람할 수 있도록 배려한 미술관 운영은 예술의

라카통과 바살은 프랑스 출신의 건축가 앤 라카통Anne Lacaton과 장 필립 바살Jean-Philippe Vassal로 1987년 설계사무소를 오픈한다. 그들은 아프리카 니제르에서 건축가로 활동하면서 극심한 기후조건에서도 건물이 기능을 다 할 수 있는 방법들과 환경과 상황에 맞도록 제공되는 건축기법을 배웠다. 파리로 돌아온 라카통과 바살은 건축의 윤리를 강조하는 새로운 건축을 추구하며, 그들의 단순한 건축 윤리를 "아프리카의 작은 오두막에서 시작 된다"고 말했다. 라카통과 바살은 팔레 드 도쿄를 2002년과 2012년 두 차례에 걸쳐 리노베이션을 담당하며 유명해졌다. 알려진 건축으로는 밀루즈Mulhouse에 있는 사회주택Social housing, 낭트 건축학교Nantes School of Architecture, 됭케르크Dunkerque에 위치한 오래된 보트창고를 리모델링한 프락 노르-파드 칼레 빌딩Frac Nord-Pas de Calais building이 유명하다.

위: 팔레 드 도쿄의 정면과 측면 / 아래: 파리 시립현대미술관(사진 제공: Palais de Tokyo)

도시, 파리다운 발상이다. 점심시간에 잠깐 들러 미술품을 감상하거나 저녁식사 후 산책하듯 찾는 팔레 드 도쿄는 파리 시민들에게 가장 사랑받는 명소다. 파리지앵에게 미술관 산책은 일상이며 휴식이다.

팔레 드 도쿄는 아방가르드 미술관으로 손꼽히는 몇 안 되는 세계 현대미술관 중 하나다. 세계 곳곳에 일어나는 미술계의 현장감을 빠르고 신속하게 파악하며 예술가와의 소통을 즐기는 파리지앵에게 팔레 드 도쿄보다 더 적합한 장소는 없으리라. 마침 내가 방문한 2012년에 이 미술관은 라카통과 바살에 의해 2만 2천 제곱미터 크기의 규모로 확장되었다. 이 중 1만 6천 제곱미터에는 전시, 영화관, 강연실, 레스토랑, 서점으로 방문객을 위한 공간이다. 그들은 기존의 공간을 유지하면서 현대미술이 추구하는 설치 작업에 걸맞는 공간의 가변성에 초점을 맞추었다. 마침 '강렬한 근접성Intense proximity'이라는 주제로 열린 파리 트리엔날레 전시 작품들은 그 공간과 잘 어우러졌다.

마감이 덜 된 듯 내부 인테리어의 미흡함과 아무렇게나 너부러져 있는 소파에서의 여유와 쉼을 누리는 관람자야말로 현대미술을 친근하게 이해하는 감상자가 아닐까? 어디로 튈지 모르는 새로운 양상과 따끈따끈한 시각예술을 볼 수 있는 현대미술의 온상지에 오니 비로소 예술을 꽃피운 파리를 실감할 수 있었다.

이곳은 제3세계 예술가들의 작품 현장을 적나라하게 보여줌으로 기존의 서구권 미술 시장에 일격을 가하며 최전방위 미술을 소개하는 핫한 곳이다. 팔레 드 도쿄는 젊은 예술가들의 실험실이 되어 그들의 목소리를 대변해주고 있었다. 소수의 미술기획자나 컬렉터들의 취향에 따라 움직이는 현대미술관에 도전장을 내던지며, 현대미술계에 새로운 지평을 열어주는 제3세계 예술가들에게는 더 없이 좋은 기회의 장이기도 하다. 뿐만 아니라 팔레 드 도쿄의 가장 큰 자랑은 전시는 기획하되 소장품은 없는 창조적인 현대미술관이란 점이다. 맨 위층의 ARC에서는 6주 내내 현대창작물에 대한 임시 전시회를 열고 있다.

팔레 드 도쿄 바로 옆에 위치한 노천카페에서의 여유로웠던 점심은 지금까지도 잊을 수 없다. 센 강과 에펠탑이 훤히 바라보이는 야외 광장에 마련된 노천

팔레 드 도쿄의 전시 공간

에펠탑이 바라보이는 팔레 드 도쿄의 야경(사진 제공: Palais de Tokyo)

카페에서의 쉼은 낭만과 예술의 도시 파리를 만끽하기에는 최적의 장소였다. 한낮에 내리쬐는 땡볕도 아랑곳하지 않고 새빨간 플라스틱의 불편한 의자에 앉아 비프 카르파초와 곁들인 카베르네 쇼비뇽의 풍미는 파리에서만 느낄 수 있는 자유였고 멋이었다.

건축가 앤 라카통과 장 필립 바살에 의해 확장
주소   13 Avenue du Président Wilson, 75116 Paris, France
홈페이지 www.palaisdetokyo.com

오르세 미술관

Musée d'Orsay

미술사에 매번 오르내리는 마네의 〈올랭피아〉와 〈피리 부는 소년〉을 소장한 미술관

오르세 미술관은 프랑스 파리에 위치한 오르세 역을 개축한 미술관으로 인상파 회화를 비롯한 19세기 최고의 미술품들을 소장하고 있다. 오르세 미술관의 주요 컬렉션 중 마네Edouard Manet의 〈올랭피아〉와 〈피리 부는 소년〉은 미술사에 오르내리는 유명 작품 중 하나다. 이 두 작품이 무엇 때문에 그리도 입방에 오르내리는지가 궁금하여 그 앞에 한동안 머물렀다.

〈올랭피아〉는 1865년 파리 아카데미 살롱에서 입상한 작품으로, 모델은 마네의 〈풀밭 위의 점심〉 등 몇몇 작품에 등장하는 실제 인물로 알려져 있다. 여러 작가들에 의해 오마주되어 온 이 작품은 올랭피아의 이야기를 다룬 소설이 나올 정도로 회자되어 왔다.《마네의 연인 올랭피아》를 집필한 미국 소설가 데브라 피너맨Debra Finerman은 이 책에서 올랭피아의 실제 모델이었던 빅토린 모랭의 출생부터 마네의 연인으로서의 삶과 그 후 사교계의 여신이 되기까지의 일생을 흥미롭게 파헤쳤다.

〈올랭피아〉 작품 속의 여인은 거리낌없이 온몸을 드러낸 채 비스듬히 누워

위: 오르세 미술관의 전경 / 아래: 오르세 미술관의 전시회 표지판

있고, 발 밑에는 웅크리고 있는 검은 고양이가 있다. 웅크리고 있는 고양이는 발기한 남성을 의미하며, 흑인 하녀에게 들려진 꽃다발은 무언의 암시를 하고 있다. 또한 매춘부를 암시하는 적나라한 누드모델이 마치 감상자를 바라보고 있는 듯 따가운 시선 때문에 더욱 화젯거리였다. 평론가들의 야유가 빗발쳤었고 이 모델을 통해 그 당시 파리 부르주아의 실상을 적나라하게 보여주어 더욱 격분하였던 것이다. 이러한 여러 가지 이유로 〈올랭피아〉를 눈에 잘 띄지 않는 천장 밑에 전시했던 웃지 못할 수난 이야기는 가십거리로 지금까지도 회자되고 있다. 그러나 지나친 비난은 오히려 마네를 프랑스 화단에 알리는 계기가 되었고 주목받게 되었다.

〈피리 부는 소년〉의 모델 역시 빅토린 모렝이다. 이 그림을 보면 겉으론 소년을 묘사한 것 같지만 자신의 연인 빅토린 모렝을 그린 것이다. 마네는 실제 모델을 표현했다기보다 가상의 현실을 통해 모렝에 대한 자신의 욕망을 표현하고 있는 것이다. 예술 작품은 눈으로 보고 마음으로 느끼는 것이지만, 작품 앞에서 대화를 하듯 숨겨진 스토리와 배경을 알게 되면 작품 속으로 깊이 빠져들게 된다.

고전주의 거장인 앵그르의 〈샘〉, 밀레의 〈만종〉, 마네의 〈풀밭 위의 점심〉, 세잔의 〈카드놀이를 하는 남자들〉, 고갱의 〈타이티의 여인들〉 작품 앞은 관람자들로 붐벼 먼발치로 감상하며 지나쳤다. 샤를 가르니에가 설계한 파리 오페라좌의 모형도 앞에서는 그 정밀함과 정교함에 숙연해져서 발길을 뗄 수가 없었다. 2층 전시실의 아르누보 전시는 볼 때마다 야릇한 향수를 불러일으킨다. 1804년에 지어진 오르세 궁이라 불린 최고재판소는 불탔고, 그 자리에 1900년의 파리 만국박람회를 계기로 오르세 기차역이 지어졌다.

옛 궁전 터에 지어진 아르누보 양식의 오르세 기차역을 19세기 프랑스 화가 에드와르 드타유는 '마치 궁전과 같다'고 칭송하였다 한다. 그 당시 파리의 가장 아름다운 기차역이었던 오르세 역은 한동안 방치되었다가 리모델링하여 1986년에 오르세 미술관으로 개관된 것이다. 가에 아울렌티®에 의해 새로운 모습으로 리모델링된 오르세 미술관은 옛 기차역의 아름다운 모습을 그대로 보존하면

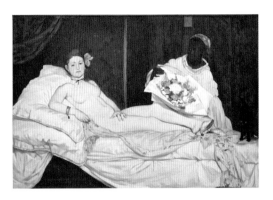

마네의 <올랭피아>

마네의 <피리 부는 소년>

서 미술관의 기능과 역할을 살리는 데 중점을 두었다.

아치형 지붕이 돋보인 오르세 미술관의 내부 공간은 벽체의 고풍스런 문향과 어우러져 더욱 자태를 뽐냈다. 창틀에 달아놓은 바로크양식의 고풍스런 시계 역시 옛 기차역을 상징하는 장식품으로 옛것을 중시하는 프랑스인들의 면모를 볼 수 있었다. 자연광에 고스란히 드러난 아치형 지붕과 통로를 그대로 살려둔 오르세 미술관 복도는 파리 기차역의 플랫폼을 묘사한 모네 작품 〈생 라자르 역〉에 나오는 안개 속의 기차역을 연상케 하였다. 뿌연 안개에 휩싸인 〈생 라자르 역〉에 표현된 플랫폼 공간은 오르세 미술관의 아치형 지붕 아래의 전시 공간으로 확장되어져 영적 아우라를 느낄 수 있었다. 오르세 역을 스쳐간 수많은 파

가에 아울렌티(1927~2012)는 이탈리아 1세대 여성 건축가이며 가구 디자이너이다. 밀라노 공과대에서 건축을 전공한 후 1979년 오르세 미술관 리모델링 설계에서 우승하면서 건축가로서 명성을 얻었다. 그 외 샌프란시스코 아시아미술관Asian Art Museum,San Francisco, 1990년 바르셀로나의 카탈루냐 국립미술관Museu Nacional d'Art de Catalunya, 1999년 밀라노 카도르나 역Milan Cadorna Railway Station, 2005년 베니스의 팔라초 그라시Palazzo Grassi 등을 리모델링하여 자신의 건축 철학을 세계에 선보였다. 아울렌티는 아일랜드 출신의 아일린 그레이Eileen Gray, 프랑스 출신의 살로트 페리앙Charlotte Perriand, 미국 출신의 레이 임스Ray Eames와 함께 1세대 여성 가구디자이너로 손꼽히고 있다.

리지앵의 기운에 전율했다. 아이러니하게 모네의 〈생 라자르 역〉은 오르세 미술관의 주요 소장품 중 하나이기도 하다. 그 외에 수많은 인상파 거장들의 작품들을 감상하였다. 오르세 미술관은 그야말로 명화의 전당으로 부르기에 추호도 의심의 여지가 없었다.

시간의 켜를 다양한 층위의 공간으로 잘 보존된 파리는 도시 전체가 예술이다. 예술과 역사적 가치를 소중히 여기는 파리를 동경하면서 학창 시절 프랑스 영화와 문학에 심취한 적이 있었다. 그 시절 레마르크Erich Maria Remarque의 소설 〈개선문〉의 주인공인 라비크에게 깊은 연민에 빠져버렸다. 라비크가 거의 매일 주점에서 마셨던 칼바도스를 마레 지구의 한 카페에서 들이키면서 주인공 조앙과의 비극적인 사랑과 망명가의 고독한 절규가 문득 그리워 한순간 온몸이 떨렸다. 나는 학창 시절을 추억하며 그를 흠모하였다. 샤르트르와 보봐르가 만났던 카페 드마고, 로트렉Henri de Toulouse Lautrec의 〈물랭 루즈에서의 춤〉의 배경이 된 물랭 루즈, 헤밍웨이와 피카소가 자주 들렀던 카페 플로르는 내 가슴을 송두리째 앗아가 낭만이 가득했던 과거 속으로 빠져들게 하였다.

건축가　　가에 아울렌티
주소　　　1 Rue de la Légion d'Honneur, 75007 Paris, France
홈페이지　www.musee-orsay.fr

아치형 지붕이 돋보인 오르세 미술관의 내부 전경

옛 기차역을 상징하는 고풍스런 시계

케 브랑리 박물관

Quai Branly Museum

파리의 낭만이 담긴 자유분방한 컬러의 박스형 디자인이 돋보인 건축

예술을 꽃피웠던 센Seine 강 주변의 케 브랑리를 찾아가는 동안 내 안에 웅크렸던 사랑과 낭만이 서서히 고개를 내밀었다. 영화 〈퐁네프의 연인〉 속을 가득 채운 퐁네프 다리, 〈미드나잇 인 파리〉에 등장했던 물랭 루즈Moulin Rouge, 샤르트르와 보봐르의 체취가 머문 카페 '드마고', 레마르크가 드나들었던 카페 '푸케', 예술가의 거리 몽마르트 언덕, 프랑스 영화의 단골 메뉴인 안개에 젖은 센 강가, 〈오페라의 유령〉의 배경이 된 팔레 가르니에Palais Garnier(파리 국립오페라좌), 퐁피두 센터에서 바라본 사크레 쾨르 성당, 모파상과 보들레르가 묻힌 몽파르나스 묘지 등이 주마등처럼 스쳐 지나고 어느덧 에펠탑 가까이에 왔다. 에펠탑은 예나 지금이나 가장 사랑받는 낭만을 부르는 아름다운 탑임을 어느 누구도 부인할 수 없으리라.

　파리의 아이콘 에펠탑 옆에 자리한 케 브랑리 박물관에 드디어 도착했다. 케 브랑리는 '브랑리 강가'란 뜻으로 센 강 주변의 브랑리 지역을 가리킨다.

　현대미술관 60곳에 케 브랑리 박물관을 선정하려 할 때 고민도 잠시 했었

위: 무성한 나무가 둘러싼 케 브랑리 박물관의 옆면 / 아래: 전시된 아프리카 조각들

케 브랑리 박물관의 필로티 공간

다. 컬렉션은 비록 아프리카의 토속적인 작품들로 한정되어 있지만 미술사에 지대한 영향을 미친 아프리카의 작품들을 간과할 수 없었고, 장 누벨 디자인의 멋진 현대건축 공간을 놓치기엔 아쉬움이 많았기 때문이었다. 케 브랑리 박물관에 소장된 아프리카의 조각들은 프랑스 식민지 때 수집되었다. 아프리카 조각은 현대추상 화가들에게 많은 영감을 주었고 그 어떤 현대조각보다 더 모던하고 해학적이다. 또한 현대건축 공간을 아프리카 조각 전시 공간으로 활용한 아이디어도 참신하였다. 아프리카 원시조각을 현대건축 공간에 전시 기획하는 발상의 전환이야말로 이 시대에 필요한 사고가 아닐까?

케 브랑리 박물관은 에펠탑의 조망권을 침해하지 않기 위해 25미터 이상 넘지 않도록 고도가 제한되었다. 박물관으로 진입하려면 건물을 둘러싸고 있는 정원을 통과해야만 입장이 가능했다. 오랜 잡초들과 나무를 무성하게 심어 버려진 듯 아프리카의 늪지대와 같은 정원은 아마존의 밀림을 의미한다. 장 누벨은 오리엔탈 문명의 진입로에 있는 아마존 밀림을 통과함으로써 문명적 충격을 완화시킬 수 있다고 설명했다. 나는 불분명한 진입로로 인해 박물관 입구를 찾기 위해 한동안 헤매었다.

28개 다양한 컬러의 크고 작은 자유로운 박스 디자인은 그야말로 압권이었다. 필로티Piloti를 둔 건물 위로 삐죽삐죽 튀어나온 박스들은 자유분방했고, 박스들의 다양한 컬러는 파리의 낭만이 담긴 컬러였다. 내부로 들어가면 이 박스 공간은 전시 공간으로 꾸며져 있었고 그 역할을 백분 발휘하고 있었다. 최첨단 방식으로 작품을 감상할 수 있도록 꾸며 놓았다. 다음 전시장으로 가는 길은 자유로운 동선을 두어 어느 곳부터 감상해야 할지 조금 산만하였다. 그러나 비밀스런 박스 공간들은 마치 원시림 토굴을 떠올리게 하였고, 힐링 공간으로 다가왔다. 모니터에서 흘러나온 영상들을 통해 아프리카 원주민의 일상을 수만 리 떨어진 프랑스의 현대적 박스 공간 안에서 그들과 함께 공유할 수 있음에 들떴다. 이 공간에서만 누릴 수 있는 영매의 시간이었다. 중간중간 설치된 화면 앞에서 작품 설명을 듣노라니 시간 가는 줄 몰랐다. 짧은 시간에 방대한 분량을 이해하기엔 역부족이었지만 전시 공간과 전시 기획의 신선함은 새로운 경험이었고 도전이었다.

　　아프리카 조각품 하나하나가 수많은 예술가들에게 영감을 주었고, 모방의 원천이 되었음을 깨닫는 소중한 시간이었다. 그들의 삶 속에는 강한 메시지가 담겨 있었다. 아프리카 원주민의 영혼이야말로 현대인들이 갈망하는 순순한 혼이며 자유였다.

건축가　　　장 누벨
주소　　　　37 Quai Branly, 75007 Paris, France
홈페이지　　www.quaibranly.fr

메츠 퐁피두 센터
Centre Pompidou-Metz

시계루 반 특유의 목구조가 돋보인 하얀색 지붕을 얹은 미술관

파리에서 TGV로 약 1시간 30분을 타고 가니 명화 속의 배경처럼 아름다운 풍경을 자랑하는 유서 깊은 도시 메츠가 나왔다. 예술과 감성으로 거듭난 프랑스 북동부 알자스 로렌 지방의 로렌 주의 주도인 메츠Metz는 퐁피두 센터 분관으로 부활하고 있었다. 메츠는 유럽에서 가장 높은 고딕 대성당이 있는 유구한 도시다.

중세도시 로렌 지방 특유의 건축 자재인 조몽Jaumont 석재를 사용한 생 떼띠엔느 대성당을 비롯해 3000년의 역사를 자랑하며 고즈넉하게 침잠해 있던 도시 일대에 퐁피두 센터 분관 건립은 활기를 불어넣었고 메츠를 예술 도시로 부활시켰다. 랭보의 연인이었던 상징주의 시인 폴 베를렌의 고향이기도 한 메츠에서 시와 예술을 만끽해보는 순간을 상상만 하여도 짜릿한 전율로 달떴다. 유적들과 도시 곳곳에 퍼져 있는 녹지대, 오래된 박물관, 고딕 성당들을 돌아보면서 이 도시의 역사적 깊이에 매료되었다. 아름다운 모젤 강가를 따라 산책하노라면 중세 저택과 17세기부터 내려오는 멋진 독일 양식의 건축이 두드러져 프랑스 지방이라기보다는 독일 지방이라는 느낌이 더 강했다. 메츠는 프로이센-프랑스 전쟁

으로 1871년부터 1918년까지 잠시 독일령이 되었다가 제1차 세계대전 후에 프랑스령으로 환원되었다. 독일, 벨기에, 룩셈부르크와 접경 도시인 메츠는 주변 국과도 교통이 편리하여 오랫동안 상공업 중심지로 자리하였다. 이러한 지리적 장점이 메츠에 현대 예술의 상징과도 같은 퐁피두 센터 분관이 들어서는 데 큰 몫을 했으리라 추측한다. 개장 이후 1년 동안 90만 명이 넘는 관람객이 이 미술관을 방문하였다니 궁금함으로 내 마음은 이미 메츠에 가 있었다.

메츠 퐁피두 센터는 기차역 바로 옆에 있었다. 미술관을 찾아가는 길목에 파벽돌로 지어진 오래된 터널에서부터 유구한 도시임을 감지했고 기대감으로 잔뜩 들떠 있었다. 작은 터널을 나오자마자 보이는 독특한 메츠 퐁피두 센터는 심플한 박스형 건축이 주를 이루는 여느 현대미술관 건축과는 전혀 다른 특별함에 저절로 탄성이 흘러나왔다.

중국인 모자를 연상시키는 획기적인 지붕의 건물은 외관부터 독특하였다. 복잡하고 조형적인 구조물이 그다지 끌리지 않았지만 반투명한 지붕을 얼키설키 쌓아올린 나무 구조로 받치고 있는 구조적 기술의 정교함에 탄복하지 않을 수가 없었다. 도시에 어둠이 짙게 깔렸지만 메츠 퐁피두 센터는 멋진 조명으로 인해 더욱 빛을 발하고 있었고 아름다운 조형미는 주변을 온통 탈바꿈시켰다. 현대건축의 대표적인 예로 꼽히고 있는 메츠 퐁피두 센터는 일본 건축가인 시게루 반Shigeru Ban*과 프랑스 건축가인 장 드 가스틴Jean de Gastines*이 설계하였다. 1977년 파리 퐁피두 센터 완공 후 40년 만에 메츠에 분관이 지어진 셈이다. 2014년 시게루 반의 프리츠커

일본 출신의 시게루 반(1957~)은 뉴욕의 쿠퍼 유니언 건축학교를 졸업한 후 아라타 이소자키 밑에서 일을 시작하였고 1985년부터 독립하였다. 1995년 종이와 재활용 마분지 튜브를 사용하여 고베 지진 피해자들을 위한 임시 건축물을 짓게 되고, 그 후 국제적인 명성을 얻게 된다. '지속 가능한 건축'에 대한 고민을 바탕으로 건축 재료에 대한 고정관념에서 벗어나 다양한 재료와 재활용 신소재 등을 실험하는 에코 건축을 추구하는 환경 보존 건축가다. 1997년 일본건축가협회의 '올해의 젊은 건축가상'을 수상하였고 2001년 하노버 국제박람회 일본관으로 세계건축대상을 받았다. 2005년에는 '토마스 제퍼슨 건축 메달'을, 2014년에는 영예의 '프리츠커 상'을 수상하였다.

장 드 가스틴(1957~)은 프랑스 소르본 대학과 국립고등미술학교에서 건축을 공부한 프랑스 건축가로, 미국 캘리포니아의 프랭크 게리의 사무소에서 일한 경험을 쌓아 1985년에 자신의 사무소를 오픈하였다. 2003년부터 장 드 가스틴은 시게루 반의 유럽 파트너로 함께 일하고 있다.

메츠 퐁피두 센터의 정면

상 수상 소식으로 인해 건축학도들과 미술 애호가들의 발길은 쉴 새 없이 메츠 퐁피두 센터로 이어지고 있다.

이른 아침부터 서둘러 메츠 퐁피두 센터로 향했다. 이미 많은 관람객들로 입구부터 북적이었다. 전시장 입구 표지판부터 눈길을 사로잡았다. 중국 농부들이 쓰는 대나무 모자 형상을 닮은 이 미술관 외관은 독특했다. 원뿔형 대나무 모자에서 영감을 얻었다는 독특한 지붕은 밀짚모자를 엮듯이 통나무 프레임과 8각 격자를 엮은 총 90제곱미터에 이르는 구불구불한 왕관 모양의 형상을 탄생시켰다. 파란 하늘 아래의 독특한 형상의 미술관이 약간 생소하였지만 가까이 다가갈수록 목구조와 하얀색 지붕의 미술관은 새롭고 호기심을 자극하였다.

시게루 반 특유의 목구조(통나무)를 엮어 만든 공간들은 내부 공간 곳곳에서 만날 수 있었다. 원뿔 모양의 캐노피는 76미터까지 높게 솟은 중심축과 만나고, 세 방향으로 난 대형 박스형 창문으로는 TGV 역과 성당, 주변의 구릉과 공원을 조망하도록 설계되었다. 갇힌 공간이 아닌 도시를 바라보며 휴식할 수 있는 편안한 공간이었다. 그밖에 건물 중앙에는 대형 홀을 비롯해 강당, 사무실, 레스토랑, 기타 서비스 시설들이 마련되어 있었다.

퐁피두 센터 분관의 전시 기획은 소도시의 전시라는 예상을 뒤엎고 아방가르드의 최전방에 서서 세련된 전시를 선보였다. 20세기 초의 필름 전시를 비롯해 제1차 세계대전 당시 암울했던 작품을 모은 '1917' 특별전이 열렸고, 2층 갤러리는 미국의 개념미술 작가인 솔 르윗의 대형 프로젝트가 전시 중이었다. 난해하고 어려운 현대미술을 대중들에게 좀 더 가까이 다가가게 하려는 의도가 담긴 전시 기획이었다. 전시 공간 틈 사이로 들어온 햇빛으로 인해 드려진 그림자와 솔 르윗 작품의 까만 선들의 절묘한 조화는 마치 이 전시를 기획하기 위한 공간처럼 느껴졌다. 뿐만 아니라 창을 통해 도시를 조망할 수 있는 그 공간은 힐링을 주었고 여유를 만끽하기에 충분하였다. 3층 갤러리에서는 로낭과 에르완 부홀렉Ronan & Erwan Bouroullec[●]의 디자인 전시가 열리고 있었다. 로낭과 에르완 부홀렉은 프랑스의 형제 디자이너다.

메츠 시내가 한눈에 보이는 로비의 전경

메츠 퐁피두 센터의 내부 엘리베이터

퐁피두의 컬렉션은 7만여 점에 이르는 방대한 작품들을 소장하고 있지만, 파리 퐁피두 센터 전시를 통해 한 해 동안 보여줄 수 있는 작품은 겨우 1000여 점 정도라 한다. 그 자구책으로 고민하던 중 전시되지 못한 수많은 컬렉션을 보여주고 소장할 수 있는 분관을 짓기로 결정하였고 메츠가 선정되었다. 만일 메츠에 시립현대미술관을 짓는다면 새로이 작품을 구입해야만 되는 경비 부담뿐 아니라 파리 퐁피두에 수장된 값비싼 작품 구입은 가히 엄두도 낼 수 없을 것이다. 그러나 퐁피두 센터 분관이 지어짐으로써 풍부한 컬렉션의 혜택을 받게 될 뿐 아니라 퐁피두 센터라는 유명세로 인해 미술 애호가들에게 관심의 대상이 되고 분관으로써 역할을 분담하는 이중 효과를 얻게 되었다. 메츠 퐁피두 센터의 갤러리에는 자코메티 조각들로 차 있다. 자코메티 조각 한 점의 가격이 메츠 퐁피두 센터 건물에 소요된 비용과 엇비슷하다 하니 소도시의 예산으론 상상할 수조차 없는 대단한 컬렉션이다. 프랑스의 문화 정책이 진심으로 부러웠다.

로낭과 에르완 부훌렉 형제는 각각 1971년, 1976년에 브르타뉴 부근 큄퍼Quimper에서 출생해 프랑스에서 디자인을 전공하였다. 1998년 파리 가구박람회에서 국제대상을 받았고 다음해인 1999년 'Ronan and Erwan Bouroullec Design'이라는 회사를 공동 설립한다. 그해에 뉴욕 가구박람회의 신인 디자이너 상을 받았고 2001년에는 밀라노에 이세이 미야끼Issey Miyake 매장 인테리어디자인을, 2006년에는 샤토 미술관Le centre d'Art de Chatou과 함께 예술가 거주지인 '떠다니는 집the Floating House'의 건축 프로젝트에 참여하였다. 또한 세계 최고의 가구 회사인 카펠리니Cappellini, 비트라Vitra, 리네 로제Ligne Roset와 함께 일하고 있다.

로낭 형제는 런던 디자인 박물관Design Museum in London, 로스앤젤레스 현대미술관, 메츠 퐁피두 센터, 시카고 현대미술관, 파리 장식미술관Musée des Arts Décoratifs in Paris 등에서 개인전을 열었고, 이곳에 작품들이 소장되어 있다. 2005년에는 서울아트센터와 한가람미술관에서도 전시하여 우리에게도 익히 알려진 디자이너이다.

프랑스처럼 대단한 미술품을 자랑하는 나라조차도 미술관의 지방분권화에 있어서는 일본보다 오히려 늦은 감이 든다. 대부분 미술관들이 파리에만 집중되어 있는 프랑스 문화 정책의 진부함에 잠시 의구심이 들었다. 아비뇽 연극제를 비롯해 칸 영화제 등 다른 예술 공연 분야에서는 지방분권화가 뿌리내린 지 오래되었지만 미술관의 분권화는 근래에 와서야 프랑스 전역으로 확산되고 있다. 그 예로 퐁피두 센터의 메츠 분관을 비롯해 랑스Lens의 루브르 박물관 분관Le Louvre-Lens, 마르세유의 유럽지중해문명박물관MUCEM 등이 있다. 퐁피두 센터의 메

메츠 퐁피두 센터의 독특한 목구조 기둥

츠 분관은 주변 도시 시민들에게 차별화된 미술품을 접할 수 있는 역할만으로도 의미가 있지만 독특한 현대건축물이 들어섬으로 도시에 활력을 불어넣어 주고 있음은 더 큰 의미를 지닌다.

메츠를 찾는 관광객은 퐁피두 센터 분관 개장 이후 40퍼센트 이상 증가했으며 분관 건립을 계기로 관광산업이 활기를 띠면서 메츠는 예술 도시로 부활하고 있다. 내가 방문했을 때도 퐁피두 주변과 역, 황제 거리, 모젤 강가의 산책로 등 대대적인 공사가 진행 중으로 도시를 재생시키는 모습을 역력히 볼 수 있었다. 동서양을 아우르고 예술, 과학, 건축, 무용 등 장르의 경계가 무너진 시대를 살아가고 있는 이 시점에서 퐁피두 센터 메츠 분관의 개관은 역사적 의미가 크다 할 수 있다. 시대를 뛰어넘는 21세기 담론의 장으로 예술 문화의 총체적 역할을 충실히 하는 미술관으로 자리매김하길 바란다. 메츠 방문은 메츠 퐁피두 센터의 좋은 전시회와 멋진 건축물을 볼 수 있었을 뿐 아니라 3000년의 유구한 세월의 흔적이 켜켜이 색칠된 유적의 도시 메츠를 새로이 알게 되는 좋은 기회였다.

'에떼 뒤 리브르Eté du livre'라 하는 문학 축제는 1965년부터 내려온 메츠의 주요한 행사다. 프랑스를 대표하는 상징주의 시인인 폴 베를렌Paul Verlaine의 고향이며 유구한 역사적 도시에서의 문학 축제는 어쩌면 자연스런 행보다. 랭보Arthur Rimbaud의 문학적 깊이에 매료되어 동성과 사랑에 빠지게 된 베를렌은 만년에 상징주의와 데카당파의 시인들 사이에서 가치를 인정받고 '시의 왕'으로 선출되었다. 메츠 문학 축제에는 많은 문학인들이 참여하여 시 문학 발표 외에도 다양한 예술 포럼이 열린다.

정원 속의 예술제L'Art dans les Jardins는 7월부터 9월까지 여름 기간 동안 메츠의 정원에서 경험할 수 있는 현대미술 전시회다. 이 기간에는 콘서트, 다양한 거리 공연, 퍼포먼스가 무료로 진행된다. 또한 뉘 블랑쉬Nuit Blanche는 10월 하룻밤 동안만 열리는 백야제로 프랑스를 대표하는 현대예술 축제다. 2002년 파리에서 처음 시작된 공공 예술 축제인 뉘 블랑쉬 백야제는 메츠에서도 2008년부터 개최되어 연중 주요한 문화 행사로 자리 잡게 된다. 유구한 역사를 자랑하는 메츠가 젊은 예술가의 발굴에 주력하고 있는 파리와는 차별화된 고유한 색깔의 축제 도시로 거듭나길 바란다.

건축가	시게루 반, 장 드 가스틴
주소	1 Parvis des Droits de l'Homme, 57020 Metz, France
홈페이지	www.centrepompidou-metz.fr

독일

베를린
베를린 신국립미술관
함부르거 반호프 현대미술관
유대인박물관
베를린 현대미술관
베를린 달리 미술관

프랑크푸르트
슈테델 미술관
프랑크푸르트 현대미술관

노이스
인젤 홈브로이히 미술관
랑겐 파운데이션

에센
폴크방 미술관

뒤셀도르프
K21 미술관
K20 미술관

베를린 신국립미술관

Neue Nationalgalerie

빛나는 베일처럼 아름다운 유리의 전당

베를린은 이데올로기의 종언 이후 21세기 예술 도시로 거듭나기 위해 애쓰는 모습들이 여기저기서 엿보였다. 독일이 예술과 철학의 나라임을 어느 누구도 부인할 수 없으리라. 독일은 실존주의 철학자 니체, 문학의 거장 괴테, 음악의 아버지 바흐와 어머니 헨델, 천재 베토벤, 총체 예술가 바그너, 종교개혁가 마틴 루터 등 기라성 같은 세계적인 인물들을 배출하였다. 과거에도 수도 베를린은 독일의 천재 예술가들에게 가장 사랑받는 문화 예술의 도시였으며 정치와 경제의 중심 도시였다. 베를린을 대표하는 베를린 신국립미술관, 페레가몬 박물관, 베를린 필하모니 홀은 예나 지금이나 여전히 세계 여행자들에게 사랑받는 명소다. 더욱이 베를린 장벽이 무너진 후 베를린은 새로운 모습으로 하루가 다르게 변화하며 유럽에서 가장 아방가르드한 도시로 거듭나고 있음이 곳곳에서 느껴졌다. 새로운 명소로 떠오르는 포츠담 플라자의 소니 센터 주위는 한여름의 무더위도 아랑곳없이 여행자들로 붐볐고 힘차게 역동하고 있었다.

1701년 프로이센왕국의 수도였던 베를린은 비스마르크제국 시절에 이미 인구 100만 명의 도시로 위상을 떨쳤다. 1989년 11월 베를린 장벽 붕괴 후에는 다시 통독의 수도가 되면서 연중 내내 다양한 전시회와 박람회, 음악회, 공연 등이 끊임없이 벌어지고 있다. 오랫동안의 단절로 인한 편견과 갈등을 치유하는 방법으로 문화와 예술의 소통만큼 더 이상적인 것은 없으리라.

　베를린을 찾는 여행자들의 또 다른 매력은 도시 곳곳에서 넓은 숲과 많은 호수를 볼 수 있음이다. 어느 대도시들과는 달리 '베를리너 루프트Berliner Luft(베를린의 맑은 공기)'라 부를 정도로 맑은 베를린의 하늘은 정말 높고 푸르렀다. 동서의 오랜 단절과 나치 시절의 광기의 역사적 굴욕에서도 빠른 회복과 치유가 가능했음은 베를린의 빼곡한 숲과 호수가 함께한 아름다운 자연 때문일 것이라는 생각을 떨쳐버릴 수가 없었다.

　독일의 중요한 미술관 중 하나로 손꼽히는 베를린 신국립미술관은 함부르거 반호프 현대미술관의 개관 전까지는 베를린 최고의 현대미술관이었다. 1996년 함부르거 반호프 현대미술관이 개관하면서 이곳은 20세기 초부터 1960년대까지의 작품만을 소장하는 미술관으로 특성이 바뀌었다. 베를린 신국립미술관이 자리한 포츠다머 슈트라세(포츠담 대로) 지역은 문화 포럼Kulturforum이 조성되어 있다. 문화 포럼 안에는 회화 갤러리를 비롯해 4개의 미술관이 있다. 1958년 서독 정부는 베를린의 티어가르텐Tiergarten 지역 가장자리에 한스 샤론에 의해 서베를린의 문화 지구를 조성하였다. 문화 지구에는 한스 샤론의 대표작 베를린 필하모니 건물이 1963년 맨 처음 들어섰고 그 후 챔버 뮤직 홀, 국립도서관, 신미술관 등이 잇따라 지어졌다.

　근대건축의 거장인 미스 반 데어 로에의 설계에 의해 철골빔과 유리로만 지어진 베를린 신국립미술관은 표현주의 건물의 대표작으로 알려져 있다. 미스는 바우하우스 교장을 지내다 나치를 피해 미국으로 이주하여 뉴욕의 시그램 빌딩과 시카고 연방센터의 설계로 미국에서 명성을 얻게 된다. 미스의 건축 세계는 구축의 엄격한 표현을 선호하여 모든 장식을 거부했다. '규율'은 미스의 삶과 일의 표어였다. 기둥과 피막에서 미스가 자주 했던 명제 'Less is More'의 의미는

베를린 신국립미술관의 전경과 알렉산더 칼더의 조각 <Têtes et queue>

베를린 신국립미술관의 내부

단순할수록 좋은 디자인임을 뜻한다. 미술관 건물의 철과 콘크리트는 강함을 나타내는 건물의 뼈이고, 유리는 빛나는 베일처럼 그 뼈를 감싸는 외피라 볼 수 있다. 제2차 세계대전 종전 후 독일로 돌아와 지은 미스의 마지막 작품 베를린 신국립미술관은 건물의 뼈와 외피만으로 지어진 단순하고 아름다운 절제미를 자랑하는 20세기 최고의 건축물로 손꼽힌다. 이 미술관은 그의 명제인 '적을수록 많다' 즉, 최소의 절제에 최대의 디자인이 내포되어있음을 여실히 보여준 절제미의 정수다.

거대한 철판 한 장이 유리 박스 위에 달랑 올라앉은 듯 심플한 건축물 앞에는 나지막하고 넓은 계단들을 두어 관객의 쉼터 역할을 하였다. 계단에서 잠시 쉬며 베를린의 파란 하늘과 구름, 코너에 놓인 조각, 미술관 옆에 바로 붙은 고딕 양식의 교회 건물 등 다양한 풍경이 유리에 반사되어 색다른 풍경을 엿보게 한 건축가의 숨은 의도에 저절로 탄성이 터졌다. 미스 반 데어 로에의 절제된 유리건축과 그 앞에 놓인 미니멀한 알렉산더 칼더 조각 〈Têtes et queue〉의 절묘한 조화 역시 환상이었다.

주요 소장품으로는 피카소, 뭉크, 오토 딕스, 코코슈카, 키르히너, 바젤리츠, 칸딘스키, 클레, 미로 등의 유럽 대가들 작품과 표현주의, 바우하우스, 초현실주의 작가들의 주요 작품들이 있다. 특히 독일 표현주의 거장들의 우수 작품들이 소장되어 있다.

마침 1층 전시장은 순회 전시 준비로 닫혀 있었고 아래층에선 1945년부터 1968년까지의 현대미술 기획 전시가 열리고 있었다. 기획 전시의 주제는 '분단된 하늘Divided Heaven'이었다. 인상적인 작품으로는 프란시스 베이컨의 〈이사벨 로슨의 3명 학생들〉과 피카소의 〈꽃다발을 든 여인〉이었다.

전시 관람 후 지하 카페에서의 달콤한 라즈베리 케이크와 에스프레소가 주는 행복함이야말로 미술관에서만 누릴 수 있는 진정한 쉼이며 일탈이다. 미술관 조각공원은 건물 뒤편으로 한층 아래에 놓여 있었다. 아마도 유리 건축의 아름다운 절제미를 살리기 위해서이리라. 잘 다듬어진 나무들 사이로 조각품들이 곳

베를린 신국립미술관의 조각공원

곳에 놓여 있었다. 그리고 미술관 건물을 빙 둘러 이름만 열거해도 알 만한 유명 조각들이 적재적소에 놓여 있어 미술관 품격을 한껏 높였다. 헨리 무어의 조각 〈궁수The Archer〉를 비롯해 칠리다의 조각 〈전사Krieger〉였다.

베를린 신국립미술관은 2014년 데이비드 치퍼필드의 〈stick & stons〉 전시를 마지막으로 3년간 리노베이션에 들어갔다. 미술관 리노베이션에 수많은 건축가들이 응모하였지만 아이러니하게 마지막 전시를 한 데이비드 치퍼필드에게로 그 영광이 돌아갔다. 2017년 새롭게 개관될 베를린 신국립미술관이 어떤 모습으로, 어떤 전시로 첫 선을 보여줄지 기대가 크다.

베를린 신국립미술관을 나와 건너편에 위치한 베를린 필하모니 홀과 소니 센터로 향했다. 한스 샤론 설계의 베를린 필하모닉 홀은 오래된 건축임에 불구하고 독특한 디자인은 눈길을 끌었고, 헬무트 얀 설계의 소니 센터 주변은 많은 관광객들로 붐볐다. 베를린이 자랑하는 페르가몬 박물관과 쉰켈 설계의 구 박물관도 둘러보았다.

건축가　　미스 반 데어 로에
주소　　　Potsdamer Straße 50, 10785 Berlin, Germany
홈페이지　www.smb.museum/museen-einrichtungen/neue-nationalgalerie

함부르거 반호프 현대미술관

Hamburger Bahnhof Museum für Gegenwart Berlin

19세기의 오래된 역사驛舍를 개조한 베를린의 명소

베를린 중앙역에서 내려 10여 분 정도 걸어가면 길가에 함부르거 반호프 표시판이 나오고 모퉁이를 돌면 소박한 정원 앞에 신고전주의 양식의 옛 기차역 건물이 서 있다. 19세기에 지어진 오래된 역사驛舍를 개조한 이 미술관은 현대미술의 근원지이며 베를린의 명소다.

오래전 '베를린에 햄버거 역은 없다'는 기사를 읽은 적 있다. 함부르거 반호프를 영어 발음대로 읽어 '햄버거 역'이라 한 에피소드에서 나온 우스꽝스런 글이었다. 함부르거 반호프는 함부르크 사람을 뜻하는 함부르거와 기차역을 뜻하는 반호프의 합성어로, 함부르크에서 베를린을 오가는 기차역이었다.

1884년 기차역은 문을 닫고 1906년까지 건축과 교통박물관으로 사용되었다가, 제2차 세계대전으로 인해 역의 일부분이 파괴되어 40여 년 동안 폐허로 방치되었다. 그 후 독일의 대표적인 모더니즘 건축가인 요제프 파울 클라이휴즈에 의해 오랜 기간에 걸쳐 리모델링되어, 원래 기차역의 거의 두 배 크기로 확장하여 1996년 현대미술관으로 새롭게 개관하였다. 요제프 파울 클라이휴즈는 시카고 현대미술관의 동쪽 윙을 설계하여 미국에도 알려진 건축가다.

함부르거 반호프는 옛 역사 건물의 외관과 기차역을 연상시키는 내부 천장의 구조물은 그대로 보존하였고, 높은 천정의 대합실과 긴 기차역 플랫폼에 해당하는 넓은 공간만을 전시 공간으로 개조하였다. 이 미술관의 특징으로는 1960년대 이후의 작품만을 전문 소장하고 있으며 매 시즌마다 실험적인 현대미술 기획전이 개최된다.

주요 컬렉션으로는 1968년 이후 작품 위주로 앤디 워홀, 사이 톰블리, 로버트 라우젠버그, 로이 리히텐슈타인, 안젤름 키퍼, 조셉 보이스, 로버트 라이먼, 존 케이지 등의 세계적인 현대미술을 대표하는 작가들로 구성된 에리히 막스 컬렉션이 있고, 1980년대 150여 명의 작가들로 구성된 2000여 점의 현대미술 작품들이 주류를 이룬 프리드리히 크리스티안 프릭 컬렉션이 있다.

상설 전시관에 전시된 독일 현대미술에 획을 그은 개념미술가 조셉 보이스 전시는 연대별로 다양한 작품들을 보여주었다. 조셉 보이스는 '지방덩어리는 생명을 주는 에너지를 상징하고, 펠트는 에너지를 보존하는 따뜻함을 상징한다.' 고 하였다. 그 의미를 알고 작품을 대하니 조셉 보이스의 펠트와 지방덩어리를 소재로 한 설치 작품들에게 더욱 매료되었다.

미국 팝아트의 거장 앤디 워홀의 작품도 이제는 진부한 작품이 되어버렸다. 그러나 워홀의 모택동 초상화 뒤에 비스듬히 설치한 가벽에 의해 상업회화 개념을 부각시켜주는 전시 기획은 전방위 미술관다운 태도였다.

프리드리히 크리스티안 프릭은 세계적인 현대미술 컬렉터로 잘 알려져 있고, 그의 소장품 프릭 컬렉션은 세계 주요 미술관 전시에 자주 초대되고 있다. 마침 방문했을 때 프릭 컬렉션을 한정된 기간 동안 무상 대여 전시를 열고 있었다. 현대회화를 비롯해 조각, 사진, 영상뿐만 아니라 실험적이며 난해한 현대미술 작품들을 감상할 수 있는 절호의 기회였다.

상설 전시된 안젤름 키퍼의 대작들은 옛 역사의 뼈대가 적나라하게 드러난 공간과 절묘하게 어우러져 마치 그 공간이야말로 키퍼의 작품들을 위해 꾸며진

함부르거 반호프 현대미술관의 전경

옛 기차역의 보존된 골조와 리모델링 된 함부르거 반호프 현대미술관의 내부 공간

조셉 보이스 전시실

위: 댄 플래빈의 설치 작품 <빛> / 아래: 앤서니 맥콜의 <순수한 조각 5분>

전시 공간처럼 느껴졌다. 통로에 설치된 댄 플래빈의 작품 〈빛〉은 네오 클래식한 옛 복도 공간과 조화를 이루어 신비로운 공간을 창출했다.

　　매 시즌 기획되는 이번 특별 전시를 관람하던 중 매우 인상적인 작품이 있었다. 연기로 가득 찬 새까만 전시장은 오로지 조형적 형태로 드러난 무형의 빛 조각만 시시각각 변하여 빛의 발광만 존재할 뿐이었다. 이 독특한 전시의 구조적 원리는 솔리드 라이트solid light라는 선명한 라인으로 형성된 원뿔 형태나 원형 형태의 조형만 어두움 속에서 발광하여 극적 효과를 노렸다. 어둠에 싸인 전시장은 강렬한 빛에 의해 서서히 밝아졌고, 어둠을 가로지르는 빛과 이 빛에 의해 형성된 조형적 형태로 인해 신비로운 공간으로 극대화되었다. 그 공간에서 관람자는 참여자가 되어, 작품과 더불어 전혀 예상치 못한 독특한 체험을 하게 된다.

　　마침 전시장에서 한 사진작가가 솔리드 라이트에 의해 투사된 빛 조각 사이로 모델을 카메라에 담고 있었다. 그 모델은 전시장 바닥에 투사된 둥근 원형의 빛 조각 사이에 누운 채 현란한 포즈를 취하고 있었다. 그 발상이 몹시 흥미로워 한동안 머물렀다.

　　앤서니 맥콜Anthony McCall의 16미터 필름으로 된 〈순수한 조각 5분Five Minutes of Pure Sculpture〉이란 작품이 있다. 이 조각은 빛의 투사로 라인이 형성된 공간 속으로 관객을 참여하게 하여 새롭고 흥미로운 상황이 발생되어 또 다른 이미지 공간 속으로 전복시켰다. 앤서니 맥콜은 영국 태생의 뉴욕에 기반을 둔 작가로 1970년대 영국 아방가르드 영화의 핵심 인물이었다. '실체가 있는 빛'을 소재로 한 일련의 작업들은 휘트니 미술관을 비롯해 스톡홀름 현대미술관, 영국 서펜타인 갤러리 등에서 전시하였고 우리나라에서는 2014년 국립현대미술관에서 전시, '다원예술프로젝트 01-무잔향'에서 〈원뿔을 그리는 선Line Describing A Cone〉과 안양 공공 예술프로젝트에서 〈얼굴에서 얼굴Face to Face〉을 선보였다.

건축가	요제프 파울 클라이휴즈
주소	Invalidenstraße 50-51, 10557 Berlin, Germany
홈페이지	http://www.smb.museum/museen-einrichtungen/hamburger-bahnhof

유대인박물관
Jüdisches Museum Berlin

유대인의 흔적을 담은 공간과 망명의 정원

유대인박물관 건설은 유대인 학살에 대한 뼈아픈 반성과 철저한 역사의식에서 출발되었다. 유대인 건축가 다니엘 리베스킨트는 유대인박물관에 이러한 역사 의식을 담았고, 박물관 디자인에도 유대인의 흔적을 상징적으로 표현하고자 했다. 리베스킨트는 유대인의 흔적을 유대인 거주지에서 찾아, 거주지를 선으로 연결하여 표현하였다. 거주지에 살던 사람들은 과거에 베를린에 살며 핍박받았던 유명한 유대인 작가, 작곡가, 예술가, 과학자, 시인 등이다.

건축디자인에서의 날카로운 선들Lines은 유대인 다윗 왕을 상징하는 별의 이미지이며, 별이 움직이는 형태로 표현하였다. 유대인박물관의 두 개의 건물은 두 개의 선Line을 상징한다. 한 선은 관계를 의미한다. 관계는 유대인과 이방인과의 문화 교류로 로마 시대부터 현대까지의 2000년의 역사와 삶, 문화 예술을 보여주는 곳이다. 다른 한 선은 부재不在를 의미한다. 부재는 홀로코스트 타워의 텅 빈 공간을 상징하며 홀로코스트의 역사를 보여주는 곳이다. 이와 같이 여러 의

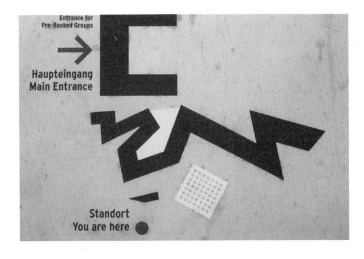

위: 두 개의 선으로 상징된 유대인박물관의 전경 / 아래: 입구에 그려진 유대인박물관의 지도

미를 담은 유대인박물관은 소장품보다 건축물로 더 유명하다.

박물관 출입구부터 모호하였다. 박물관 안으로 진입하기 위해서 먼저 옛 박물관 건물로 들어가야만 했다. 지하에 있는 통로를 통해서만 들어갈 수 있도록 연결해두었기 때문이다. 리베스킨트는 일부러 출입구를 지하에 숨겼다고 하였다. 이는 두 개의 건물로 대변되는 두 개의 선을 연결하는 것을 외부로 드러내지 않으려는 건축가의 의도였다. 통독의 도시, 베를린에 유대인의 뼈아픈 역사를 영원토록 숨겨둔다는 의미다.

유대인박물관의 건축 개념인 '선들 사이에서between the lines'는 일종의 건축 시나리오다. 건축가 리베스킨트는 이 시나리오를 두 개의 박물관 건물에 상징적으로 담아 표현하였을 뿐만 아니라 박물관 내부의 동선과 공간 구축에도 적용시켰다. 이 시나리오는 각 3개의 공간 안에 서로 다른 3개의 이야기를 담고 있다. 첫 번째 공간은 '연속의 계단'으로 역사의 연속성을 강조한다. 이 계단을 내려가면 박물관의 전시 공간으로 연결된다. 두 번째 공간은 베를린을 떠날 수밖에 없었던 유대인들을 추모하는 '올리브 정원'을 의미한다. 마지막 세 번째 공간은 죽음으로 몰아간 '홀로코스트 보이드Holocaust void'다.

입구로 들어서니 곧바로 지하로 내려가는 계단이 나왔다. 이 계단은 비좁고 어두웠다. 깜깜한 계단은 벽 틈 사이로 들어온 희미한 빛이 전부였다. 사선으로 기울어진 창과 중첩된 구조물로 된 좁은 계단을 내려가니 좁고 긴 두 개의 복도가 나타났다. 어디로 가야할지 방향을 정하지 못한 채 무작정 걸었다. 전시장으로 가는 긴 통로와 올리브 정원으로 나가는 통로가 나왔다. 올리브 정원은 두 번째 출구로 이어지며 유대인박물관 입구이기도 하다.

올리브 정원에는 49개의 기둥 사이마다 올리브 나무를 심어 놓았다. 올리브 나무는 희망과 평화를 의미한다. 마지막 49번째 기둥은 이스라엘에서 직접 가져온 흙으로 만들어 깊은 의미를 두었다. 이 올리브 정원은 베를린에서 추방당했던 유대인들을 기억하기 위해 '추방의 정원' 또는 '망명의 정원'이라고도 부른다.

계단을 올라가면 세 번째 공간인 죽음으로 가는 길, '홀로코스트 보이드'가

49개의 기둥을 세워놓은 올리브 정원

메나쉐 카디쉬만의 조각 <낙엽>이 깔린 홀로코스트 보이드

카페 공간

나온다. 공간 바닥에는 이스라엘 작가 메나쉐 카디쉬만Menashe Kadisgman의 작품 〈낙엽Shalechet〉을 깔아 놓았다. 〈낙엽〉은 수없이 희생된 유대인 얼굴을 형상화한 강철 조각들이다. 작가는 관람객이 〈낙엽〉을 밟고 지나갈 때, 강철 조각들의 마찰음을 통해 유대인들이 좁고 깊은 공간에서의 처절했던 비명소리를 떠올리게 하였다. 나치에게 학살당했던 유대인들의 죽음을 기억하며 추모하는 장소였다. 텅 빈 그 공간은 여러 의미의 상징성을 담은 장소였다. 마음이 저절로 숙연해졌다.

복도는 곧게 뻗어나가다 조각조각 흩어지는 방식으로 구획되어 있다. 방향감각을 잃어버렸다. 관람객을 위해 안내 직원들이 군데군데 서 있었다. 안내원이 방향을 제시해주었다. 유대인들이 아무 곳으로도 탈출할 수 없었던 무섭고 두려웠던 그 상황을 적나라하게 보여주는 공간이었다.

복도의 벽 디자인 곳곳에서 유대인들이 처했던 두렵고 공포에 떨었던 상황이 그대로 전해졌다. 유대인박물관 디자인의 개념 '선들 사이에서'의 의미가 확연히 느껴진 공간이었다. 칼로 난도질한 듯 가늘고 긴 불규칙한 창문들은 수용소에서 대량학살된 유대인들의 불안, 공포, 죽음과 오버랩되었다. 어두운 철재로 된 미로와 같은 좁은 복도를 지나니 소장품 전시실이 나왔다.

유대인박물관의 소장품은 학살된 유대인들의 사진이나 영상물을 비롯해 그들이 가스실로 끌려갈 때 입었던 피 묻은 옷, 신발 등의 개인 소유물이었다. 소장품들을 전시해 보여줌으로써 그때의 참상을 기리는 데 의의를 두었다. 공간 곳곳에서 유대인이 겪은 고통과 공포의 감정 표현에 충실하고자 애쓴 유대인 건축가의 정신을 읽을 수 있었다.

처음 그곳을 방문하였을 때는 공간디자인의 선적인 요소가 너무 강하고 복잡하여 커다란 감동을 얻지 못했다. 그러나 두 번째 방문 때는 건축디자인의 개념 '선들 사이에서'의 의미를 건물 외부의 벽체와 내부 공간 곳곳에서 읽을 수 있었다. 건축적 미를 추구하기보다는 수많은 유대인들의 죽음을 애도하는 추모 공간이었다.

박물관을 나와 카페에 들렀다. 옛 박물관 건물 2개동 사이를 하얀 철골빔으로 리모델링하여 카페로 사용하고 있었다. 동시에 공연장으로도 사용할 수 있도록 설비 시스템이 구비되어 있었다. 카페 앞 정원 잔디에 드러눕거나 앉아서 일탈을 누리는 관람객들과 하나 되어 베를린 오후를 만끽하였다. 까만 앞치마를 두른 노란 눈동자가 유독히 큰 미소년이 만들어준 카모마일 티와 애플파이는 여행의 나른함을 달래주는 청량제였다.

건축가　　다니엘 리베스킨트
주소　　　Lindenstraße 9-14, 10969 Berlin, Germany
홈페이지　www.jmberlin.de

베를린 현대미술관
Berlinische Galerie

예술가들의 기록보관소 역할을 담당하는 독특한 미술관

유대인박물관에서 나와 오른편으로 10여 분 정도 걸어가면 베를린 현대미술관
이 나온다. 미술관 입구의 광장 바닥에는 노랑 바탕 위에 회색 알파벳을 새겨 길
게 나열해놓은 작품이 깔려져 있었다. 이 알파벳 작품은 베를린 현대미술관에
소장된 160명의 아티스트들 이름을 열거해놓은 것으로 '글래스 스토리지 마킹
Glass storage marking'이라는 부제를 갖고 있었다. 광장의 알파벳 디자인은 '표시된 공
간-표시되지 않은 공간Marked Space-Unmarked Space'으로 구획되는 디자인 프로젝트
로, 독일 출신의 비주얼아티스트이며 조각가인 프리츠 발트하우스Fritz Balthaus의
작품이다. 노란색 4각 프레임 바탕에 새겨진 알파벳 디자인은 의미도 남달랐지
만 입구에서부터 그래픽아트를 선보임으로 현대예술에서의 그래픽디자인의 중
요성을 암암리에 시사해주었다. 그리고 그래픽아트가 현대미술의 흐름에서 절
대 배제할 수 없는 예술 영역의 장으로 자리하는 좋은 예시였다.

　미술관 입구에 놓인 스틸로 된 대형 조각은 마친스키 데닝호프Matschinsky-
Denninghoff의 작품 〈삼위일체Trinity〉였다. 베를린 현대미술관은 본래 1975년 크로

이츠베르크에 설립되었는데, 2004년 현재의 장소인 야곱스트라세로 이전하였다. 시각 예술을 비롯해 회화, 그래픽, 조각, 멀티미디어, 사진, 다다 베를린, 건축 프로젝트 등 유럽 전위작가들 위주의 작품들을 볼 수 있었고 현대 작가의 흐름을 한눈에 파악할 수 있는 좋은 기획이었다. 또한 이 미술관의 특징으로는 예술가들의 기록보관소 역할을 담당하고 있다. 예술가와의 흥미로운 대화의 장을 열어 일반인들도 예술가의 삶에 깊숙이 동참하도록 유도하여 예술 영역을 생활 속으로 끌어들인 독특한 성격의 미술관이었다. 1만 5000여 점의 그래픽아트 컬렉션은 이 미술관의 가장 큰 자랑거리다.

1층 전시실 정면에는 공중에 매달린 커다란 나뭇가지 작품이 있었다. 특별전시 기획전은 이해하기 힘들 정도로 난해했다. 다른 전시실에서는 인도와 중국 작가의 영상을 비롯해 아시아 작가 특별전을 열고 있었다. 2층 전시실에는 미술관 소장품을 전시하고 있었고 그 외에 강당, 도서관, 아카이브 보관실 등이 있었다. 베를린 현대미술관은 2014년 7월에 일시적으로 폐쇄되었고 리모델링에 들어갔다. 이 기간에도 미술관의 임시 프로젝트나 강의, 워크숍 등은 계속 진행되었으며 웹사이트에서 관련 정보를 정기적으로 알려주고 있었다. 역시 정확하고 빈틈없는 독일다운 경영이었다. 리모델링의 총공사비로 600만 유로나 소요되었다 하니 재개관될 내부 전시장은 과연 어떤 모습으로 드러날지 몹시 궁금하였다. 드디어 베를린 현대미술관 개관 40주년을 맞아 2015년 봄에 재개관하였고, 첫 전시로 '베를린 1880~1890'을 기획하였다 한다. 2016년에는 다다 아프리카 전을 비롯해 최근 주목받고 있는 안드레아스 라이너 전시를 기획하며 아방가르드 미술관으로서의 임무를 공고히 하고 있다. 베를린 현대미술관이야 말로 21세기 현대미술관이 어떤 방향으로 나아갈지 그 예를 제시하는 최전방위 미술관임에 어느 누구도 이의를 제기할 수 없으리라.

건축가   요르그 프리크(Joerg Fricke)
주소   Alte Jakobstraße 124-128, 10969 Berlin, Germany
홈페이지   www.berlinischegalerie.de

위: 프리츠 발트하우스의 <표시된 공간-표시되지 않은 공간> / 아래: 마친스키 데닝호프의 <삼위일체>

위: 베를린 현대미술관의 2층 전시장 / 아래: 1층과 2층 전시장

베를린 달리 미술관

Dali-die Ausstellung am Posdamer Platz

브란덴부르크 문과 달리의 표상인 콧수염이 합쳐진 유머러스한 로고가 특징

포츠담 플라자Potsdamer Platz에 위치한 달리 미술관은 인상적인 로고 때문에 금방 찾을 수 있었다. 베를린의 상징인 브란덴부르크 문과 살바도르 달리 특유의 콧수염이 합쳐진 유머러스한 로고는 달리 미술관이 베를린에 있음을 알리는 신호였다. 미술관 입구부터 달리 얼굴이 그려진 곰 조각이 건물 양쪽을 지키고 있었다. 곰은 베를린을 상징한다. 미술관 유리창을 장식하고 있는 3점의 포스터는 달리의 작품 세계를 그대로 대변해주고 있었다.

미술관 입구에 놓인 빨간색 카펫과 입술 모양의 의자는 달리가 일생 동안 추구했던 열정과 초현실의 세계를 적나라하게 드러내주었다. 빨간색 카펫은 외부 세계와 내면의 세계를 자유로이 넘나드는 연결 고리로 와닿았고, 바로 옆에 놓인 미국 여배우 메 웨스트의 입술을 본떠 만든 독특한 소파의 소재 입술은 초현실주의를 대표하는 아이콘이다. 초현실주의 작가 달리를 잘 표현해주는 발상이었다. 실내 공간의 화장실 문조차 온통 빨간색이었고, 화장실 문에 새겨진 로고 알파벳 W는 달리의 트레이드마크인 콧수염을 연상케 해 저절로 웃음이 나왔

위: 베를린 달리 미술관의 정면과 3개 포스터 / 아래: 미술관 입구에 놓인 '메 웨스트'의 소파

초현실주의는 물이다

중앙 포스터, 살바도르 달리

다. 전시장 곳곳마다 고스란히 달리의 정신세계를 불어넣은 가구와 실내디자인도 흥미를 끌었다.

　달리의 추모 20주년을 기념하기 위해 지어진 이 미술관은 외부에서 느꼈던 협소한 공간일 것이라는 막연한 예상을 뒤엎고 2층의 꽤 넓은 공간이 펼쳐져 있었다. 전시된 작품 또한 그래픽디자인, 판화, 스케치, 조각, 올림픽 주화에 이르기까지 다양한 장르의 작품들을 감상하며 달리의 천재성을 엿보았다. 소장하고 있는 달리의 작품 수도 400여 점에 달했고, 젊은 시절의 수많은 드로잉 작품은 보기 힘든 귀한 작품이었다. 작품에 표현된 다양성과 기발한 아이디어는 이미 젊은 나이에 그의 천재성을 예견할 수 있었다.

천재 예술가 달리의 엽기적 행각

천재 화가 달리는 학창 시절에 염소 똥으로 직접 만든 향수를 몸에 바르고 잠수복을 입고 강의실에 나타나 친구들을 깜짝 놀라게 하는 파격적인 행동도 서슴

베를린 달리 미술관의 내부 공간

지 않았다. 또한 폴 엘뤼아르의 아내이며 동료 화가인 키리코와 에른스트의 연인이기도 했던 갈라를 평생 연인으로 맞이한 달리의 사랑 이야기는 세기를 떠들썩하게 하였다. 벌거벗은 몸으로 양 겨드랑이에 썩은 양파를 끼고 면도칼로 무릎 뼈를 난도질하면서 갈라에게 청혼했던 엽기적 행위, 그 후 폴 엘뤼아르의 부인을 빼앗았다는 이유로 아버지의 심한 반대에 부딪치자 머리카락을 자르고 점심 때 먹은 해산물 껍질과 함께 그 머리카락을 흙에 묻었던 기이한 행동은 지금까지도 회자되고 있다. 달리에게 있어 갈라는 마돈나이자 어머니이자 영원한 연인이었던 것이다. 1982년 갈라가 세상을 뜨자 실의에 빠진 달리는 급기야 자살을 시도하기도 하였다. 달리의 고향인 스페인 피게레스의 달리 미술관에는 '갈라의 방'이 따로 만들어져 있다 한다. 이처럼 달리의 독특한 열정의 삶들은 그의 작품 곳곳에서 기발한 상상력의 표현으로 고스란히 드러난다.

잘 알려진 작품 〈기억의 지속The Persistence of Memory〉은 녹아 흐물거리는 시계들이 사막 풍경 속에 널려 있다. 이 유명한 늘어진 시계 모티프는 카망베르 치즈에 대한 꿈에서 비롯된 것이라 하니 그의 상상력은 가히 천재적이다. 스페인 출신의 영화감독이며 친구였던 루이스 부뉴엘Luis Bunuel과 합작한 초현실주의적인 전위 영화 〈안달루시아의 개〉는 또 한 번 예술계를 놀라게 하며 영화사에 독보적인 의의를 남겼다. 이 영화 속 여주인공의 눈이 잘린 장면에서는 소름이 돋아 온몸이 얼어붙는 듯하였다. 그러나 두 번, 세 번 보면 볼수록 눈이 잘려간 후에 맺혀진 눈물방울은 무엇과도 비견할 수 없을 만큼 감동적이었다. 아름다움에 온몸이 전율하였다. 이 영화는 가극이나 발레 의상과 무대장치 등 상업미술에도 큰 영향을 끼쳤다. 또한 달리는 20세기를 대표하는 예술가였던 피카소, 프로이트, 브르통, 브뉴엘, 히치콕과 교류하였고 그들에게서 받은 영감들은 달리 미술관에 전시된 유화와 판화, 스케치 등 곳곳에 드러났다.

달리는 평소 '나는 천재다', '나는 세상의 배꼽이다', '내가 피카소보다 1000배 낫다'라고 스스로 오만함을 자처했다. 베를린 달리 미술관 전시를 감상한 후 느낀 것은 달리의 오만함이 그저 나오는 것이 아니었다. 천재들만이 큰소리칠 수 있는 당위성을 작품으로 입증해주어 달리의 오만함조차 포용할 수 있었다.

달리 미술관으로는 고향인 스페인 피게레스 달리 미술관을 비롯해 바르셀로나 달리 미술관, 파리 몽마르트 달리 미술관, 미국 남부 세인트피츠버그 달리 미술관이 있다. 초현실주의 화가 달리는 이처럼 국경을 넘어서 세계적으로 사랑받고 있는 천재 예술가임을 어느 누구도 부인할 수 없으리라.

주소　　　Leipziger Pl. 7, 10117 Berlin, Germany
홈페이지　　www.daliberlin.de

슈테델 미술관
Städel Museum

프랑크푸르트의 자존심

마인 강가를 따라 서 있는 13개의 다양한 건축양식의 박물관과 독특한 미술관들은 프랑크푸르트의 가장 큰 자랑거리다. 문화와 예술을 사랑하는 프랑크푸르트 시민들은 삶의 질에 대한 자부심 또한 대단하다. 프랑크푸르트는 옛부터 경제·금융 중심지로서 유럽중앙은행이 위치한 국제적인 도시이며 세계 금융계의 대부인 로스차일드Rothschild, Nathan Mayer의 고향이기도 하다. 그리고 대문호 괴테가 〈젊은 베르테르의 슬픔〉을 집필하며 서정적인 청년기를 꽃피웠던 예술의 도시다.

교통의 허브 프랑크푸르트는 유럽 무역의 메카로 오랜 세월을 군림하며 세계 부호들이 많이 사는 곳으로 일찍이 미술 컬렉션에 눈을 뜬 기업가들이 많이 살았다. 이런 연유에서인지 도시 곳곳에는 다양한 미술관들이 숨어 있다. 시민들은 비교적 개방적이고 친절하였다. 아마도 다양한 문화권에서 온 사람들이 모여 살면서 오래전부터 자연스럽게 민주적인 전통이 뿌리를 내렸기 때문이리라. 프랑크푸르트에 살고 있는 3분의 1 정도의 인구는 타국에서 온 방문자들이다. 방

274

슈테델 미술관의 전경(왼쪽은 구스타브 파이힐 설계의 신관, 중앙의 잔디로 덮어놓은 증축관, 오른쪽은 구관)

슈테델 미술관

위: 197개의 LED 램프를 설치해놓은 신관 전시실 / 아래: 지하 전시 공간에서 2층 전시장으로 올라가는 계단

문자들은 어디를 가든지 그들 언어로 소통할 수 있으며 자신들 나라의 음식을 제공해주는 레스토랑을 도시 전역에서 만날 수 있다. 프랑크푸르트가 부상하게 된 또 다른 이유는 마인 강가에 자리한 독특한 미술관과 다양한 박물관 건축 때문이다. 중앙역을 빠져나와 카이저 거리에서 택시로 마인 강가의 박물관 거리까지 한숨에 달려 슈테델 미술관 앞에 내렸다.

슈테델 미술관은 2015년 창립 200주년을 맞던 프랑크푸르트에서 가장 유서 깊은 미술관이다. 이 미술관은 프랑크푸르트의 은행가이며 무역 상인이었던 슈테델이 죽기 전 1816년에 자신의 전 재산을 시에 기탁하며 세워졌다. 처음 출발은 슈테델 재단으로 시작되었고 1878년에 네오 르네상스 양식의 슈테델 미술관을 짓게 된다. 그 후 프랑크푸르트 시가 연합해 1906년에야 비로소 시민들에게 개관되었다. 현재의 미술관은 오스트리아 출신의 건축가인 구스타브 파이힐Gustav Peichl●에 의해서 1991년 설계되었다.

2012년 새로이 증축된 슈테델 미술관 신관은 지하에 전시장을 둔 새로운 개념의 미술관이다. 현대건축가의 대부분은 자신의 건축 스타일을 외관으로 드러내는 형태에 집착하지만 독일 출신의 건축가 그룹 슈나이더+슈마허 Schneider+Schumacher●는 형태의 미보다는 실용을 추구하였다. 실용주의 철학을 미술관 전시 공간에 불어넣었다. 이상적인 아이디어였다. 증축된 전시장 공간 위를 잔디로 덮어놓은 독특한 디자인은 개관할 때부터 주목을 받았다.

슈테델 미술관 신관의 건축비 50퍼센트 비용은 미술을 사랑하는 프랑크푸르트 시민들과 기업, 각종 예술재단들이 캠페인을 벌여서 충당하였다고 하니 신관은 프랑크푸

구스타브 파이힐(1928~)은 비엔나 아카데미 예술학교Vienna Academy of Fine Arts에서 공부를 한 후 건축가로 시사만화가로 활동하였다.
그의 작품으로는 독일 본의 독일연방예술전시장, 오스트리아 비엔나의 밀레니엄 타워와 오스트리아 크렘스의 캐리커쳐 뮤지엄 등이 있다.

슈나이더+슈마허는 독일 건축가 틸 슈나이더Till Schneider와 마이클 슈마허Michael Schumacher의 건축가 그룹으로 프랑크푸르트에 사무실을 두고 있다. 자신들의 건축 스타일을 '시적 실용주의Pragmatic Poetry'라고 이름 붙였고, 이는 랜드마크가 되는 명확한 외관을 가지면서도 유연하고 실용적인 건축을 추구한다는 의미에서다.
슈나이더+슈마허가 설계한 건축물로는 독일 크론베르그의 브라운 본사와 중국 항저우 시민공원과 시민센터 등이 있다.

르트 시민들의 후원으로 지어진 시민미술관이라 불러도 손색없으리라.

증축된 슈테델 미술관 신관은 기존 미술관 뒤편 지하에 3000제곱미터의 전시 공간을 확보한 최대이자 최초의 지하 미술관이랄 수 있다. 여러 차례의 확장으로 인해 발생된 기존 건물의 단점을 보완하면서, 기존 건물의 역사적인 의미를 중시한 설계안이 채택되었다. 역사에 대한 존중은 건축에서뿐만 아니라 문화 전반에 걸쳐 숙지해야 할 과제이기도 하다. 이 설계안은 역사성과 동시대성을 조화롭게 풀어낸 디자인이었다는 평을 받았다. 예를 들면, 중정을 둘러싼 건물 외부에는 전혀 손을 대지 않고 지하에 엄청난 크기의 전시 공간을 배치한 것이다. 지하 전시장 중정을 덮고 있는 천장에는 무려 197개의 원형 창을 설치하여 지하 전시장으로 자연광이 들어오도록 유도하였다. 밖에서 바라보았을 때, 넓은 잔디밭 사이로 가지런히 드러난 원형 창은 하나의 패턴을 만들어 훌륭한 디자인 효과를 얻었고, 산책로로도 이용할 수 있어 일석이조의 효과를 누렸다.

전시 관람을 마친 후 미술관 뒤쪽 잔디밭을 산책하였다. 미술관 정면에서 바라볼 때와는 두 건물의 느낌이 전혀 달랐다. 우윳빛 대리석의 절제된 조형미를 드러낸 모던한 신관은 네오 르네상스 양식의 구관 건축디자인과 동떨어진 두 개의 개별적인 건물이 서 있는 듯하였다. 그러나 뒤편에서의 느낌은 증축된 미술관의 녹색 정원으로 인해 두 건축이 한결 어우러져 보였다. 증축된 공간이 연결 고리 역할을 충분히 다하였다. 197개의 원형 창들로 질서정연하게 도열해 있는 증축 공간은 지면 위에 올라선 어떤 건축보다도 시적이었다. 디자인 효과와 내부의 원형 창 기능을 동시에 살린 '실용주의' 건축 철학을 유감없이 드러내 주었다. 뒤뜰은 산책 공간의 기능을 겸하는 힐링의 공간이었다. 신관의 조형미와 구관의 단조로움에 활기를 불어넣어 주는 가교 역할을 충실히 하였다.

내부 전시 공간의 천창에 설치된 둥근 LED 램프는 태양열 컨트롤 시스템을 두어 열이 새는 것을 막아준다. 뿐만 아니라 수많은 LED 램프는 각각 개별 조절이 가능해 작품에 따라서 필요한 만큼만의 밝기를 조절할 수 있도록 완벽한 기능을 갖고 있다. 곳곳에서 독일 출신 건축가답게 합리적이면서도 꼼꼼한 면모를 엿볼 수 있었다.

　지하 전시 공간은 새하얀 칠로 인해 지하라는 어두운 통념을 보완해주었고, 계단과 천장도 온통 하얀색으로 덮어 넓은 공간을 창출했다. 900평에 이르는 넓은 지하 공간의 버팀목 역할을 오로지 12개의 가는 기둥으로 감당하였다 하니, 첨단 공법에 놀라울 뿐이다. 첨단 공법으로 인해 실내 공간은 넓어 보였고, 197개의 원형 램프 사이로 들어온 빛만으로도 실내는 충분히 밝았다. 또한 전시 성격에 따라 공간을 자유롭게 활용할 수 있는 모듈러 월 시스템Modular Wall System을 두어 어떤 전시 기획도 가능하다. 최근에 지어진 대부분의 미술관은 이처럼 불확정적인 공간에 가변형 칸막이를 자유자재로 사용해 편리를 추구하면서 동시에 경제적인 효과도 누리게 된다.

　슈테델 미술관의 소장품은 2900점의 회화를 비롯해 600점의 조각, 500점의 사진, 드로잉과 판화 10만 점에 이르기까지 방대한 분량으로 가히 유럽 최고 미술관 중 하나로 불리기에 전혀 손색이 없다. 14세기 초부터 르네상스, 바로크 시대를 거쳐 컨템퍼러리 작품에 이르기까지 엄청난 소장품은 양적으로는 물론 질적으로도 수작의 컬렉션을 자랑한다. 독일 회화의 거장 루카스 크라나흐를 비롯해 보티첼리, 렘브란트, 모네, 피카소 그리고 프랜시스 베이컨과 막스 베크만의 작품을 볼 수 있었다. 독일 현대 작가로서 세계적인 명성을 얻은 블루칩 작가인 게르하르트 리히터, 안드레아 구르스키 등 대가의 작품들도 소장되어 있었다.

　많은 작품들을 감상하며 유독 눈길을 끈 작품은 〈캄파냐에서의 괴테in the Campagna〉이었다. 신고전주의 대가인 요한 티슈바인Johann Tischbein의 작품인데, 그 앞에서는 한동안 발길을 돌릴 수 없었다. 이 작품은 1788년 이탈리아 여행 중인 괴테의 모습을 담은 유화다. 독일 문학의 최고봉을 상징하는 괴테는 당시 베스트셀러가 된 《젊은 베르테르의 슬픔》을 프랑크푸르트의 괴테 하우스에서 원고의 초고를 집필하여 유럽 전역을 들썩였다. 학창 시절 베르테르와 롯데의 낭만적인 사랑에 푹 빠졌던 추억이 되살아나 잠시 괴테를 오마주하였다. 폐허가 된 고대 유적에 앉아 먼 곳을 응시하는 괴테의 우아한 자태는 흡사 소설 속 주인공

요한 티슈바인의 <캄파냐에서의 괴테>

베르테르를 보는 착각마저 일으켰다. 괴테의 자전적 소설이기도한 <젊은 베르테르의 슬픔>의 주인공 베르테르는 명문 가문 출신으로 패션에도 뛰어난 감각을 지녔고, 그가 입었던 노란색 바지와 푸른 연미복은 당시 젊은이들에게 베르테르 패션을 유행시키기도 하였다. 뿐만 아니라 이 소설을 읽은 감수성이 예민했던 젊은이들 사이에서는 사랑을 죽음으로 승화시킨 자살이 유행처럼 번져 '베르테르 효과'라는 말이 생겨날 정도로 그 당시 모방 자살이 늘어나기도 하였다.

건축가   구스타브 파이힐의 설계, 슈나이더 슈마허의 신관 증축
주소   Schaumainkai 63, 60596 Frankfurt am Main, Germany
홈페이지   www.staedelmuseum.de

프랑크푸르트 현대미술관

Museum für Moderne Kunst
Frankfurt am Main, MMK

케이크 조각이란 애칭이 붙은 미술관

뾰족한 삼각형 형태의 독특한 디자인을 자랑하는 프랑크푸르트 현대미술관은 3면의 형태가 모두 달랐다. 이 미술관은 삼각형의 모서리 대지 위에 자리 잡고 있어 마치 케이크 한 조각을 연상시킨다. 프랑크푸르트 시민들은 이 미술관을 MMK로 줄여서 부르고 종종 '케이크 조각'이란 애칭으로도 불린다. 대중의 삶과 항상 함께하여 대중으로부터 사랑을 받는 장소라는 의미의 애교스런 별명이다. 오스트리아 비엔나 출신의 건축가인 한스 홀라인Hans Hollein [*]이 설계를 담당하였다.

미술관 입구의 아치는 열주를 모방한 수직 형태의 윗부분과의 부조화로 다소 낯설게 느껴졌다. 그러나 복잡 다양한 전통 스타일과 현대적 건축의 특성을 혼합한 이 건축은 포스트모던 건축의 대표적 표상이 되어 건축학도들에겐 의미 있는 건축으로 자리매김하고 있다. 어쩌면 고전과 현대를 자연스레 연결시켜주는 건축 스타일이 대중에게 친밀함을 줄 수도 있다. 한때 이같은 포스트모던 건축은 현대 문화와 지역의 역사성을 이어주는 고리로써 대중에게 사랑을 받았다.

위: 프랑크푸르트 현대미술관의 전경 / 아래: 프랑크푸르트 현대미술관의 전시장

길모퉁이를 돌아서 입구로 들어가면 좁고 긴 홀을 지나 메인 홀에 자리 잡은 전시실이 나온다.

외형적으로 긴 삼각형의 심플한 형태를 추구한 MMK는 내부로 들어서니 외향과 달리 다소 복잡하였다. 건물 모서리 부분의 전시실은 비교적 공간 활용을 잘 하였고 적재적소에 어울리는 작품들을 배치해두었다. 복도의 창틀은 각각 다른 형태의 창문을 통해 도시 풍경을 바라볼 수 있도록 배려한 건축가의 의도를 읽을 수 있었다. 꼭대기 층 전시실 조명은 유리로 마감된 천창 사이로 자연스레 자연광을 내부로 끌어들임으로 부족한 조명을 채워주었다.

한스 홀라인(1934~)은 비엔나 예술학교를 졸업 후 미국 일리노이 공과대학과 UC버클리에서 수학하였다. 그 후 스웨덴과 미국 등지에서 경험을 쌓은 후 1964년 비엔나로 돌아와 자신의 사무소를 오픈하였다. 1985년 프리츠커 상을 수상한 한스 홀라인의 대표작으로는 독일의 압타이베르그 미술관과 하스하우스 등의 대규모 건축 외에, 슈르만 보석점이나 레티 양초점 같은 작지만 예술적 완성도가 높은 프로젝트로도 유명하다. '모든 것이 건축이다.'라는 반어적 선언을 남긴 한스 홀라인은 멤피스 그룹이나 알레시와의 협업을 통해 다양한 디자인 작업도 꾸준히 하고 있다.

전시를 감상한 후 건물 외관을 보기 위해 한 바퀴 돌아보았다. 건물 뒷모서리에 시선이 꽂혔고, 길모퉁이와 맞물린 좁은 공간을 최대한으로 살린 삼각형 모서리의 뾰족한 조형미가 돋보였다. 벽돌과 메탈의 이질적인 재료를 적절히 사용한 완벽한 조화였다. 현대적 미감의 디자인은 포스트모던 건축의 표상으로 자리하고 있음에 십분 공감했다. 정면의 복잡한 부분을 측면의 모던한 디자인이 완충 역할을 다하였기에 3면의 각기 다른 디자인은 곧 익숙해졌다. 시대가 변화하면서 미술관의 기능도 관람자의 지적 요구에 따라 다양한 양상으로 변천해왔다. 과거의 보편적이며 대중적 합리성을 추구하였던 모더니즘 사고에서 개별적이며 다양한 창조성이 강조되는 포스트모던의 다변적 사고를 추구하게 된다. 미술관 공간의 표현 방식에도 감각과 감성을 우선시하는 다양한 디자인들로 전시 공간의 변화를 추구하였다.

오늘날의 미술관은 전시 공간으로서의 기능은 물론 공연장으로서의 기능, 관람객의 휴식처, 정보 제공과 소통의 장소로서의 역할까지를 포괄하는 복합 기능의 공간이다. 작가의 의도나 큐레이터의 보편적인 정보 전달 체계를 벗어나

프랑크푸르트 현대미술관의 후면 전경

프랑크푸르트 현대미술관 내부의 수직적 공간

관람객이 직접 작품에 참여케 함으로써 또 다른 의미의 작품 감상이 창출된다. 이에 관람자의 참여를 적극적으로 유도하는 새로운 공간 창출을 필요로 하게 된다. MMK는 이와 같은 시대적 요구에 부응하는 전시 공간을 갖고 있었으며, 좁은 공간에서의 수직성을 강조한 요소나 구심성을 중시하는 내부 공간 배치는 풍부한 전시 공간 체험을 하게 하였다.

　　MMK의 소장품은 헤센 주에 있는 공업도시 다름슈타트의 카르 슈트뢰어 Karl Ströher가 자신의 컬렉션 87점을 프랑크푸르트 시에 기부한 데서 비롯되었다. 지금의 소장품 숫자에 비하면 적은 수지만, 슈트뢰어 컬렉션은 MMK의 설립과 방향성에 큰 영향을 끼쳤다. 주로 1960년대 이후의 미국과 독일 작가의 작품으로 구성된 슈트뢰어 컬렉션은 리히텐슈타인, 올덴버그, 라우셴버그, 앤디 워홀 등의 팝 아티스트와 도날드 저드, 칼 안드레, 댄 플래빈 등의 미니멀 아티스트 그리고 비슷한 시기의 독일 작가인 조셉 보이스, 리히터, 라이너 루텐벡, 팔레르모 등의 작품들을 볼 수 있었다. 이후 콜론의 컬렉터이자 갤러리를 운영했던 롤프 리케Rolf Ricke의 포스트 미니멀리즘과 개념미술 컬렉션이 추가되는 등 소장품이 꾸준히 늘어나며 현재 4500여 점의 방대한 컬렉션을 자랑하고 있다. 이 미술관의 상설 전시는 미술사적으로 양식이나 유파의 전개를 보여주는 전통적인 전시 방법이 아니었다. 새 소장품과 기존 소장품과의 상호작용을 중시하였다. 40여 개의 방들로 구성된 전시 공간에서는 작품 특성을 최대한 살려 전시 기획되며, 6개월 단위로 작품이 교체된다 한다. 현대미술품의 확보뿐만 아니라 관람객이 현대미술과 친밀히 교감하고 소통하는 것에 의의를 두고 있었다.

　　프랑크푸르트 마인 강가는 1980년대부터 현대건축의 거장들인 구스타브 파이힐, 한스 홀라인, 리처드 마이어 등이 설계한 다양한 건축물이 하나둘 들어서기 시작하면서부터 이 지역은 예술의 거리로 변하게 된다. 특별히 8월 마지막 주의 박물관 축제 때에는 수많은 예술가들이 이곳으로 몰려온다. 8월에 놓칠 수 없는 또 다른 재미가 프랑크푸르트 오랜 전통의 아펠바인(사과와인) 축제라 한다. 사과와인 축제 때는 사과를 혼합한 다양한 칵테일도 마음껏 즐길 수 있다

하니 다음 방문은 8월을 기약해보련다. 도시 전체가 다채로운 양식의 건물들로 즐비한 야외 박물관과도 같은 프랑크푸르트는 시대를 아우르는 독일 문화에 흠뻑 빠져들게 하는 매력적인 도시였다.

건축가   한스 홀라인
주소   DomstraBe 10, 60311 Frankfurt am Main, Germany
홈페이지   www.mmk-frankfurt.de

인젤 홈브로이히 미술관
Museum Insel Hombroich

힐링의 공간, 에코 미술관

인젤 홈브로이히 미술관은 노이스 홀츠하임에 위치한 독특한 개념의 미술관이다. 뒤셀도르프의 위성도시인 노이스 홀츠하임은 라인 강을 사이에 두고 뒤셀도르프와 마주하고 있다. 예로부터 라인 강 연안의 교역지로 알려진 노이스는 항구와 상업이 발달하였다. 이런 상업도시에 최초로 표시 없는 미술관을 표방하는 숲속의 미술관 인젤 홈브로이히와 푸른 초원 위에 덩그러니 안도 다다오의 유리 박스 건축 랑겐 파운데이션이 세워지고, 그로 인해 홀츠하임은 문화 예술 도시로 거듭나게 된다. 뒤셀도르프에서 기차로 20여 분 거리에 노이스 홀츠하임이 있다. 노이스 홀츠하임은 줄여서 노이스Neuss라고도 부른다. 전형적인 목가적 분위기의 시골 기차역에 내리니 인젤 홈브로이히 방향으로 가는 버스가 20분마다 기다리고 있었다. 심플한 벽돌 디자인의 버스 승차장부터 예사롭지 않았다.

조그맣게 써놓은 인젤 홈브로이히 미술관 표지판 달랑 하나가 길 안내의 전부였다. 인젤 홈브로이히 미술관을 처음 방문했을 때 세계 여느 미술관에서도 느낄 수 없는 신선한 충격을 받았다. 누구나 편안해 하고 좋아할 수밖에 없는

위: 인젤 홈브로이히 미술관의 갤러리 / 아래: 노이스 홀츠하임의 버스 승차장

숲속의 미술관은 에코 미술관이며 힐링의 공간이었다. 미술 감상과는 상관없이 자유롭게 산책만 하여도 즐거우리라. 이번 여름, 두 번째 방문 역시 기대에 어긋나지 않았다. 숲길 사이사이로 자갈을 깔아놓은 자연 그대로의 주차장부터 마음을 편안하게 해주었다. 붉은 벽돌의 자그마한 건물에 들어서면 한 구석에 매표소가 보인다. 그러나 어디에도 푯말은 없었다. 그냥 직감으로 알 수가 있었다. 길을 잃어버려도 전혀 두려움이 없는 공간이며, 시간의 속박에서 벗어나 마음의 여유를 찾게 하는 장소다. 예전의 소박했던 그 공간들은 내 심장 속에서 울림과 떨림의 오랜 여운으로 남아 있었다. 홈브로이히 문을 조심스럽게 열었다.

1982년 라인-에르프트Erft 강에 둘러싸인 섬처럼 생긴 이 자리에 뒤셀도르프의 부동산개발업자이자 미술품 컬렉터인 칼 하인리히 뮐러Karl Heinrich Mueller는 전혀 새로운 방식의 미술관을 짓게 된다. 아무런 푯말도, 작품 설명도, 작가 이름도, 인공조명도, 건물 안을 지키는 사람조차도 없는 자유로운 감상이 가능하고 느림의 미학을 체험할 수 있는 미술관이다. 인젤 홈브로이히 미술관은 2004년 미술 전문지 〈아트 뉴스〉가 선정한 '세계의 숨겨진 미술관 톱 10'에 오를 만큼 일반에게는 덜 알려졌지만 꼭 가봐야 할 미술관이다. 독일어로 인젤은 '섬'을 의미하지만 주위를 둘러보아도 강은 보이지 않았고 하천과 늪지만이 드물게 눈에 띈다. 뮐러는 유럽과 아시아 지역을 여행하면서 수집한 수많은 작품들을 전시하기 위해 약 20만 제곱미터에 이르는 방대한 규모의 미술관을 조성하였다.

공간은 역사적인 지역, 늪지와 공원 지역, 정원으로 구분하였고 자연 그대로의 지역과 개발 지역이 서로 공생하며 조화를 이루도록 설계하였다. 조각가인 에빈 혜리히Erwin Heerich와 건축가인 아나톨 헤르츠펠트Anatol Herzfeld, 추상화가인 고트하르트 그라우브너Gotthard Graubner가 공동으로 이 프로젝트에 참여하게 된다.

미술관 개념을 벗어나 미술관 문턱을 헐어버린 16개동의 독립된 건축물

미술관 건물은 조각적인 개념으로 디자인되어 용도에 관계없이 각기 독립적으로 존재하였다. 아무런 장식 없이 벽돌만을 사용한 소박한 건물들은 자연을 벗삼아 마음에 평정을 주었다. 다듬어지지 않는 길가의 들꽃과 수풀로 무성한 자연과 소박한 파벽돌의 갤러리는 어쩜 그렇게 잘 어울리는지 환상의 조화였다. 야생의 마른 수풀과 늪지 사이로 듬성듬성 서 있는 16개의 미술관들은 숲속에 감추어져 전혀 모습을 드러내지 않았고 드넓은 숲속에 숨어 있는 다음 갤러리를 알려주는 조그마한 팻말만이 유일하게 있을 뿐이었다. 기존의 미술관 개념을 벗어나 미술관이 갖는 문턱을 헐어버렸다. 미술품에 대한 사전 지식이나 이해도가 전혀 필요 없이 자신만의 감각미를 체험케 하는 것이야말로 이 미술관이 갖고 있는 독특한 매력이었다. 작품에 붙어 있는 캡션을 해독하려는 어떠한 수고도 필요치 않은 홀가분한 공간들이 감상자를 기다리고 있다. 고정된 이미지를 헐어버린 자유롭게 나열된 작품들 또한 마음을 편안하게 달래주었다. 그곳은 에코의 공간이며 치유의 공간이었다.

자연광에만 의존한 전시 공간은 인공조명을 전혀 사용하지 않음으로써 빛의 변화에 따라 반응하는 작품에서 새로움을 발견하는 즐거움도 컸다. 작품의 이미지를 단정지어주는 작품명과 작가에 대한 아무런 정보가 없음으로 인해 고정관념에서 벗어나 오로지 작품하고만 교감하고 소통할 뿐이다. 조셉 보이스 등 몇몇 거장의 작품들은 여느 현대미술관에 전시되어 있을 때보다도 장소의 자유로운 특성으로 인해 작품 메시지가 더 강하게 전달되었다. 어떤 갤러리에서는 한 작가가 성악 발성법을 퍼포먼스하고 있었다. 미술관 안에 잔잔하게 울려 퍼진 소리의 공명은 그 공간을 더욱 편안하게 하였다. 방 모퉁이에 서서 따라해보았다. 나도 모르게 자연스럽게 그런 행위가 나왔다.

어느 건물은 의자만 덩그러니 있을 뿐 텅 비어 있기도 하였다. 이 빈 공간에 놓인 의자에 앉아 창밖의 자연을 마냥 바라보는 것이다. 그 건물이 조각이며 예술품이다. 또 다른 전시장에는 조셉 보이스, 슈비터스 등 독일 현대회화 거장들의 작품이 구석구석에 소장되어 있었다. 그 외에 페르시아 조각, 크메르 청동 조각, 아프리카 나무조각과 중국 당나라의 도자기와 토기 등 시대적 연대나 주제

위 / 아래: 인젤 홈브로이히 미술관의 갤러리

동서양 미술과 고미술, 현대미술이 함께 전시된 미술관 내부

인젤 홈브로이히 미술관의 갤러리

와 상관없이 함께 전시되어 있었다. 수십억을 호가하는 알렉산더 칼더의 모빌, 마티스와 세잔의 작품, 자코메티의 조각과 드로잉, 렘브란트의 회화 등 진귀한 작품이 감시자도 없이 놓여 있었다. 상당한 값어치의 귀한 작품들이 방치된 듯 미술관에 전시되고 있는 것 자체가 너무나 경이롭고 부러웠다.

늪지와 수풀 사이로 배치된 조각들 사이로 알렉산더 칼더 특유의 선홍색 조각이 눈에 확연히 들어왔다. 자유분방하게 놓인 조각품들을 감상하며 산책하듯이 오솔길을 따라 마음이 끌리는 건물에 들어가 편안하게 작품을 음미하며 이 건물, 저 건물을 기웃거리다보니 어느새 시간이 후다닥 지나갔다. 새로 개축한 아담한 카페테리아에 무료로 준비된 오가닉 식사는 인젤 홈브로이히 미술관에서만 만끽할 수 있는 소박한 행복이었다. 주변 농가에서 직접 재배한 유기농 야채와 작지만 빨간 사과, 못생긴 고구마와 단호박, 홈메이드의 호밀빵과 요구르트는 엄마의 정성이 담긴 어릴 적 맛보았던 그 맛이었다. 아름다운 자연과 더불어 경계를 허문 예술 작품들을 한껏 누렸던 행복한 시간은 쏜살같이 지나갔다.

2007년에 뮐러는 세상을 떠났지만 미술관 개념을 바꾼 인젤 홈브로이히 미술관은 시간이 흐를수록 골수 예술 애호가로부터 더욱 사랑받는 미술관으로 자리매김할 것이 확실하다. 권위적이고 거대해지는 21세기의 현대미술관과는 전혀 다른 철학이 그곳에 있었다. 디지털이 범람한 이 시대에 가끔은 아날로그가 그립다. 인젤 홈브로이히 미술관이 바로 그 아날로그다. 난해한 설치 예술이나 현란한 비디오 작품 위주의 전시가 아닌 아프리카 작품부터 현대회화, 조각들을 드넓은 자연 속에 자유분방하게 흩어놓은 작품 전시 기획이야말로 누구나 자유롭게 편안히 감상할 수 있도록 배려한 기획이었고, 그곳이야말로 힐링을 주는 휴식처요, 안식처였다.

건축가　　에빈 헤리히, 아나톨 헤르츠펠트, 고트하르트 그라우브너
주소　　　Minkel 2, 41472 Neuss-Holzheim, Germany
홈페이지　www.inselhombroich.de

랑겐 파운데이션
Langen Foundation

냉전 시대의 사각지대를 미술관으로 탈바꿈시킨 랑겐 부부

인젤 홈브로이히 미술관을 나와서 큰길 건너편으로 1킬로미터 떨어진 거리에 랑겐 파운데이션이 있다. 50년 동안 나토[NATO] 미사일 발사 기지였던 냉전 시대의 사각지대를 미술관으로 탈바꿈시킨 주인공은 컬렉터인 빅토르 마리안느 랑겐 부부다. 홈브로이히 미술관 설립자인 뮐러가 랑겐 부부를 만나게 됨으로써 노이스 문화 예술 단지 조성에 불을 지폈다. 이름 없는 시골에 불과했던 노이스는 일본 미술품 소장가로 알려진 컬렉터 랑겐 부부로 인해 점차 알려지게 되었다. 이후 노이스 시는 미술관 주변을 문화 도시로 개발하였고, 예술가들에게는 싼값에 작업실을 마련할 수 있도록 지원하여줌으로 자연스레 주변을 활성화시키는 촉매제 역할을 하였다.

랑겐 파운데이션을 찾아가는 도중 들판 양 옆으로 벽돌로 지어진 소박한 갤러리와 스튜디오가 드문드문 보인다. 예술가의 작업실뿐만 아니라 예술가의 체류와 주거 공간을 제공해주는 프로그램도 기획 준비하고 있다 하였다. 파란 하늘과 뭉게구름을 따라서 가로수 한 그루 없는 들판을 지나 길을 한참 오르니 멀

리 초록 들판을 배경으로 나지막한 유리 건물의 랑겐 파운데이션이 조금씩 모습을 드러내었다.

미술관 입구를 가로막은 긴 아치의 벽 뒤편에 조심스레 감추어진 안도 다다오의 건축을 보기 위해서 조급함으로 다가가니 야트막한 물의 정원이 먼저 반겼다. 유리 박스 속에 들어 있는 좁고 긴 공간의 콘크리트 건물은 수평선 위의 드넓은 들판과 파란 하늘 사이로 모습을 드러내며 아름다운 장관을 연출하였다. 안도 다다오 건축 입구에 매번 등장하는 물의 정원은 알렉산더 칼더의 까만 조각과 함께 제일 먼저 반겨주었다. 황량한 들판에 꾸며진 물의 정원은 관람자의 감성을 끝없이 편안하게 해주었다.

2004년에 문을 연 랑겐 파운데이션은 두 개의 박스 형태로 이루어진 독특한 건축이다. 길이 60미터에 이르는 길쭉하면서 나지막한 형태의 이 미술관은 각기 다른 물성을 지닌 두 개의 박스 형태의 이중 구조가 절묘한 조화를 이루고 있다. 유리 박스 사이로 속살을 드러낸 콘크리트는 너무나 매혹적이다. 철골빔의 적나라한 골격 사이로 들어온 구름과 하늘, 자연은 하나 되어 디자인 효과를 극대화시켰고, 공간은 그야말로 장관이었다. 옆으로 뻗어나간 둥그런 형태의 인공 벽 구조물이 눈에 약간 거슬리지만 부드러운 유선형으로 인해 직사각형의 미술관 건물을 자연스럽게 자연 속으로 묻혀 보이게 애쓴 의도가 엿보였다. 이 미술관은 1300제곱미터의 면적에 총 3개의 전시 공간을 갖고 있었다. 유리 공간 안으로 들어서면 전시실과 조그마한 카페가 보인다.

유리 박스 속의 콘크리트 벽을 따라 끝도 없이 나 있는 길고 긴 회랑은 지하 전시장으로 가기 위한 하늘 길과 맞닿은 성소의 공간이었다. 좁은 회랑을 유유히 걷다가 어느새 전시 공간을 보려는 기대감으로 발걸음이 빨라졌다.

지하로 내려가니 지하와 반지하를 이용한 커다란 전시장이 눈앞에 펼쳐졌다. 8미터 천장 높이의 2개의 지하 전시실은 현대 작가의 작품들 중심으로 구성되어 있었다. 20세기 인상파의 작품부터 젊은 세대 일본 작가의 작품들까지 다양하였다. 전시장 내부는 일본 나오시마의 베네세 하우스 미술관을 재연한 듯해

랑겐 파운데이션의 전경

랑겐 파운데이션의 측면

랑겐 파운데이션의 전시장 내부 공간

랑겐 파운데이션의 회랑

기대했던 만큼 실망도 컸다. 건축가 안도 다다오*는 1994년에 인젤 홈브로이히 미술관을 본 후 10년 만에 이 미술관을 짓게 된다.

안도 다다오는 인젤 홈브로이히 미술관 설계에서 처음 의도했던 생태적 친환경 미술관과는 거리가 먼 노출 콘크리트를 사용하면서 자신이 과거에 추구했던 색깔을 확연히 드러내었다. 건축물에서는 냉전 시대를 기억하게 하는 그 어떤 것도 읽을 수 없어 아쉬웠지만 나지막하고 좁고 긴 유리 박스의 랑겐 파운데이션은 하늘 길과 맞닿은 드넓은 초원을 더욱 아름답게 채색하였다. 소박하고 아름다운 미술관이 있는 목가적인 시골에서 한 해를 마감하는 것도 색다른 경험이 아닐까?

안도 다다오(1941~)는 대학 교육을 받지 않고 여행을 통해 독학으로 건축을 공부한 세계적인 일본의 건축가다. 르 코르뷔지에의 건축에 흥미를 느껴 건축에 관심을 가진 그는 1969년 자신의 건축사무소를 설립하였다. 자연과의 조화를 중요시하는 건축을 추구하여 '물'이나 '빛'의 요소를 건축에 적극적으로 사용한다. 이와 같이 빛과 물의 요소를 작품에 반영한 일본 오사카의 '빛의 교회'와 홋카이도의 '물의 교회'가 알려지면서 그는 세계적인 건축가로 서게 된다.

그 외에도 오사카의 산토리 뮤지엄, 교토의 명화의 정원, 나오시마의 치추 미술관과 이우환 미술관 등이 대표작이다. 우리나라에도 제주도에 본태박물관과 글라스하우스를 설계하여 잘 알려진 건축가다. 안도 다다오는 1992년 칼스버그 상, 1995년 프리츠커 상, 2005년 국제건축가연합 금메달을 수상한 화려한 경력으로 이곳 독일 시골 마을 노이스 홀츠하임까지 미술관을 짓게 된다.

건축가	안도 다다오
주소	Raketenstation Hombroich 1, 41472 Neuss, Germany
홈페이지	www.langenfoundation.de

폴크방 미술관
Museum Folkwang

유리빔 사이로 드러난 안뜰의 초록 잔디와 나무가 있는 공간

인구 60만의 소도시 에센에 이렇게 멋진 현대미술관이 있다는 게 너무나 놀랍다. 제2차 세계대전 당시 폭격으로 건물의 대부분이 파괴됐던 소도시 에센은 그 트라우마를 예술로 치유하며 다시 일어선 도시다. 독일인들의 문화 보존 의식과 광기 어린 예술 사랑으로 2010년 EU가 정하는 '유럽 문화 수도'로 지정된 에센에 이런 멋진 건축물이 들어섬은 어찌 보면 당연한 귀결이었으리라.

멀리서 바라본 유리 건축의 간결한 외관만으로도 폴크방 미술관임을 직관적으로 알 수 있었다. 대로변에 한 줄로 서 있는 전신주 디자인에서도 데이비드 치퍼필드의 손길을 느낄 수 있었다. 모던한 전신주 디자인은 현대미술관임을 알려주는 암시였고, 전신주에 매달아 놓은 포스터들은 폴크방 미술관 분위기와 잘 어우러졌다.

확 트인 대로변에 자리한 미술관은 길 한편으로 난 좁고 긴 통로를 따라 올라가니 자연스레 매표소와 만날 수 있었다. 매표소를 지나 계단들 위에 펼쳐진 6개동의 박스형 유리 건축은 장관이었다.

위: 폴크방 미술관의 전경 / 아래: 폴크방 미술관의 중정(사진 제공: David Chipperfield Architects)

계단을 올라 처음 마주한 미술관 내부 공간에서 데이비드 치퍼필드David Chipperfield가 추구하는 단순하고 편안한 공간 이미지를 대하며 예전에 보았던 발렌시아의 요트경기장인 아메리카컵 빌딩의 공간 이미지를 떠올렸다. 깔끔하고 정돈된 유리 박스의 폴크방 미술관과 콘크리트 재질의 아메리카컵 빌딩은 건축 재료부터 전혀 달랐지만, 폴크방 미술관의 진입로와 전시 공간들에서 아메리카컵 빌딩의 자유로운 동선을 읽을 수 있었다.

미술관 매표소로 가기 위한 사선의 긴 공간은 마치 아메리카컵 빌딩으로 올라가기 위한 긴 진입로의 공간과 거의 유사하였다. 데이비드 치퍼필드 특유의 공간 추구는 자연을 내부로 끌어들이는 외부 공간과 내부 공간이 함께 공존하여 보는 이로 하여금 힐링을 주는 편안함이었다.

뚫린 창 사이로 오래된 이끼가 낀 외벽은 친근하게 다가왔다. 곳곳에서 건축가의 섬세한 감정이 전해져 평온과 행복이 물밀 듯이 밀려왔다. 복도 유리빔 사이로 중첩되어진 그림자 공간은 뚫어진 커다란 창의 공간과 안뜰 공간이 하나되어 어스름한 오후의 고즈넉한 분위기를 한층 고조시켰다.

데이비드 치퍼필드*는 아메리카컵 빌딩으로 건축 상을 받으며 국제적 위상을 떨쳤고, 그 이후부터 미술관 건축과 리모델링 작업을 맡게 되었다. 2016년에는 베를린 신국립미술관 리모델링을 맡는 영광을 안게 되었다.

박스형의 나지막한 폴크방 미술관은 입구에서 느꼈던 예상을 뒤엎고 꽤 커다란 전시 공간들로 이루어져 있었다. 미술관 복도의 유리빔 사이로 드러난 초록 잔디와 나무 몇 그루가 심겨진 중정은 아주 조그마한 소박한 공간임에도 불구하고 오후 햇살 아래 힐링을 주었고 쉼을

영국 출신의 건축가 데이비드 치퍼필드(1953~)는 런던의 킹스턴 아트스쿨과 AA스쿨에서 건축을 공부한 후, 리처드 로저스와 노먼 포스터 사무실에서의 화려한 경력을 바탕으로 1984년 자신의 사무소를 설립했다.
1985년 그는 런던에 이세이 미야케의 매장 인테리어를 디자인하여 런던 패션계에서 유명해졌고, 그 이후 발렌시아의 요트경기장 아메리카컵 빌딩 설계로 세계적으로 알려졌다. 아메리카컵 빌딩은 평면적이면서 동시에 수평적 형태를 추구하여 요트의 특징을 함축적으로 표현한 4층 높이의 콘크리트 건물로 개관 당시에 '돛과 바람Sails and Winds'이라는 이름부터 눈길을 끌어 수많은 화젯거리를 낳았다. 현재는 런던, 베를린, 밀라노, 상하이 등 대도시에 사무실을 두고 30여 개의 프로젝트를 진행하고 있다.

위: 안뜰이 보이는 복도 / 아래: 사각형의 안내 데스크와 사각형의 채광창(사진 제공: David Chipperfield Architects)

누리기에 충분한 휴식처였다.

중정과 전시장의 연결 고리 역할을 담당하는 긴 복도는 관람객들로 하여금 자유로이 전시장을 오가며 쉼을 누릴 수 있게 한 휴식처였고, 복도 어느 방향에서나 전시실로 진입할 수 있도록 합리적으로 설계되어 있었다. 전시장의 소박한 내부 디자인은 작품들을 편히 감상할 수 있도록 배려한 요즘 트렌드를 그대로 반영한 자유로운 공간이었다.

또한 자연광을 최대한 받아들일 수 있도록 설계된 높은 천장도 난해한 현대미술품을 설치하기 안성맞춤의 공간이었다. 무엇보다도 푸른 하늘 아래 파란 잔디로 꾸며진 조그마한 중정이야말로 압권이었다. 작품을 감상하고 나올 때마다 마주하는 파란 잔디는 순간순간 힐링을 주었기에 난해한 현대작품조차도 전혀 낯설지 않았고 편안하게 받아들일 수 있었다.

폴크방('서민의 목초지, 서민의 넓은 방'을 의미)이라는 명칭대로 그 의미를 잘 반영한 소박하지만 흡사 넓은 방처럼 트인 공간들은 미술관 공간이라기보다는 휴식 공간이었다. 신관과 구관 사이를 연결하는 휴게실에는 알렉산더 칼더 모빌을 설치해놓아 아이들과 함께 온 관람객들에겐 더없는 휴식처가 되었다. 로비는 자료실과 전시장, 서점을 연결하는 구심점 역할을 담당하였다. 진한 밤색으로 꾸며진 로비의 박스 공간과 하얀색으로 꾸며진 천정의 박스 공간은 대비를 이루어 멋진 공간을 창출했다. 그 너머로 바라보이는 중정은 자연 그대로의 편안한 공간이었다.

1902년 젊은 컬렉터 카를 에른스트 오스트하우스Karl Ernst Osthaus(1874~1921)는 자신의 고향인 하겐Hagen에 최초의 미술관 폴크방 미술관을 개관하였다. 컬렉터는 서민들에게 열린 공간이 되길 바란다는 뜻의 명칭대로 폴크방 미술관을 열었지만, 그가 죽은 후 1929년 에센 시립미술관에 통합되었다. 그 당시 에센은 루르 지방의 산업 중심지이며 문화의 중심지로서 미술품을 열광했던 곳이었다. 문화 예술을 사랑했던 시민들은 폴크방 미술관협회를 설립하였고, 미술관협회와 기업이 하나가 되어 폴크방 미술관 창립자의 이념에 따라서 새 폴크방 미술

위: 중정에서 바라본 긴 복도 / 아래: 폴크방 미술관의 전시실(사진 제공: David Chipperfield Architects)

관을 에센에 짓게 된다. 그러나 제2차 세계대전 폭격으로 미술관은 무너졌고, 1960년에 이르러서야 에센의 중심가인 현재의 이 자리에 구관 폴크방 미술관이 세워졌다.

2007년에는 구관 앞을 확장하여 데이비드 치퍼필드의 디자인으로 현대건축물이 들어서게 되고, 급기야 에센은 더욱 활기찬 예술 도시로 부상하게 된다. 구 미술관 개관 초기에는 고대 극동아시아 지역의 미술, 중세 미술, 근대 미술품을 위주로 소장하였지만 그 후 근대 유럽 미술과 동시대 미술로 컬렉션의 범위를 넓히면서 현대미술관으로 거듭났다.

대표적 소장품으로는 고흐, 세잔, 고갱, 모네, 르누아르, 쿠르베 등 19세기의 프랑스 인상파 회화를 비롯해 에밀 놀데, 키르히너와 같은 20세기 독일 표현주의 거장의 작품, 초현실주의 미술 등으로 구성되어 있다. 총 800점이 넘는 회화와 조각, 1만 2000점의 그래픽아트, 6만여 점의 사진 작품 등 방대한 컬렉션을 자랑하였다. 특히 1920년대와 1930년대를 풍미했던 유럽 최고의 작가들의 작품을 독일 작은 마을에서 감상할 수 있음에 기뻤고, 다른 미술관에서 본 적 없는 희귀한 컬렉션을 볼 수 있어 기쁨은 배가 되었다. 예상치 못했던 수확이었다. 비로소 폴크방 미술관이 데이비드 치퍼필드의 디자인으로 유명세가 붙여진 것이 아닌 19세기부터 20세기의 유럽 화가들의 희귀한 작품을 소장한 미술관으로서의 진면목과 그 진가를 확인할 수 있었다.

개인적으로 좋아하는 작가 세잔, 마티스, 뭉크의 드로잉과 초기 작품들, 에른스트의 초기 작품들을 감상하면서 시간 가는 줄 몰랐다.

건축가　　데이비드 치퍼필드
주소　　　Museumsplatz 1, 45128 Essen, Germany
홈페이지　www.museum-folkwang.de

K21, Kunstsammlung Nordrhein-Westfalen

120년 된 의사당 건물을 리모델링한 현대미술관

독일 북서부에 자리한 뒤셀도르프는 독일 최대의 광역도시권인 라인-루르Rhein-Ruhr 지방의 중심 도시다. 제2차 세계대전 후에는 독일 노르트라인-베스트팔렌 주의 주도가 되면서 경제 금융 도시로 우뚝 서게 된다. 최근엔 방송, 전자통신, 광고의 중심지로 부상하며 다양한 박람회가 열리고 있다. 뒤셀도르프는 베를린을 비롯해 뮌헨, 프랑크푸르트 등과 함께 독일의 매직 도시Magic city로 선정되면서 패션을 리드하고 있다. 매직 도시란 독일관광위원회가 선정한 11개 도시를 의미하고, 선정된 도시를 문화와 예술의 도시로 거듭나도록 전폭적으로 지원하는 시스템이다. 이곳 뒤셀도르프는 뒤셀도르프 쿤스트 아카데미가 유명하다. 이 아카데미는 뒤셀도르프 문화 예술의 산실로 조셉 보이스와 백남준, 베허 부부가 재직한 학교로 유명하며, 이 학교 출신으로는 세계 사진계를 이끌고 있는 유명 사진작가인 안드레아스 구르스키, 칸디다 휘퍼, 토마스 루프, 제프 월, 토마스 스트루스 등이 있다. 이 작가들 대부분이 우리나라에도 잘 알려져 있으며 여러 갤러리와 미술관에서 전시회도 열렸다.

현대 건축물이 들어서 있는 메디언 하펜의 전경

뒤셀도르프의 가장 핫한 지역인 메디언 하펜에는 멋진 현대건축물을 비롯해 독특한 카페들과 디자인 숍들이 즐비하게 들어서 있었다. 뒤셀도르프 특구 지역인 메디언 하펜Medien Hafen은 석탄 저장 창고들이 밀집해 있던 평범한 항구를 현대적 도시 모습으로 발전시킨 미디어 항구다.

라인 강변을 따라 들어선 메디언 하펜에는 포스트모던 건축가 프랭크 게리를 선두로 데이비드 치퍼필드, 스티븐 홀Steven Holl, 윌리엄 알솝William Alsop 등의 유명 건축가의 빌딩과 그 주변에 들어선 독특한 레스토랑, 카페, 디자인 숍들을 기웃거리는 재미는 미술품 감상과 비견될 만하였다. 또한 다양한 현대건축물과 나란히 당당하게 서 있는 녹슨 크레인과 잘 보존되어진 오래된 가스등은 옛 항구도시였음을 암묵적으로 보여주었고, 동시에 옛 유물을 조각으로 승화시켜 아름다운 조형물로써의 기능을 충분히 담당하였다. 산업화의 상징이기도 한 크레인을 라인 강변에 드문드문 세워놓은 아이디어는 가히 매직 도시로 선정되기에 충분하였고, 그 어떤 현대조각보다도 참신하고 멋있었다. 과거의 역사를 작품으로 승화시키는 뒤셀도르프 시의 문화 정책이 내심 부러웠고 그들의 역사 보존 의식과 예술적 감각에 감탄이 절로 터졌다.

라인 강변을 따라 저마다 개성 있는 건축들을 프레임에 담아보았다. 그중 가장 눈에 띄는 건축은 역시 프랭크 게리의 디자인 빌딩으로 회반죽, 금속, 벽돌 등 각각 다른 물성의 재료를 사용한 3개의 건축물인 노이어 촐호프Neuer Zollhof였다. 노이어 촐호프는 복합 빌딩으로 메디언 하펜의 랜드마크다. 매번 새로운 건축물을 선보이며 세간의 이목을 끈 프랭크 게리만의 독특한 스타일은 외할아버지의 철물점에서 금속성 재료들과 친숙했던 어린 시절의 영향을 배제할 수 없으리라. 노이어 촐호프의 독특한 디자인과 금속 재료의 절묘한 조화로 빚어낸 빛의 마력은 아름다운 석양의 절정을 이루었다. 그 건축은 마치 춤을 추듯 요동하고 있었다.

건물 외벽에 고무로 된 인체 조각품을 붙여놓은 로겐도르프 하우스Roggendorf-Haus 빌딩도 인상적이었다. 이 빌딩은 건축디자인보다 건물 외벽을 타고

석양에 바라본 프랑크 게리의 노이어 촐호프

기어오르는 특이한 인체 조각이 눈길을 끌었다. 마치 이 빌딩을 지키는 수호신처럼 끊임없이 이 빌딩을 타고 올라가는 듯 스파이더맨을 방불케 한 이 조각으로 인해 조각가 로잘리Rosalie는 더욱 유명해졌다 한다.

로겐도르프 하우스에서 조금 내려가면 꼭대기에 빨간 지붕이 튀어나온 독특한 빌딩 컬러리움Colorium이 있었다. 이 빌딩은 영국 건축가 윌리엄 알솝의 디자인으로 빌딩 유리의 다양한 컬러가 멀리서도 눈길을 끌었다. 이 빌딩 꼭대기의 튀어나온 지붕에 누군가 올라와 라인 강으로 다이빙을 시도한다면 지붕도 함께 기울어질 것만 같은 위기감마저 감돌았다.

120년 된 의사당 건물을 리모델링한 현대미술관 K21은 외부에서는 전혀 현대미술관 분위기를 읽을 수 없어 한동안 입구를 찾지 못해 방황했다. 오래된 연못과 주변의 무성한 나무들에 가려진 K21은 현대미술관이라는 선입견과는 사뭇 달랐다. 고풍스런 건축물은 의외였고 아치형의 긴 복도는 고딕 성당의 회랑을 걷는 기분마저 들었다. 그러나 화이트 톤의 모던한 내부 공간과 천정의 유리돔, 누드 엘리베이터, 하얀 벽에 길게 늘여 뜨려진 독특한 조형물이 눈에 들어오면서 비로소 현대미술관 공간임을 실감했다.

하얀 벽을 조각대로 미술관 건물 옥상에서부터 내려진 나선형 조형물은 2007년의 베니스 비엔날레 폴란드 관을 장식했던 모니카 소스나우스카Monika Sosnowska의 작품 〈계단〉이었다.

미술관을 돌아본 후에야 알게 되었지만 이 건물은 1988년까지 노르트라인-베스트팔렌 주 의사당으로 사용되었고, 그 후 의사당 이전으로 14년 동안 방치해두었다 2002년 리모델링하여 새롭게 재개관하였다. 원래 주 의사당 건물은 베를린 대성당 설계로 유명했던 독일 출신의 건축가 율리우스 라쉬도르프Julius Raschdorff에 의해 1876~1880년에 설계되었다. 2002년 당시 120년의 세월을 보냈던 이 건물은 리모델링되었고 독일어로 예술이라는 뜻의 쿤스트Kunst 첫 글자 'K'와 21세기를 뜻하는 숫자 '21'을 합한 '21세기 현대미술관'으로 재탄생되

K21의 정면(옛 의사당 건물)

었다. 120여 년의 역사적 흔적을 고스란히 담은 건물들이 리모델링되어, 동시대 현대미술관으로 재개관된 미술관이 어찌 K21뿐일까만은 고풍스런 외관과 걸맞지 않는 뜻밖의 현대미술 작품들로 채워진 반전의 전시 기획은 기대 이상으로 획기적이어서 뇌리에 오랫동안 남았다.

뒤셀도르프를 대표한 고풍스런 스타일의 옛 의사당은 3년에 걸쳐 뮌헨 건축가 카이슬러+파트너Kiessler+Partner●에 의해 리모델링되었다. 옛 의사당 건물의 벽면과 회랑은 그대로 보존하였고 기존의 내부 시설들만 제거되었다. 역사적인 고전 양식의 계단은 살려두어 3

카이슬러+파트너 설계사무소의 건축으로는 뮌헨에 지어진 텔레콤 센터가 있다. 이 건물은 쌍둥이 빌딩이 앞과 뒤로 연속되어진 특이한 건축물이다.

층 전시장까지 이르도록 유지되었다. 건물 구조는 중앙 홀과 회랑을 포함한 4개의 날개 형태로 이루어져 있었다. 지하의 특별전을 기획하는 전시 공간과 위 3층까지 합쳐 26개의 방으로 구성된 총 5300제곱미터의 전시 면적을 갖추고 있는 기대 이상의 큰 미술관이었다. 내부에 새롭게 확장된 공간은 주로 미디어, 필름, 비디오 등을 전시하는 컨템퍼러리 아트를 위한 전시 공간으로 사용되었다.

고전 양식의 아름다운 돔은 내부 공간에 그 형태를 그대로 살렸고 반짝거리는 유리 지붕으로만 바꾸었다. 비좁은 유리 돔의 꼭대기 공간을 멋진 조각공원으로 이용한 건축가의 감성에 매료되었다. 유리 돔으로 리모델링된 천정은 고전양식의 막힌 천정을 뚫어 오로지 1919장의 유리로만 효과를 누렸다. 자연광을 내부로 끌어들임으로 조명 효과를 노렸고 동시에 뚫린 공간처럼 좁은 공간을 넓게 보이도록 착시효과를 주었다.

옥상 조각공원에 놓여 있는 작품 중 토마스 쉬테의 인물 조각 〈거대한 유령〉은 마치 미술관을 지키는 파수꾼 같았다. 토마스 쉬테는 2005년 베니스 비엔날레에서 최고의 작가에게 주어지는 황금사자상을 수상한 독일 조각가다. 유리 돔 사이로 아스라이 바라보이는 뒤셀도르프 시가지의 스카이라인에 길친 징경은 아름다웠다.

K21의 컬렉션은 백남준의 〈TV 정원〉을 비롯해 크리스티앙 볼탄스키, 폴 매

K21의 1층 전시장과 지하 전시장으로 향하는 입구

계단을 통해 꼭대기로 올라가는 K21의 내부 전경

옛 의사당 건물의 회랑을 리모델링한 K21의 전시 공간

위: 유리돔으로 리모델링된 천정 / 아래: 고전 양식의 기둥을 살려둔 K21의 내부 공간

카시, 토마스 루프 등 세계적인 유명 작가의 작품과 뒤셀도르프 출신 작가들의 작품을 포함하여 1980년대 초기 작품 위주로 되어 있었다. 백남준의 설치 작품 〈TV 정원〉은 120개의 TV 모니터를 초록 숲속에 두어 흡사 정원의 나무들이 움직이는 듯한 현란한 작품이다. 모니터에서 28분 동안 흘러나오는 음악과 춤은 원시림으로 들어온 착각에 빠져들게 하였다. 독일에서 유학하고 활동했던 백남준은 조셉 보이스와는 막역한 사이로 알려져 있고, 백남준 작품은 독일의 유명 미술관 곳곳에 소장되어 있다. 〈TV 정원〉 시리즈는 뉴욕 구겐하임 미술관과 파리 퐁피두 센터 등 여러 유명 미술관에서 전시되기도 했던 대표작으로, 우리나라 백남준아트센터에도 〈TV 정원〉이 소장되어 있다. 1990년대의 작품으로는 개념미술가이며 미니멀 아티스트인 칼 안드레의 조각이 바닥에 놓여 있었고 미국 조각가 도날드 저드, 존 챔벌린, 솔 르윗, 리처드 세라, 토니 스미스, 버넷 뉴만의 조각 작품을 볼 수 있었다.

독일 현대 작가의 컬렉션으로는 조각가 카타리나 프리치와 마틴 호너트Martin Honert, 토마스 쉬테의 작품 등이 있었다. 대표적인 소장품으로는 레인하르트 무하의 설치미술과 조셉 보이스의 1985년 말년 작품이 소장되어 있었다. 카타리나 프리츠의 작품은 실물 크기의 테이블 위에 여인 조각을 올려놓았고 작업에 사용됨직한 모든 도구와 소품들이 적나라하게 펼쳐 있었다.

K21은 뛰어난 작가 선정의 기획 전시를 열어 미술계의 이목을 끌고 있다. 미술관 로비를 지나면 코너에 바bar '카이저타이히Kaiserteich(황제의 연못)'가 있었다. 미술관 뒤편에 마치 늪지와도 같은 우거진 연못이 있다. 이 연못은 옛부터 황제의 연못이라 불렀고 그 이름에서 유래된 것이었다. 미술관 바의 유난히 높은 천정이 인상적이었다. 오렌지색과 붉은 브라운색의 화려한 도트 무늬로 이루어진 벽 장식과 초록색 유리로 길게 늘여진 샹들리에로 꾸며진 바는 쿠바 출신의 조지 파르도Jorge Pardo●에 의해 디자인되었다. 약간 혼란스럽지만 매력적인 공간이었다. 카메라를 들이대니 젊고

조지 파르도(1963~)는 캘리포니아의 파사데나 디자인아트스쿨을 졸업하였고 1997년 뮌스터 조각 프로젝트와 2001년 디아비콘 프로젝트로 유명해진 설치조각가이기도 하다.

K21 미술관 옆 놀이터

세련된 바텐더가 자연스레 포즈를 취해주었다.

K21의 쿠바 출신이 디자인한 바에서 마시고 싶었던 모히토를 다음으로 기약하고 K20을 향해 서둘렀다. 밖으로 나오니 미술관으로 들어갈 땐 보지 못했던 조그마한 놀이터가 있었다. 놀이터에 세워진 미끄럼틀이 눈에 들어왔다. 나무로 된 미끄럼틀 기둥 끝 모서리에는 삼각형의 메탈 소재를 씌워놓았고, 미끄럼틀 한 부분을 메탈로 감싸놓았다. 조그만 효과가 빚어낸 멋진 디자인이었다. 이런 놀이터 공간에서 자란 독일 어린이와 플라스틱 미끄럼틀로 꾸며진 놀이터에서 자라나는 한국 어린이가 비교되었다. 차세대의 우리 어린이들은 이와 같은 환경에서 자라나길 기대해본다.

건축가　　율리우스 라쉬도르프 카이슬러+파트너 확장
주소　　　Ständehausstraße 1, 40217 Düsseldorf, Germany
홈페이지　www.kunstsammlung.de

K20, Kunstsammlung Nordrhein-Westfalen

검은색 화강암의 흑색 파사드가 빛나는 건축물

K21에서 북쪽으로 약 1.5킬로미터 거리에 위치해 있는 1986년에 개관한 K20은
뒤셀도르프 구시가지의 심장부인 그라베 광장Grabbeplatz에 자리하고 있었다. 노
스트라인-베스트팔렌 연방주는 1960년 파울 클레 작품 88점을 사들였고, 클
레 컬렉션을 바탕으로 다음해 1961년에 노르
트라인-베스트팔렌 주립미술관을 설립하였다.
2002년 디싱+바이틀링Dissing+Weitling●에 의해 기
존의 주립미술관을 확장 설계에 들어가 2010년
새롭게 K20으로 재개관하게 된다.

디싱과 바이틀링은 덴마크 출신의 디자인계
거장 야르네 야콥슨 밑에서 일했던 핸스
디싱(Hans Dissing)과 오토 바이틀링(Otto
Weitling)으로 덴마크 코펜하겐 출신의 건축
팀이다.

　　20세기부터 1960년대까지의 미술 작품을 소장하고 있는 K20은 독일 현대
미술의 거장 조셉 보이스를 비롯해 피카소, 브라크, 칸딘스키, 막스 에른스트와
같은 유명 작가의 작품 외에도 미국 현대추상회화의 기수 잭슨 폴록을 비롯해
엘스워스 캘리, 로버트 모리스, 솔 르윗, 마크 로스코, 쥴리앙 슈나벨, 프랭크 스
텔라, 앤디 워홀, 사이 톰블리, 로버트 라우젠버그와 같은 대가의 작품들과 리차

K20의 전경

위: 사라 모리스의 작품 <호넷> / 아래: K20 실내에 둔 유리 박스와 물의 정원

드 세라, 토니 스미스, 버넷 뉴만의 조각 등을 총망라하여 현대미술관으로서의 위상을 보여주었다.

　석양 무렵 노을에 반사된 화강암 재질의 흑색 파사드는 K20을 더욱 빛나게 하였다. 화강암의 기다란 벽체를 따라가면 야광색의 수많은 세라믹 타일들로 색채의 향연을 이룬 기하학적 조형물이 먼저 눈에 들어왔다. 파울 클레의 작품을 연상시키는 조형물은 사라 모리스*의 2008년 작품 〈호넷Hornet〉으로 뒤편에 위치한 파울 클레 광장과 절묘한 조화를 이루었다. 야광색의 수많은 세라믹 타일들은 높고 푸른 하늘 아래 더욱 현란하였다. 타일 하나하나를 수작업으로 만든 고광택 세라믹 타일의 이미지는 수도에 생동감을 불어넣기 위함이라고 사라 모리스는 암시한다.

영국 출신의 미국 작가 사라 모리스는 도시 생활의 경험을 바탕으로 인위적으로 만들어진 도시환경을 기호화, 상징화시켜 풀어내고자 한다. 사라 모리스는 1967년생으로 브라운 대학에서 기호학과 정치철학을 공부한 후 케임브리지 대학에서 사회정치학을 공부하였다. 1990년 중반부터는 추상화를 그렸고 2001년에는 존 미첼 재단 미술상을 받았다. 그녀는 프랑스 팔레 드 도쿄 , 스위스 바이에러 미술관, 독일 프랑크푸르트 현대미술관 등의 세계적인 현대미술관에서 전시하였고 우리나라에서는 현대화랑에서 전시하여 알려진 작가이기도 하다.

　미술관 실내로 들어서니 사각 유리 박스로 된 스튜디오가 제일 먼저 눈에 띄었다. 유리 박스 안에 또 다른 박스가 비스듬히 들어 있었고 그중 일부는 외부로 튀어나와 있어 흡사 대형 조각 작품과도 같았다. 스튜디오 앞에는 조그마한 물의 정원이 있었다. 유리 박스 사이로 비춘 사라 모리스의 형형색색의 야광색 타일은 물에 반사되어 그 어떤 추상화 작품보다도 매혹적이었다.

　마침 마티스 특별전을 하고 있었다. 뒤셀도르프에서 거장을 만나니 더욱 흥분되었다. 특별히 전시 공간과 가장 어울리는 작품은 몬드리안의 회화 작품이었다. 낮게 걸어놓은 몬드리안의 단순 명료한 회화는 하얀색 채광창 아래에서 더욱 인상적이었다. 그리고 현대사진사에 새로운 장을 연 뒤셀도르프 출신의 사진작가 베허 부부의 1963~1995년 작품과 이미 크노벨Imi Knoebel 등은 이곳 뒤셀도르프에서 주시해야 할 작품들이다. 베허 부부는 베허 학파를 이끌고 있는 독일 현대사진계의 대부이며 베허 부부의 유형학적 사진의 특징들을 담고 있는 산업

위: K20의 미술관 입구 / 아래: K20의 정면

구조물 사진은 현대사진의 중요한 부분을 차지하고 있다. 이미 크노벨은 조셉 보이스 뒤를 이은 독일 현대추상화가로 미국 디아비콘과 모마, 베를린의 함부르거 반호프 등 유명 현대미술관에 소장되어 있는 유망 작가다.

이와 같이 기라성 같은 대가들의 컬렉션을 수집할 수 있었던 것은 K20의 초대 관장이었던 베르너 슈말렌바흐의 공이 크다. 미술비평가였던 슈말렌바흐는 1962년부터 1990년까지 재임하면서 뒤셀도르프를 예술의 도시로 이끌었던 장본인이기도 하다. 그는 엄청난 재정을 확보하여 당대 세계시장을 돌아다니며 유명 작가들의 작품들을 수집하였다. 장기간 재임하면서 한 사람의 주관적인 컬렉션의 태도가 때론 입방아에 오를 수 있지만. 미술관의 전시 계획과 컬렉션의 방향을 일관성 있게 꾸려나갈 수 있도록 신뢰한 주 정부와 시민들의 성숙된 태도는 숙지할 만하다. K20과 K21을 돌아보면서 독일의 경제력과 문화 수준에 다시 한 번 놀라움을 금치 못했다.

K20 입구에 자리한 끌레 레스토랑은 뒤셀도르프에서 가장 혁신적이며 트렌디한 디자인 명소라고 하였다. 이 레스토랑에서의 식사와 근처에 위치한 하인리히 하이네Heinrich Heine의 생가는 메디안 하펜의 야경 촬영을 위해 아쉬움을 뒤로한 채 다음 기회로 미루었다.

현대건축과 예술의 중심지로 새롭게 떠오르는 보석과 같은 도시 뒤셀도르프는 라인 강가의 플라타너스 가로수 길과 가장 핫한 건축물이 아주 인상적이었다. 옛 항구를 현대 도시의 모습으로 탈바꿈시킨 메디안 하펜의 프랑크 게리 건축 '노이어 촐호프'는 라인 강변의 노을을 붉게 수놓았다. 도시 곳곳에 들어선 새로운 건축물은 오래된 건축과 조화를 이루며 보석처럼 빛나고 있었다.

독일이 매력적인 이유는 어느 도시에나 현대미술관이 있고, 고건축과 현대건축이 아름다운 조화를 이루며 문화와 예술의 향연이 춤을 추듯 자연스럽기 때문이다. 뒤셀도르프를 가장 살기 좋은 도시로 평가를 받는 특별한 이유를 깨닫게 되었다. 라인 강의 기적을 낳은 그 강가를 따라 하인리히 하이네의 시집《로만체로Romanzero》를 읊조리며, 과거와 근현대사를 고스란히 간직한 패션의 도시 뒤셀도르프에서 밝아오는 새해를 설계하는 것도 낭만적일 것이다.

건축가　　　디싱+바이틀링
주소　　　　Grabbepl. 5, 40213 Düsseldorf, Germany
홈페이지　　www.kunstsammlung.de

스위스

바젤
비트라 디자인 박물관
바이에러 미술관
팅겔리 미술관

뮌헨스타인
샤우라거 미술관

비트라 디자인 박물관
Vitra Design Museum

순백색의 자유분방한 콘크리트덩어리의 건축물

스위스 제2의 도시 바젤은 스위스, 독일, 프랑스의 경계에 위치한 국경도시이며 세 나라의 예술, 건축, 문화적 정서를 아우르는 가장 아방가르드한 예술과 건축의 도시다. 라인 강을 따라 형성된 바젤은 중세부터 종교와 문화 예술의 중심지였다. 바젤은 세계 최초의 공공 미술관을 비롯하여 만화박물관, 종이박물관 등 약 30곳의 독특한 박물관이 산재해 있다. 스위스에서 가장 오래된 바젤 대학교는 1460년 바젤 시민에 의해 설립되었고 이 도시의 전통을 자랑하는 명문이다.

제2차 세계대전 후에는 유럽 굴지의 미술 시장으로 발전하면서 매년 6월에는 세계 최대 규모의 미술 시장인 바젤 아트 페어가 열리는 곳이다. 세계적으로 잘 알려진 보석·시계박람회와 바젤 아트 페어가 열릴 때에는 세계 각국의 수많은 컬렉터들이 이곳을 찾는다. 또한 중세의 고풍스러운 건축과 헤르조그 & 드 뫼롱, 마리오 보타, 렌조 피아노, 자하 하디드 등 기라성 같은 현대건축가들의 건축물을 한 도시에서 볼 수 있는 곳으로 예술인들이 가장 좋아하는 도시다.

바젤에서 외각으로 30분 정도 달리면 세계 예술인들이 찾는 비트라 디자인

비트라 디자인 박물관의 전경

박물관이 나온다. 비트라는 스위스 가구회사이지만 공장은 독일 국경의 바일 암 라인Weil am Rhein에 있다. 이 공장 전체를 비트라 캠퍼스Vitra Campus라고 부르며, 그 안에 프리츠커 상 수상자 다수가 설계를 맡은 건물들이 비트라 캠퍼스를 채우고 있다. 프랭크 게리가 디자인한 비트라 디자인 박물관, 안도 다다오의 컨퍼런스 홀, 자하 하디드의 소방서, 알바로 시자의 비트라 공장이 먼저 들어섰다. 이후 2010년 헤르조그&드 뫼롱의 비트라 하우스와 2012년 세지마 카즈요와 류에 니시자와의 공장 건물 등이 새롭게 들어섰다.

산업가구디자인과 건축 분야에 있어 중요한 박물관 중 하나로 손꼽히는 비트라 디자인 박물관은 프랭크 게리가 유럽에서 설계한 최초의 건축물이다. 그는 전통적인 건축 형태로부터의 과감한 이탈을 끊임없이 시도하며 자유롭고 독특하고 유머러스한 건축물을 선보여 20세기의 모더니즘 건축을 해체한 건축가로 불린다. 현대건축은 예술과의 경계가 불분명하다.

프랭크 게리의 비트라 디자인 박물관은 건축이라기보다는 커다란 예술 조각품을 보는 듯하다. 비트라 디자인 박물관의 파사드는 입체파 조각처럼 보는 각도에 따라 다른 형태로 보였다. 내부의 전시 공간은 마치 뒤틀린 박스 형태와 흡사하였고 방마다 바닥과 천장의 높이도 각각 달랐다. 가구들을 공중에 매달아놓은 독특한 전시 역시 신선했다. 가구디자인의 역사를 한눈에 볼 수 있는 주요한 제품들로 구성되어 있는 1800점 정도의 컬렉션도 볼거리다. 또한 이 뮤지엄은 가구의 전시뿐만 아니라 가구에 대한 연구와 출판, 워크숍을 후원하기도 한다.

비트라 디자인 박물관은 회색과 흰색 페인트의 자유분방한 콘크리트덩어리들이 하나가 되어 초록빛 잔디 위에 아름다운 조형물로써 새로운 공간을 창출하였다. 자유로운 곡선과 공간의 역동성은 시각적 긴장감을 만들어 쾌감을 주었다. 건물 밖 잔디밭을 걸으니 주위에 체리 나무가 군데군데 흩어져 있었다. 코끝을 스치는 싱그럽고 달콤한 향에 이끌려 손에 닿은 체리를 한입에 물었다. 그때의 새콤함이 지금도 입안 가득하다.

21세기의 현대건축이 주는 시각적 언어는 새롭게 태어나고 있다. 현대건축은 세계 미술계와 디자인계를 움직이고 있다 해도 과언이 아니다. 유명 미술관은 물론 명품 브랜드 회사나 공장조차도 세계적 건축가들 디자인으로 새롭게 지어지거나 확장 증축 붐을 이루고 있고, 그로 인해 새로운 문화 공간으로 탈바꿈하고 있다. 옛 화력발전소를 개조한 영국의 테이트 모던과 과거의 과자 공장 건물을 미술관으로 사용하는 뉴욕의 디아비콘의 개념을 넘어서 바젤 비트라 캠퍼스는 현재 사용되는 가구 공장과 미술관이 공존하는 독특한 디자인의 복합 문화 공간이다. 이러한 새로운 인프라 구축은 바젤을 세계적인 문화 공간으로 탈바꿈시키는 데 크게 기여하였다. 비트라 캠퍼스 안의 컨퍼런스 파빌리온과 공장 건물, 주유소, 소방서는 놓쳐서는 안 될 유명 건축들로 디자인 박물관 주변에 다 모여 있다.

비트라 컨퍼런스 파빌리온

안도 다다오가 설계한 비트라 컨퍼런스 파빌리온Vitra Conference Pavilion은 예상했던 대로 노출 콘크리트 마감의 진수를 보여주었다. 부드러운 스펀지를 연상시킬 정도로 외벽의 마감은 완벽하였다. 건물 외벽의 매끄러운 마감에서 일본 건축가 특유의 섬세함과 완벽함이 고스란히 드러났다. 이 공간은 세미나가 열리는 곳으로 세미나 하우스로도 불린다. 컨퍼런스 파빌리온 방음벽의 한 면 크기는 일본 다다미의 사이즈다. 다다미 사이즈(보통 너비 석 자에 길이 여섯 자 정도의 직사각형 모양이다.)가 인간에게 안정감을 주는 적절한 크기라고 한다. 일본의 정신세계를 공간 곳곳에 심어두었다. 동양 정신을 담은 비트라 세미나 하우스는 참선과 묵상을 하기에 적절한 장소였다. 묵상의 공간은 성스런 공간으로 확장되어 고요함이 엄습하였다.

이 정적은 진정제와 청량제가 되어 한순간 여행의 피로를 보듬어주었다. 이 건물을 지을 때 벚나무 세 그루를 베었다 한다. 안도는 그 나무를 기리는 의미로

위: 비트라 컨퍼런스 파빌리온의 전경 / 아래: 파빌리온에 기대어 관람자가 잠시 쉬고 있다

입구 벽에 벚꽃잎 세 개를 새겨넣었다. 소소한 부분이지만 자연을 사랑하는 아름다운 배려에 가슴이 뭉클해졌다. 입구에 남겨둔 뒤틀린 고목 아래에 잠시 쉬며 파란 하늘을 마주했다. 일련의 자그마한 감동들이 주는 여행의 기쁨을 추억의 공간 속에 차곡차곡 쌓아두어 순간순간 꺼내보련다.

프로덕션 홀과 공장 건물

비트라 단지 내에서 가장 나중에 지어진 알바로 시자의 비트라 공장으로 향했다. 알바로 시자Álvaro Siza●의 프로덕션 홀은 19세기의 거대한 공장 건축을 연상시키는 상하로 높이 조절이 가능한 붉은 벽돌 건축물과 브릿지 루프bridge roof의 아치 구조물이 인상적이다.

　　아치 구조물의 통로 앞에 위치한 아넥스 관은 비트라 공장 전체의 마스터플랜을 계획했던 니콜라스 그림쇼Nicholas Grimshaw●의 알루미늄 공장 건물이다.

주유소

장 푸르베Jean Prouve의 주유소Petrol station 건물은 파리 거리형 아트 박스로 조립식 건축물이다. 현대 실용가구의 거장인 장 푸르베는 조립식 가구의 선구자답게 군더더기라곤 전혀 찾아볼 수 없는 박스형 건물을 대로변의 파란 하늘 위에 사뿐히 올려놓았다. 특유의 컬러만 사용한 멋진 유리

포르투칼 출신의 알바로 시자(1933~)는 포르투 미술대학에서 수학했으며, 시적인 모더니즘을 추구하는 건축가다.
1988년 알바 알토 메달을 받았고, 1992년 프리츠커 상, 2001년 울프 예술상 등 다수의 건축상을 수상했다. 우리나라에 있는 작품으로는 안양예술공원이 있다.

니콜라스 그림쇼(1939~)는 영국을 대표하는 하이테크 건축가로 영국의 건축학교 AA스쿨에서 수학하였다.
그림쇼는 유럽 대륙과 영국을 잇는 도버해협 횡단 열차의 런던 기착역인 워털루의 설계를 맡아 유명해졌으며, 영국의 환경 미래적 대안을 실험하는 에던 프로젝트에도 참여하였다.

장 푸르베(1901~1984)는 도예가 집안에서 태어나 예술적 재능을 물려받아 금속장인으로서의 교육을 받았다.
1930년대에 장 푸르베의 회사는 수많은 가구디자인을 만들어내었고, 제2차 세계대전 후 금속 재료의 부족으로 목가구를 제작하기 시작했다.
그가 디자인한 가구는 르 코르뷔지에 등 당대 유명 건축가들의 눈에 띄면서 세계적인 명성을 얻게 된다. 특히 1930년에 등장한 스탠다드 체어는 가구디자인사에서

프로덕션 홀과 공장 건물을 연결하는 브릿지

건축물은 삽으로 떠서 아무 공간에다 옮겨놓아도 될 만큼 완벽한 마감 처리의 건축물이었다.

프랑스 출신의 가구디자이너인 장 푸르베*는 기능성과 조형미는 물론 기술적으로도 완벽함을 추구했던 건축가이며 엔지니어다. 그의 가구는 단순한 생활 소품이라기보다는 예술과 실용을 겸비한 디자인으로 20세기 가구의 혁신을 가져왔다.

비트라 소방서

공장 안의 주도로 끝에는 영국의 해체주의 건축가 자하 하디드가 디자인한 비트라 소방서Vitra fire station 건물이 자리하고 있다. 이 건물은 지어질 당시 많은 이슈가 되었다. 1993년 완공되자마자 소방관들의 항의로 결국 폐쇄하게 되고, 현재는 비트라 가구전시장으로 사용하고 있다. 소방서 디자인은 말레비치의 영향을 받았다. 물과 불의 이미지를 담은 비트라 소방서는 역동적 공간을 보여주었다. 내부의 천정은 높낮이를 다르게 하여 빛의 효과를 극대화시켰다.

건물 바닥은 평편하지가 않고 굴곡을 두어 구름다리와 같은 느낌을 주었다. 효율성이나 기능성에서는 부족하지만 조형성이 뛰어난 작품으로 평가되었고, 그녀는 비트라 소방서로 인해 세계적인 스타 건축가가 되었다. 이곳에서는 마침 유명 가구디자이너 찰스 레이임스의 전시가 '뮤지컬 타워'라는 주제로 열리고 있었다. 쇠공을 넣고 압력을 가하면 실로폰 소리를 내며 음악을 들려주는 설치 작품이었다. 이 작품은 자연의 소리를 통해 음악을 자연스럽게 접할 수 있고 한편으로는 스트레스를 해소하는 도구라고 도슨트는 설명하였다.

영국의 해체주의 건축가 자하 하디드는 건축계의 여제라고도 불리는 여성 스타 건축가다. 우리에게는 동대문 디자인 플라자DDP의 설계자로 알려졌다. 동대문 디자인 플라자 오픈 때 자하 하디드의 풍모에서 느꼈던 카리스마는 과연 여제다웠다. DDP의 우주선 같은 비정형적인 형태가 동대문의 지역 정체성과의

위: 장 푸르베가 디자인한 주유소 / 아래: 자하 하디드가 디자인한 비트라 소방서

부조화에 대한 논란이 일기도 하였지만, DDP가 이러한 논란을 잠재우고 서울의 새로운 건축 명소로써 소프트웨어에 충실한 디자인 플라자의 역할을 잘 수행해주길 기대해본다.

건축가	프랑크 게리
주소	Charles-Eames-Straße 2, 79576 Weil am Rhein, Germany
홈페이지	www.design-museum.de

바이에러 미술관
Foundation Beyeler

유럽 최고의 건축미를 자랑하는 미술관

바젤에서 차로 15분 정도 거리에 위치한 바이에러 미술관은 입구부터 아름다운 정원으로 반겨주었다. 아주 오래전 바이에러 미술관은 바젤 시내의 한 모퉁이 자리해 있었고 물어물어 힘들게 찾아갔다. 이 정원을 마주하니 그때의 진한 감동이 아련하게 조금씩 되살아났다. 모네의 대작 〈수련〉의 연작을 구 바이에러 갤러리에서 처음 마주하였고, 그 이후 한동안 모네 작품의 매력에 흠뻑 빠져들었다. 그 당시에도 조그마한 갤러리의 소장품으로는 대단한 작품 구성으로 이미 명성을 떨쳤고, 모네의 〈수련〉을 비롯해 인상파 작품들과 피카소의 작품들로 꽉 채워진 갤러리는 강한 인상으로 남아 오랫동안 기억되었다.

새로 개관한 바이에러 미술관 정원은 마치 그 옛적 뇌리에 오랫동안 자리했던 모네의 〈수련〉을 보듯 그때의 잔향이 되살아났다. 착시가 아니라 분명히 모네의 작품 〈수련〉이 정원 안마당에 그대로 있었다. 역시 렌조 피아노는 컬렉터의 마음을 꿰뚫었고 나와 같은 생각을 하였음을 미뤄 짐작할 수 있어 잠시 기쁨으로 들떴다. 낮고 긴 직사각형의 바이에러 미술관은 약간 경사진 곳에 세워져 있

바이에러 미술관의 전경(사진 제공: Foundation Beyeler)

다. 미술관 현관 입구에는 연못을 두어 동양적인 정취를 살렸다. 작은 연못에는 건물 유리창이 투영되었고, 그 공간은 미술관을 둘러싼 자연과 함께 멋진 정경을 연출하였다. 단층의 나지막한 미술관은 주변의 풍광과 어우러져 절제미가 돋보였다.

이 미술관은 퐁피두 센터 설계로 유명해진 렌조 피아노가 맡았다. 미술관 오너이자 컬렉터였던 에른스트 바이에러Ernst Beyeler는 70세에 미국 휴스턴에 있는 렌조 피아노 디자인의 메닐 컬렉션 미술관The Menil Collection Museum을 방문하게 된다. 그때 바이에러는 메닐 컬렉션 미술관에 매료되었고, 자신의 미술관 설계를 렌조 피아노에게 의뢰하게 된다. 그 후 완공된 바이에러 미술관은 멋진 건축디자인과 최고의 컬렉션으로 관람객의 발길이 끊이질 않고 있다.

바이에러 재단의 총수 에른스트 바이에러는 바젤 아트 페어를 만든 장본인이기도 하다. 그가 주도하여 바젤에서 1970년 첫 아트 페어가 시작되었고. 이후 지리적 이점과 스위스 미술계의 노력으로 세계 최대 규모의 아트 페어로 발전하여, 현재는 영국의 프리즈Frieze, 미국 뉴욕의 아모리 쇼와 함께 세계 3대 아트 페어로 꼽힌다. 우리나라에서는 국제갤러리와 PKM갤러리가 유일하게 참여하고 있으니 참가하기 위한 심사가 얼마나 까다로운지 어림해볼 수 있다. 인구 20만에 불과한 소도시는 바젤 아트 페어를 주관하여 약 400억 달러의 부가가치를 창출하는 도시로 활성화되었다. 바젤 아트 페어의 오픈 행사는 축제의 장을 방불케 하였고 독특한 퍼포먼스를 비롯해 음악회, 다채로운 파티, 강연 등이 곳곳에서 벌어지고 있었다. 바젤 아트 페어 기간에는 도시 곳곳에서 크고 작은 위성 아트 페어가 열린다. 아트 바젤에 참여하지 못한 수많은 화랑들은 스코프Scope와 같은 위성 아트 페어에 참여하여 변방의 신진 작가 작품들과 다양한 볼거리들을 선보여 눈길을 끌었다. 바젤 아트 페어는 이러한 성공을 바탕으로 미국 마이애미에 이어 2012년부터 홍콩에서도 행사를 개최해 유럽, 미주, 아시아 지역을 커버하는 세계 최대의 아트 페어로 자리매김하게 된다. 한 컬렉터의 영향력이 세계 미술계를 움직이고 있는 셈이다.

위: 바이에러 미술관의 원경 / 아래: 외부에서 바라본 1층 전시장(사진 제공: Foundation Beyeler)

바이에러 미술관 지붕은 단조로운 외관을 보완하기 위해 다층의 유리 지붕으로 멋을 내었다. 자연광이 유리창과 천장을 통해 전시실을 가득 메우고 있어 작품 고유의 색을 그대로 느낄 수 있었고 편안하게 감상할 수 있었다. 길이가 120미터나 되는 긴 단층의 미술관은 16개 전시실 천장의 자연광을 모두 받아들이고 있다. 상설과 기획 전시 공간을 따로 구분하지 않으며 필요에 따라 쓸 수 있도록 하였다. 내부 공간에는 채광 여과 장치 등 최첨단 기술을 사용하였다. 건물 자체를 드러내기보다는 절제되고 부드러운 톤으로 최대한 작품을 배려한 이 미술관은 개관 당시 유럽 최고의 건축미를 자랑하는 미술관으로 꼽혔다.

바이에러 부부는 그 후 꾸준하게 대가들의 회화와 조각들을 수집하여 200여 점의 컬렉션에 이르렀고 미술관을 설립하게 되었다. 1개의 특별 전시실과 15개의 영구 전시실로 구성된 바이에러 미술관은 중앙 전시실을 중심으로 몬드리안의 방, 자코메티의 방, 추상표현주의의 방, 모네의 방 등으로 구성되었다. 그중 백미는 모네의 방으로, 〈수련〉 연작을 전시실의 유리를 통해 볼 수 있었고, 작품 〈수련〉의 소재인 연못과 그 위에 핀 수련을 함께 감상하도록 전시 방을 꾸몄다. 세계의 유명 컬렉터들이 왜 그렇게 모네에 열광하는지 모네의 방에서의 감상으로 숙제가 풀렸다.

2007년 방문했을 때, 특별 전시실에서는 뭉크 전시를 하고 있었다. 여고 시절 가장 좋아했던 에드바르트 뭉크Edvard Munch의 대표작 〈절규The Scream〉를 볼 수 있는 행운을 안았다. 오슬로 국립미술관 소장품인 유화 작품이었다. 뭉크의 작품 〈절규〉 앞에서는 학창 시절의 감성에 젖어 한동안 그 자리를 떠날 수 없었다. 해질녘 핏빛 하늘에 걸친 불타는 듯한 구름과 암청색 도시를 바라보며 두려움으로 떨었던 그 순간, 자연을 관통하는 커다란 비명 소리를 들었다고 고백했던 뭉크 자신의 내면을 표현한 작품 〈절규〉는 여고 시절 나의 내면의 부르짖음이기도 하였다. 노르웨이 표현주의 작가인 에드바르트 뭉크의 작품 〈절규〉는 총 4점으로 된 연작이다. 오슬로 국립미술관에 소장되어 있는 유화 작품과 오슬로 뭉크 미술관에 소장된 템페라Tempera와 판화가 있고, 개인이 유일하게 소장했던 유화 작품은 1895년 작품으로 2012년에 뉴욕 소더비 경매에서 1억 1990만 달러(약 1354억 원)에 낙찰돼 당시 미술품 경매사상 최고액을 기록하였다. 또한 〈절규〉의 이미지는 할리우드의 만화를 비롯해 컵과 티셔츠 등 대중문화 상품에 이르기까지 수많은 사람들이 차용하며 사랑받는 이미지다. 인간의 내면에는 누구나 할 것 없이 외침과 절규가 웅크리고 있지 않을까.

건축가   렌조 피아노
주소   Baselstrasse 101, 4125 Basel, Switzerland
홈페이지   www.fondationbeyeler.ch

팅겔리 미술관
Museum Tinguely

설렘과 즐거움을 안겨주는 키네틱 아트 미술관

바젤 시내에 위치한 팅겔리 미술관은 스위스가 자랑하는 조각가 장 팅겔리Jean Tinguely를 기념하여 지은 미술관이다. 팅겔리는 퐁피두 센터 옆 스트라빈스키 분수에 놓인 조각과 모마 정원에 놓인 조각 〈뉴욕 찬가〉로 익히 알려졌고, 프랑스 출신의 조각가 니키 드 상팔의 남편이기도 하다.

때문인지 미술관 외부에는 니키 드 상팔의 색채 조형물이 전시되어 있었다. 강남의 교보 타워와 삼성미술관 리움을 설계한 마리오 보타가 디자인한 이 미술관은 라인 강변을 끼고 솔리투데 공원Solitude Park의 수풀로 둘러싸여 아름다운 경관을 자랑하였고, 강 너머로는 고풍스런 구시가지가 눈에 들어왔다.

건축가 마리오 보타는 라인 강가에 장 팅겔리의 작품을 소장하기 위한 특별한 무대를 만들었다. 먼저 미술관의 위치를 돌아본 마리오 보타는 도시 외각을 형성하는 라인 강둑이 이면도로와 나란히 있어 다소 부적절한 위치에 있는 이 장소를 새롭게 구현하였다. 건물 남쪽으로는 강변의 둑과 건물 사이에 산책로를 설치하여 시민들의 발걸음을 자연스럽게 유도하고 있다. 산책로는 100년이

위: 팅겔리 미술관의 정면 / 아래: 팅겔리 미술관 내부에서 바라본 솔리투데 공원

넘은 나무들로 가득한 솔리투데 공원과 라인 강변까지의 시각적 공간 확장을 꾀하여 자연 속에서 편안한 휴식을 누리며 즐거움을 맛볼 수 있도록 주변 환경의 특성을 충분히 반영하였다. 이면도로변에 위치한 직사각형의 건물 벽은 도로의 소음 차단을 위해 창을 내지 않은 대신 벽면을 분절시켜 기하학적 형태의 파사드를 취하고 있다.

수평선을 강조하기라도 한 듯 줄무늬 디자인으로 된 붉은색 석재의 미술관 건물 외벽에 쓰인 'Tinguely'라는 독특한 글체의 로고가 먼저 눈에 들어왔다. 솔리투데 공원의 한 부분을 차지하고 있는 직사각형의 이 건물은 마치 눈을 묘사한 듯 아름다운 타원형의 트러스 구조물로 연결되어 있었고. 미술관 본관 뜰 앞 팅겔리 조각 분수에서 뿜어내는 물줄기는 골프장 스프링클러처럼 한 바퀴를 뱅그르 돌며 장난기가 가득한 게 팅겔리다운 발상이었다.

잿빛 화강암 슬래브와 조각돌로 마감된 볼록한 트러스 구조물은 시각적인 디자인 효과를 백분 발휘하면서 동시에 실내로 유입되는 자연광 효과, 그리고 볼트의 구조적인 문제까지 보완해주는 기능을 담당하고 있다. 본관으로부터 분리되어 있는 남쪽 동의 산책로는 특별히 라인 강변을 조망할 수 있도록 배려하였고, 팅겔리가 생전에 가장 좋아했던 라인 강을 관람자에게도 공유하게 하려는 의도가 숨어 있었다.

2층 전시실로 올라가는 긴 유리 회랑의 공간은 외부 경사로의 자연환경을 그대로 반영하여 서서히 오르막을 걷는 기분이 마치 산책로를 걷는 기분이었다. 전면이 유리로 된 커다란 창을 통하여 사시사철 변하는 라인 강변을 마주하는 긴 복도는 다음 전시장으로 가기 위한 여정의 길이다. 3층과 지하 2층으로 이루어진 팅겔리 미술관은 3100제곱미터 면적을 자랑하며 각층의 전시실마다 어떠한 전시도 기획 가능하게 가변성을 갖추고 있다. 각층마다 4개의 서로 다른 전시 공간에는 팅겔리의 키네틱 아트^{kinetic art}(움직이는 예술품)가 기상천외한 아이디어를 담은 다양한 조형물로 전시되어 있었다.

본관의 거대한 중앙 홀은 20개의 기계 조각만을 위한 공간으로 사용하였다.

위: 2층 전시실로 올라가는 긴 유리 회랑의 공간 / 아래: 팅겔리의 키네틱 아트

역동적인 조형물과 움직이는 조각을 통해 독특한 체험을 하였다. 예측불허의 기발한 아이디어의 전기 모터 조각들은 관람하는 동안 내내 설렘과 즐거움을 안겨주었다.

바젤은 순차적으로 서서히 새로운 건물들이 생겨남으로써 도시경관에 큰 변화가 없다. 방문할 때마다 편안함을 안겨주는 이 도시는 오랫동안 계획된 도시로 시간에 순응하며 주변과 조화를 이루어 나가는 자연스런 도시경관이 진정 부럽다. 우리나라 지방 도시도 이처럼 서두르지 말고 천천히 주변에 순응하며 개발되고 변화하는 도시가 되기를 꿈꿔본다. 언제부터인지 우리나라 소도시들은 문화 예술을 추구한다는 미명하에 아름다운 산천을 파헤쳐 흉측한 건축들로 채워가고 있다. 언제쯤 우리들도 성숙해져 지방 도시들이 조화를 잃지 않는 아름다운 문화 예술의 도시로 거듭날 수 있을까?

건축가	마리오 보타
주소	Paul Sacher-Anlage 2, 4002 Basel, Switzerland
홈페이지	www.tinguely.ch

샤우라거 미술관
Schaulager Laurenz-Stiftung

수장고 개념의 창고 미술관

샤우라거는 독일어 '샤우Schau(보다)'와 '라거lager(창고)'가 합성된 단어로, 작품 관람이 가능한 수장고를 뜻한다. 이 미술관의 주된 역할은 관람이 아니라 많은 컬렉션을 최상의 컨디션에서 보관하는 수장고의 역할이다. 또한 이 미술관은 1년에 5월부터 9월까지만 한 작가의 전시를 초대 기획하고 그 외는 소장품을 상설 전시한다.

바젤의 엠마뉴엘 호프만 재단Emanuel Hoffmann Foundation에서 세운 샤우라거 미술관은 1933년부터 현재까지 150여 명의 예술가들 작품을 소장하고 있다. 원래 이 작품들은 바젤 미술관과 현대미술관에 전시되어 있었지만 전체 컬렉션의 99퍼센트에 해당하는 미공개 작품들을 보여주기 위해선 턱없이 부족하여 이를 보강하기 위해 세워진 대안 미술관이 바로 샤우라거 미술관이다. 기존 미술관 개념과는 전혀 다른 새로운 개념의 예술 공간을 창출해내었다. 샤우라거 미술관을 설계한 스위스 출신의 세계적인 건축가 헤르조그 & 드 뫼롱은 런던의 테이트 모던과 샌프란시스코의 드 영 미술관에 이르기까지 새로운 형태의 실험 건축을 추

위: 샤우라거 미술관의 전경 / 아래: 샤우라거 미술관의 측면(사진 제공: Schaulager)

구하는 건축가다.

2003년에 지어진 샤우라거 미술관은 거친 흙으로 뒤범벅된 무채색의 직사각 박스형 미술관으로 편안하고 자연스러움이 돋보였다. 외부 공간의 움푹 들어간 입구는 일종의 안뜰 역할을 하였고 측면의 종이 박스를 뜯어놓은 듯 잘린 외관은 자갈을 섞은 흙 재료와 잘 부합하였다. 노출된 자갈은 내부의 온도 조절과도 밀접한 관계가 있다. 그리고 이 흙과 자갈은 이 건물을 지을 때 파낸 것이라 한다.

작품을 모아놓은 방식도 독특하였다. 건축가는 평면의 공간 안에 작품 전시와 동시에 보관을 위한 수장고의 효과도 살리기 위해 최대한 노력하였다. 수장고 문은 손잡이가 없이 옆으로 밀어제치면 열린다. 온몸으로 문을 열면 어떤 작품은 벽에 걸려 있고, 어떤 작품은 바닥에 자연스레 펴놓은 공간이 기다리고 있었다. 소장 작가의 드로잉은 판매대 위에 올려져 있었고 작품들은 창고처럼 거대한 벽에 기대어놓거나 걸거나, 바닥에 뉘어놓아 수직 및 수평적 평면 위에서 작품 전체를 한눈에 볼 수 있도록 전시하였고 보관하였다.

샤우라거 미술관의 내부 공간들은 구획 없이 여러 기능을 담당하면서도 시각적으로 뛰어났다. 컬렉션으로는 미로, 모홀리 나기, 몬드리안, 신디 셔먼, 솔 르윗, 빌 비올라, 제프 월, 크리스토퍼 울, 아츠 와거, 리처드 롱, 로버트 맹골드, 아르프, 존 발데사리, 매튜 바니, 빌 베클리, 크리스찬 볼탄스키, 월터 드 마리아, 토마스 루프 등 기라성 같은 현대 작가들 외에도 신진 작가들의 작품들이 수장되어 있었다.

이 미술관 입구에는 또 하나의 작은 집인 창고 미술관이 있다. 창고와 같은 이 작은 집은 박공 지붕이 있는 건물에 의해 보호되어 있었다. 작은 집은 미술품의 휴식처로써 서정적 공간을 만든 건축가의 배려가 숨어 있었다. 미술 작품도 다음 전시를 위해 휴식이 필요하다.

두 개의 대형 모니터에서는 특별전인 로버트 고버^{Robert Gober}의 작품이 쉴 사이 없이 움직이고 있었다. 미국의 설치 작가인 로버트 고버의 전시는 신선한 충

샤우라거 미술관의 또 하나의 집과 로버트 고버의 두 개의 모니터

위: 샤우라거 미술관의 내부 공간 / 아래: 샤우라거 미술관의 창고 전시장(사진 제공: Schaulager)

격이었다. 다리가 잘리거나 머리가 잘린 신체 일부분의 조각이 벽에 빠짝 붙어 있었다. 샤우라거 공간과 잘 어울리는 작품이었다. 특히 물과 함께 이루어지는 로버트 고버의 전시 기획은 최근에 본 가장 인상 깊은 전시였다.

작지만 지루하지 않도록 공간을 구성하여서 종일 머무르고 싶었던 미술관이었다. 보관이나 설치가 까다로운 현대미술 작품을 최적의 상태로 보관하면서 동시에 관람도 할 수 있다는 장점은 세계적인 명소로 거듭나기에 전혀 부족함이 없었다. 뿐만 아니라 이런 혁신적인 미술관을 바젤 외곽의 물류창고 단지에 만듦으로써 비용도 절약하고 문화 소외 지역에 활기를 불어넣어준 셈이다. 고요하며 정적인 샤우라거는 기대 이상의 기쁨을 주었던 곳이었다.

건축가   헤르조그 & 드 뫼롱
주소   Ruchfeldstrasse 19, 4142 Münchenstein, Switzerland
홈페이지   www.schaulager.org

오스트리아

브레겐츠
브레겐츠 미술관

브레겐츠 미술관
Kunsthaus Bregenz

외피와 몸체가 떨어져 있는 특이한 구조의 반투명 유리 박스의 건축물

브레겐츠는 오스트리아의 전형적인 시골 풍경을 담은 조용한 마을로 세계적인 음악 축제가 열리는 곳으로 더 유명하다. 브레겐츠 페스티벌은 1945년부터 시작된 세계 최초의 배 위에서의 오페라 축제다. 이 기간에는 세계 각지에서 모여든 오페라 마니아들로 붐빈다. 최초의 음악 축제가 열렸던 소도시에 가장 세련된 현대미술관이 들어서면서 브레겐츠로 향하는 발길은 끊어지질 않는다. 그 이유는 현재 가장 존경받는 건축가로 떠오른 피터 줌터 디자인의 미술관이 1997년에 들어서면서 이 아름다운 미술관 건축을 보기 위해 수많은 건축학도들과 미술 애호가들이 찾고 있기 때문이다. 건축학도들에게 브레겐츠 미술관은 현대건축 순례지로 손꼽히는 곳이기도 하다.

브레겐츠 미술관은 스위스 건축가인 피터 줌터Peter Zumthor●가 설계를 맡았다. 이미 세계적인 건축가로 위상을 떨치고 있었던 줌터였지만 이 미술관은 그에게 특별한 의미가 있다. 2009년 프리츠커 수상의 영예를 안겨주었기 때문이다. 우리나라에도 곧 완성될 건축으로 인해 피터 줌터는 몇 차례 방문한 적이 있다.

브레겐츠 미술관의 전경

심플한 직사각형의 브레겐츠 미술관은 편안하게 대지에 흡수되어 행인이 자연스럽게 오갈 수 있도록 의도된 건축이었다. 피터 줌터의 건축 철학은 주변 환경과의 관계를 가장 중시하고 자신의 건물로 인해 그 장소의 경관을 해치지 않는 것을 제일 우선으로 한다. 멀리에서도 브레겐츠 미술관의 멋진 디자인은 한눈에 들어왔지만 결코 튀는 건축물은 아니었다. 반투명한 유리 재질로 이루어진 이 미술관은 강철 프레임에 의해 미묘하게 매달려 있었고 각각의 유리 패널이 자립하고 있는 것처럼 보인다. 표면을 산으로 부식시켜 반투명으로 만든 유리 벽은 내부의 몸체와의 사이에 틈새를 두어 외피와 몸체가 떨어져 있는 특이한 구조였다. 박스형의 단순한 겉보기와는 달리 뛰어난 기술이 요구되는 건축물이다. 야밤에는 이 유리 벽 사이로 형광색 등이 비추어져 그 조명 효과로 인해 미술관은 더욱 빛난다고 하지만 아쉽게도 야경을 보지 못했다.

피터 줌터(1943~)는 가구 장인의 아들로 태어나 바젤 미술대학에서 가구와 실내건축을 공부한 뒤, 뉴욕으로 건너가 프랫 대학에서 건축과 실내디자인을 공부했다. 이후 스위스로 돌아와 1979년 자신의 사무소를 개설하였다. 그의 작품은 주로 스위스의 작은 도시나 마을의 소박한 건축물 위주로 그 지역에서 영감을 얻으면서도 현대적이고 독창적인 아이디어로 전 세계에 반향을 불러일으키는 걸작들로 평가받는다. 건축생도들에게 가장 크게 영향을 미치는 건축가로도 꼽힌다.
그의 작품으로는 성 베네딕트 채플, 클라우스 형제교회, 발스의 온천장, 쾰른의 콜룸바 미술관 등이 있다. 칼스버그 상, 미스 반 데어 로에 상, 일본예술협회가 수여하는 프레미엄 임페리얼 상, 프리츠커 상 등 건축계의 주요 상을 수상하였다.

브레겐츠 미술관은 4개의 갤러리로 이루어져 있다. 건물의 하중을 받치는 유리 패널은 내부 벽으로도 사용되어져, 유리 벽을 통해 들어온 자연광으로 채워진 전시장은 작품 감상을 편안하게 하였다. 이음새 없이 한 판으로 깔려진 바닥과 반투명 유리 벽체를 통해 들어온 은은한 빛은 전시된 작품들과 절묘한 조화를 이루었다. 뿐만 아니라 벽과 천장을 통해 들어오는 자연광은 최첨단의 기술을 이용하여 빛의 가감이 인공적으로 가능하다. 그리하여 실내는 항상 일정한 조도를 유지하게 된다.

천장을 지탱해주는 금속 프레임의 디자인은 구조적 기능 외에도 심미적으로도 멋진 내부 공간을 연출하였다. 또한 이 건물의 콘크리트 계단과 엘리베이터 역시 단순히 통로나 운행의 기능만이 아니라 순환 시스템 역할도 한몫하도록

위: 브레겐츠 미술관의 조셉 보이스 작품이 설치된 공간 / 아래: 반투명 유리벽 사이로 드러난 내부 복도 공간

위: 벽과 천정의 틈을 통해 들어오는 자연광 / 아래: 브레겐츠 미술관의 내부 공간

서로 연결되어져 있다 하니 어느 한 부분도 소홀함이 없는 건축가의 꼼꼼하고 빈틈없는 사고를 읽을 수 있었다. 피터 줌터가 이상적인 건축물을 만들기 위해 애쓴 흔적이 미술관 곳곳에서 드러났다. 전시 공간은 현대 예술의 다양한 성격에 맞게 꾸며져 있었다.

층마다 완전히 열려 있는 공간은 현대 전위예술가들이 추구하는 대형 작품을 마음껏 펼쳐놓아 감상자로 하여금 한눈에 감상할 수 있도록 배려한 것이다. 또한 작가의 작품 성향과 기획자의 의도를 관람자가 한눈에 꿰뚫어볼 수 있도록 공간을 열어놓았다.

내가 방문한 2007년에는 '신화mythos'라는 주제로 4명의 현대 전위예술의 대표 작가인 조셉 보이스, 싸이 톰블리, 매튜 바니, 더글러스 고든의 초대전을 하고 있었다. 각층마다 신화를 주제로 한 대형 작품 전시는 규모면에서나 내용면에서 각 작가의 개인전을 방불케 하였다. 그라운드 층에서는 20세기의 가장 영향력 있는 독일 작가인 조셉 보이스의 작품 세계의 전반적인 성향을 보여주었고, 1층에서는 스코틀랜드 출신의 아티스트며 영화감독이며 사진작가인 더글러스 고든의 전시를 볼 수 있었다. 그는 히치콕의 1960년대 영화 〈사이코〉를 24시간의 길이로 늘여서 만든 영화 〈24시간 사이코24-Hour Psycho〉로 인해 유명해진 작가다. 전시된 더글러스 고든의 조각 작품 중에서 40개의 별 모양이 구멍에 의해 관통되는 인간의 두개골 작품을 보는 순간 온몸이 섬뜩하였다. 40의 숫자는 자신의 나이를 의미하여 그 두개골은 자신의 박제였다. 2층에서는 미국 작가인 매튜 바니의 회화와 드로잉, 영화, 사진, 거대한 설치미술 등이 전시되었고, 3층에서는 미국 추상표현주의의 대가인 싸이 톰블리의 회화 〈레판토Lepanto〉 시리즈로, 그리스 레판토해전의 피의 역사를 패러디한 대형 작품들을 감상하였다.

브레겐츠 미술관을 나와 주변의 골목 구석구석에 있는 작은 갤러리와 서점, 카페들을 기웃거리는 재미도 쏠쏠하였다. 브레겐츠 페스티벌에 부연 설명을 하자면 처음에는 호수에 큰 배를 띄워 그 위에서 공연을 하였고 관객들은 호숫가에서 공연을 감상하였다 한다. 그 후에 이 공연이 호숫가를 찾은 휴양객들에게 큰 호응을 얻게 되면서, 1948년부터는 호수 위에 무대를 만들고 오페라가 공연되었다. 그 당시는 주로 빈 오페레타를 공연하였다. 본격적인 오페라 공연은 한참 후인 1979년에 현대식 시설을 갖추면서 시작되었다. 이 공연장에서는 주로 베르디, 바그너, 푸치니 등이 작곡한 유명한 오페라가 공연되면서 더욱 명성을 얻었다. 1980년부터는 축제 극장에서도 현대 오페라들이 공연되었고 유럽의 대표적 여름 음악 축제로 자리매김하였다. 비록 극장에서 비디오 상영만으로 보았지만 2011년에 공연된 움베르토 조르다노^{Umberto Giordano}의 작품 〈안드레아 셰니에^{Andre Chénier}〉는 아방가르드한 오페라 연출로 인해 오늘날 최고의 연출로 손꼽히며, 초호화 무대의상은 관객들을 사로잡기에 충분하였다. 음향 기술은 날로 발전하여 바다 위의 공연장에서도 최상의 음향 컨디션이 가능하다 하니 정말 놀라울 뿐이다.

건축가   피터 줌터
주소   Karl-Tizian-Platz, 6900 Bregenz, Austria
홈페이지   www.kunsthaus-bregenz.at

이탈리아

로마
로마 국립현대미술관
국립21세기미술관

Galleria Nazionale d'Arte Moderna

세기의 도난 사건으로 유명해진 고흐의 〈아를의 여인〉이 소장된 미술관

세계 역사상 가장 유서 깊은 곳이며 최대 도시를 자랑하는 로마는 도시 전체가 박물관 숲이다. 거리마다 자리한 유적, 유명한 조각과 트레비 분수, 콜로세움과 같은 웅장한 건축 등은 찬란했던 고대 로마 속으로 고스란히 빨려들어 가게 하였다. 현대 도시와는 너무나 다른 느낌이다. 요즘 흔한 고층 빌딩 하나 보이지 않는 옛 도시의 모습 그대로였다. 고전적인 양식의 건축과 유적들을 오롯이 간직한 로마로의 여행은 영화의 한 장면처럼 꿈과 낭만을 실은 채 내 마음을 송두리째 앗아갔다.

기차를 타고 밀라노를 떠나 로마 역에 도착했을 때의 지저분한 첫 인상은 '모든 길은 로마로 통한다.'는 과거의 영화를 찾기에는 너무나 동떨어진 느낌이었다. 그러나 역을 빠져나와 호텔로 향하며 광장을 지나 바라본 아름다운 거리 풍경들은 내 마음을 한순간에 사로잡았다. 주변국인 그리스와 이집트, 메소포타미아, 페르시아 등 여러 양식을 모방한 로마 건축은 새로운 건축양식을 만들어 거리 곳곳에 아름다운 자태로 드러나고 있었다. 수십 년 전까지만 해도 로마

는 세계 여느 도시보다 깨끗한 도시였지만 1970년 이후 급격한 인구 증가와 많은 자동차로 인해 오염이 심각해졌다. 많은 유적과 유물은 심하게 훼손되어 박물관이나 미술관으로 자리를 옮기고 있다 한다.

로마 국립현대미술관은 벨레 아르티 거리Via delle Belle Arti의 보르게세 공원Villa Borghese Gardens 가까이에 있어서 쉽게 찾을 수 있었다. 1883년에 개관하였으며 1915년에 현재의 건물로 이전하였다. 현재의 미술관 건물은 1915년에 이탈리아 건축가인 체사레 바자니Cesare Bazzani가 디자인을 하였다.

미술관 입구 양편에는 정원을 꾸며놓았고 마우로 스타치올리Mauro Staccioli의 작품이 정원 왼쪽에 놓여 있었다. 이탈리아 조각가 마우로 스타치올리는 우리나라에도 초대되었는데 여의도 일신방직 사옥 앞에도, 목동 오목공원에도 그의 작품이 놓여 있어 우리에게도 비교적 잘 알려진 조각가다.

중앙 아트리움에 놓인 안토니오 카노바Antonio Canova의 조각품 전시가 독특하였다. 카노바의 조각은 마치 깨진 유리 파편들을 뿌려놓은 듯 번쩍이는 유리 재질의 바닥 위에 놓여 있음으로 인해 현대적이었다. 중앙 홀을 지나서 방대한 미술관 크기에 어느 홀부터 볼 것인지를 고민하며 무작정 1번 전시실로 향했다.

무려 75개나 되는 전시실에는 19~20세기의 신고전주의와 낭만주의 회화를 비롯해 각 시대별로 무수한 조각품들을 소장하고 있었다. 키리코·모딜리아니·모란디·폰타나와 같은 이탈리아의 유명 화가의 작품은 물론, 칼더·세잔·뒤샹·자코메티·브라크·드가·클림트·모네·마네·로댕·고갱·고흐·잭슨 폴록·헨리 무어·몬드리안·칼더·존 챔벌린과 같은 세계적인 예술가들의 작품들이 소장되어 있었다.

컬렉션 중 인상적인 작품으로는 현대미술의 기수이며 다다의 창시자인 마르셀 뒤샹의 작품 〈샘〉과 〈자전거 바퀴〉가 있었다. 퐁피두 센터와 뉴욕 모마에서도 뒤샹의 작품들을 보았지만 역사적인 도시 로마에서 만나니 더욱 감개무량하였다. 처음 작품 〈샘〉이 프랑스에서 전시되었을 때는 표절과 외설로 인해 온

로마 국립현대미술관의 전경

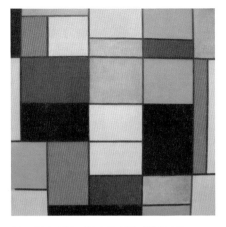

몬드리안의 <빨강, 파랑, 노랑, 검정, 회색의 구성>　　　　　　고흐의 <정원사>

갓 비난을 받았지만 1917년 뉴욕 아모리 쇼에 〈샘〉을 전시하면서 주목을 끌었다. 작품 〈자전거 바퀴〉는 거꾸로 전시하여 주목을 끌었다. 로마 현대미술관에서의 뒤샹 전시는 회화 작품들과 가구들 사이에 전시함으로 어느 공간에 두어도 전혀 낯설지 않은 멋진 조각품으로 다가왔다. 현대미술의 주요한 사조인 팝아트와 개념미술에도 지대한 영향력을 미친 마르셀 뒤샹은 공장에서 찍어낸 기성품을 예술 작품의 반열에 올려놓은 예술 혁명가이기도 하다.

　20세기의 주요 소장품으로는 모네와 구스타프 클림트의 〈여성의 세 시기〉, 빈센트 반 고흐의 작품 〈아를의 여인L'Arlésienne〉과 〈정원사The Gardener〉를 볼 수 있었다. 1999년에 이 미술관에서는 고흐의 작품 〈아를의 여인〉과 〈정원사〉를 도난당한 '세기의 도난 사건'이 있었다. 도난 사건 2개월 후에 작품들을 다시 찾게 되었고 이탈리아 경찰의 위상을 만국에 떨쳤다. 그 작품 앞에 서게 되니 만감이 교차하였다.

　고흐의 작품 〈아를의 여인〉은 4개 버전이 있다. 하나는 네덜란드 크롤러 뮐러Kröller-Müller 미술관에, 또 하나는 브라질 상파울루 미술관에, 그리고 나머지 하

중앙 아트리움에 놓인 안토니오 카노바의 조각

고흐의 <아를의 여인>

구스타프 클림트의 <여성의 세 시기>

나는 개인 소장으로 알려져 있다. 개인 소장품 <아를의 여인>은 2006년에 미국 크리스티 경매에서 4030만 달러(한화로 약 380억 원)에 거래되었다. 우리에게 익숙한 <아를의 여인들Ladies of Arles>은 상트페테르부르크의 에르미타주 미술관에 소장되어 있다. 그리고 뉴욕 메트로폴리탄 소장품 <아를의 여인, 마담 지누 L'Arlésienne Madame Ginoux>는 2개의 버전이 있으며, 다른 하나는 오르세 미술관이 소장하고 있다. 세계적인 미술관들만 소장한 작품 <아를의 여인>을 이곳 로마 국립현대미술관에서 볼 수 있는 행운을 안았다. 모델 지누 부인은 고흐가 고갱과 함께 시골 마을 아를에서 생활할 때 마을에서 친하게 보냈던 카페의 주인이었다. 기대하지 않았던 로마 국립현대미술관에서 도난당했던 <아를의 여인>과 나란히 전시된 <정원사>를 다시 볼 수 있음은 커다란 기쁨이었다.

구스타프 클림트의 작품 <여성의 세 시기>도 인상적이었다. 이 작품은 여인이 태어나서 성장하고 늙어가는 과정을 세 번의 시기로 화폭에 담은 유화다. 특이한 점은 그림 속의 세 사람 모두 서로를 응시하지 않고 있음으로 죽음의 그림자가 짙게 깔려 있는 어두운 내용이다. 그럼에도 불구하고 클림트 특유의 황금

빛 화려한 장식성에 어느새 매료된다. 아르누보의 선구자 클림트의 인간 내면의 세계와 장식적 아름다움을 동시에 보여준 작품이었다.

　시간이 부족하여 신인상주의와 미래파의 작품 전시실은 통과하여서 앤디 워홀 특별전 '헤드라인Headline'을 향해 발걸음이 빨라졌다. 앤디 워홀의 초기 드로잉을 비롯해 자화상, 영상 작품 등 다양한 작업을 볼 수 있었다.

　로마는 이미 BC 312년에 로마 시에 물을 공급하는 역할의 수도교를 건설하였고, 그 무렵에 11개의 수로를 건설할 정도로 건축공학이 발달했다. 콜로세움을 지은 뒤에도 2세기 무렵 로마 건축의 전성기를 맞이하게 된다. 이 시기는 5현제가 군림한 로마제국의 전성기로 96년에서 180년에 이르는 기간 동안 5명의 황제가 세습이 아닌 원로원 의원의 선출로 지명되면서, 훌륭한 황제가 속출하였다. 특히 트라야누스(재위 98~117년)와 하드리아누스(재위 117~138년) 시기에는 로마 건축 최고의 치적을 쌓았다. 로마제국은 위대한 문화를 남겼지만 반면에 문제점도 많았다. 권력자들의 지나친 사치와 향락으로 결국 멸망으로 치닫게 되었다. 476년 서로마제국의 멸망 이후 1538년이 지난 이 시점에서 로마가 새로운 지평을 열어 '모든 길은 로마로 통한다.'는 옛 영화를 누리는 도시로 도약하는 시기가 과연 도래할지 의문하며 발걸음을 서둘러 막시 미술관으로 향했다.

건축가　　　체사레 바자니
주소　　　　Viale delle Belle Arti, 131, 00197 Roma, Italy
홈페이지　　lagallerianazionale.com

MAXXI, Museo Nazionale Delle Arti Del XXI Secolo

화이트와 블랙의 강렬한 대비를 이룬 유기적 공간의 건축물

오랫동안 과거의 영광에만 안주했던 유적의 도시 로마는 환골탈태의 도전으로 최첨단 현대미술관인 국립21세기미술관을 짓게 되며 약어로 '막시 미술관'이라고 부른다. 총공사비로 1억 5000만 유로(약 2600억 원)라는 엄청난 돈을 들여 우여곡절 끝에 2010년에 개관을 하였다. 2만 7000제곱미터의 대규모 흰색 콘크리트 건물인 막시 미술관은 미술관Maxxi Art과 건축관Maxxi Architecture의 2개 전시동과 강당, 도서관, 공연장으로 이루어져 있다. 바닥부터 천장까지 이어진 유리문 사이로 드러난 화이트와 블랙 컬러의 구조물들은 강한 대비를 이루고, 빨간색 가느다란 빔이 공간 사이에 우뚝 서 있음으로 인해 마치 대형 조각이 서 있는 듯하였다.

미술관의 벽은 어떤 흐름을 갖고 움직이는 듯하였다. 방들은 고정돼 있지 않다. 천장에는 칸막이를 설치하여 자유자재로 활용할 수 있게 하여 다양한 전시 기획이 가능하다. 나선형의 철제 계단은 각 전시실을 유기적으로 잇는 역할을 하였다. 난해한 현대미술품 감상 후에 둥글게 흐르는 계단 등 역동적인 공간에

서 방황하는 재미도 쏠쏠하였다. 자연광을 통한 다양한 공간의 체험은 잠시 여유를 찾게 하였다.

이 미술관의 전시나 운영 방향도 초현대적인 외관만큼이나 현대적이다. 로마 유물이 그 당대 유럽의 전위예술이었듯이 21세기에도 예술의 최전방위Avant-Garde가 되어야 한다는 취지에서다. 막시 미술관 설계는 이라크 출신의 세계적으로 유명한 영국 건축가 자하 하디드*가 담당하였다. 그녀는 막시 미술관의 오픈 인터뷰에서 미술관 디자인의 모티브를 '오래된 것과 새 것을 연결하는 것'이라고 강조하였다.

로비의 데스크 디자인부터 자하 하디드 특유의 유선형이 눈에 들어왔고 천정을 비롯해 대담한 선과 빨간 철제빔, 새까만 나선형 램프를 둘러싼 하얀색 조명등의 조형적 디자인만으로도 최전방위 현대 공간을 충분히 드러내 보여주었다. 호기심으로 가득하여 전시장 외·내부 공간을 세세히 훑어보았다. 모던한 박스형의 하얀 대리석 의자는 새까만 철제 램프와 환상의 조화를 이루었다.

2012년에 방문했을 때는 미술관 입구에 다양한 색상의 헌옷이나 종이를 이용한 설치 작품 〈내일을 향하여Toward Tomorrow〉가 건물 바로 아래 길게 늘어뜨려져 있었다. 이 작품은 환경 프로젝트 작가로 세계적으로 주목받고 있는 핀란드 작가 카리나 카이코넨Kaarina Kaikkonen의 작업이다. 그리고 1층 출구에는 인도 출신의 세계적 조각가인 아니쉬 카푸어의 커다란 조형 작품 〈위도우widow〉가 한 벽을 온통 장식하였다. 건축 공간과 잘 어울린 적재적소의 작품 선택이었다.

소장품으로는 길버트 & 조지, 마이클 래데커Raedecker, 아니쉬 카푸어, 에드 루샤, 게르하르트 리히터, 바네사 비크로프트, 토마스 루프, 프란체스코 클레멘

자하 하디드(1950~)는 영국의 유명 건축학교인 AA스쿨에서 건축을 전공하였고, 30세의 젊은 나이에 자신의 건축사무소를 설립하였다. 1983년에는 홍콩의 한 공모전에서 1등을 거머쥠으로써 건축계의 주목을 받기 시작하였다. 그녀는 러시아 구성주의 작가들의 영향을 받은 파격적인 건축 작업들을 펼쳐 보인다. 2004년 여성으로는 최초로 프리츠커 상을 수상하였다. 뿐만 아니라 제품디자인, 실내디자인 및 가구디자인 등 모든 분야를 섭렵하는 건축가로 우뚝 서고, 2014년에는 우리나라 동대문 디자인 플라자(DDP)를 디자인하여 국내에도 알려졌다.

국립21세기미술관의 전경

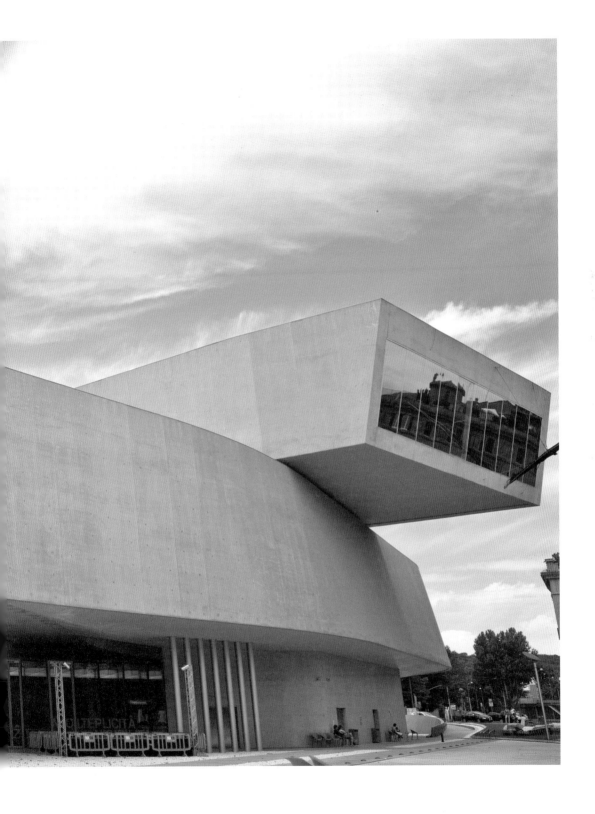

국립21세기미술관의 유선형 전정과 철제 계단

위: 국립21세기미술관의 데스크와 유선형 램프 /
아래: 국립21세기미술관의 전시실 모습(사진 제공: Museo Nazionale Delle Arti Del XXI Secolo)

막시 미술관 외부에 있는 휴식 공간

테, 가브리엘 바실리코, 키키 스미스, 로니 혼, 안젤름 라일Anselm Reyle, 우고 론디노네, 토마스 쉬테, 빌 비올라 등 21세기의 가장 핫한 작가들의 작품을 볼 수 있었다.

솔 르윗의 '월wall 드로잉'은 바로 옆 미술관 카페의 칸막이 역할도 수행하여 그 카페를 멋진 공간으로 격상시켰다. 아카이브 전시로는 이탈리아 출신의 세계적인 건축가 카를로 스카르파Carlo Scarpa를 위한 전용 홀이 1층에 따로 있었다. 자국 최고의 건축가를 기리며 숭앙하는 태도 역시 르네상스를 탄생시킨 나라다운 면모를 보여주었다.

그 옆에는 이태리 건축가 알도 로시Aldo Rossi를 비롯해 20세기 건축가의 아카이브가 기획되어 있었다. 바로 옆 홀에는 사진 전용 전시실이 따로 있었다. 그 외에도 이 미술관은 영화와 퍼포먼스에도 관심을 보였다. 현대미술계의 흐름인 미디어와 테크놀로지가 현대미술의 새로운 언어로 부상하고 있음을 정확히 꿰뚫은 처사였다. 미술관에는 라이브 공연장과 대형 오디토리움을 비롯하여 영상 이미지를 쉽게 접할 수 있는 공간들도 있었다. 일반적인 관습적 작품 감상이라기보다는 설치된 작품들을 경험하며 관람자가 작품에 함께 동참할 수 있도록 즐기며 쉼을 누리도록 경계를 헐어버린 현대미술관을 추구하고 있음이 역력하였다. 현대미술계의 새로운 변화를 잘 간파하고 있었다.

미술관 밖에는 아이들을 위한 놀이터요, 어른들을 위한 휴식처가 있었다. 미술관 건축디자인과 어우러진 천연 소재의 천과 나무로 된 휴식 공간은 자유롭게 누워서 뒹굴 수도, 앉아서 독서할 수도, 산책할 수도 있는 합리성을 추구한 공간이었다. 나도 그 장소에 잠시 누워 로마의 파란 하늘과 자연을 만끽하며 일탈을 누렸다.

자하 하디드는 막시 미술관으로 2010년 영국왕립건축가협회의 스털링 상Stirling Prize을 수상하였다. 막시 미술관을 돌아본 후 첫 느낌은 건축 공간 자체가 마치 조형 작품처럼 드러나 현대미술품을 전시 수용하기엔 미흡하다고 생각하였다. 그러나 시간이 지날수록 최첨단의 테크놀로지를 갖춘 전시 공간과 소장품들은 관람자가 자연스레 다가갈 수 있는 공간이었다. 급변하는 현대미술 흐름에 맞추어 전시할 수 있는 첨단의 공간들은 미래를 내다본 처사였고, 작품 감상후 독특한 공간에서 쉼을 누릴 수 있도록 자유로운 공간이 펼쳐짐은 수상 받기에 조금도 부족함이 없어 보였다. 예술의 도시 로마에 들어선 국립21세기미술관은 비록 현재 경제적으로 낙후되었지만 최첨단 현대미술관다운 면모를 제대로보여줌으로 오랜 역사가 하루아침에 탄생되지 않음을 여실히 느낄 수 있었다.

건축가   자하 하디드
주소   Via Guido Reni, 4/A, 00196 Roma, Italy
홈페이지   www.fondazionemaxxi.it

영국

런던
테이트 모던
서펜타인 갤러리

테이트 모던
Tate Modern

발전소 터빈 홀을 개조한 현대미술관의 아이콘

런던은 2000년의 유구한 역사를 자랑하는 왕조의 수도로서 과거와 현재가 조화롭게 공존하는 유럽 최고의 중심 도시다. 빅토리아 왕조의 '미술 & 공예Arts & Crafts 운동'에서부터 현대미술, 현대건축, 대중음악 등의 예술과 문화가 어우러진 낭만이 가득한 도시다. 매력적인 곳 첼시Chelsea의 꽃 축제를 비롯하여 1월의 마임 페스티벌, 6월의 로열 아카데미 여름 축제, 7월의 야외 콘서트와 런던 시 페스티벌, 8월의 야외 연극제, 9월의 템스 강 축제와 프리즈 아트 페어까지 다양한 축제로 그 열기가 1년 내내 식을 줄 모른다.

2012년 6월의 런던은 올림픽 준비 기간으로 문화예술 축제와 관련된 볼거리가 풍성하였다. 해가 지지 않는 나라라는 과거의 명성이 조금은 퇴색한 느낌이 들기도 했지만 여전히 새로움을 추구하는 예술 도시로서의 면모가 곳곳에서 드러났다. 오래된 양조장을 문화예술 공간으로 리모델링한 트루먼 브루어리 거리는 도시 재생의 새로운 장소로 떠올랐고 많은 사람들로 붐볐다. 버려진 양조장의 대형 창고들을 뼈대는 그대로 둔 채 온통 하얗게 리모델링한 전시 공간에서의 전시는 런던의 새로운 트렌드를 읽을 수 있었다. 2016년 11월 사우스 켄싱턴 지역에 재개관한 디자인 미술관에서의 카르티에 전시 'Cartier in Motion'도 인상적이었다. 1920년대 디자인부터 현재까지의 카르티에 디자인이 태동하기까지는 사회, 문화, 역사적 배경의 영향이 컸고 시계디자인 변천사를 한눈에 볼 수 있는 흥미로운 전시였다. 영국 왕실을 비롯해 유명 예술가와 한 시대를 풍미했던 유명 배우들이 카르티에 디자인에 대한 열광과 사랑을 보며 그 명성을 확인할 수 있었다. 또한 테이트 모던, 서펜타인 갤러리, 서펜타인 파빌리온, 서펜타인 새클러 갤러리에서의 전시를 감상하며 영국 현대미술의 트렌드를 읽을 수 있었다. 팝과 록의 도시 런던은 오늘도 여전히 새로운 트렌드를 만들어내는 예술의 메카임을 새삼 확인하였다.

이른 아침부터 서둘러 테이트 모던으로 달려갔다. 2000년에 개관한 테이트 모던은 테이트 브리튼Tate Britain, 테이트 리버풀Tate Liverpool, 테이트 세인트 아이브스 Tate St. Ives 갤러리와 함께 테이트 갤러리 네트워크에 속한 미술관이다. 2016년 새롭게 오픈한 신관 역시 헤르조그 & 드 뫼롱이 설계를 맡았다. 옛 구관 건물과 조화를 이루기 위해 오로지 블록을 쌓아 올린 테이트 모던의 신관은 마름모 형태의 건물이다. 내부로 들어서니 건축가 특유의 자연 친화적이며 구관과의 조화를 이루기 위해 노출 콘크리트와 까만 스틸을 이용한 건축가의 의도를 이곳저곳에서 읽을 수 있었다. 그러나 신관에 가려져 위압적인 터빈 건물의 위용을 테이트 모던 입구에서 조망할 수 없음에 많은 아쉬움이 남았다. 또한 터빈 건물 앞에 오랜 세월을 함께해 온 데미안 허스트의 조각을 볼 수 없어 더욱 아쉬웠다. 조각 주변에 항상 관람객들로 북적였던 친근함과 그 여유로운 공터는 이제 영원히 볼 수 없으리라. 대신 그 자리에는 헤르조그 & 드 뫼롱 특유의 뒤틀린 형상의 테이트 모던 신관이 반겨주었다. 샌프란시스코 있는 드 영 미술관과 오버랩 되었다. 호기심에 찬 시선으로 10층 건물의 신관 내부 전시장과 두 개의 전시회를 돌아본 후 꼭대기 층 테라스를 한 바퀴 돌며 템스 강과 세인트 폴 성당, 런던 브리지.

테이트 모던 신관의 정면

테이트 모던 터빈 홀의 내부 공간(사진 제공: Tate Modern)

테이트 모던 신관의 내부 공간(사진 제공: Tate Modern)

초고층빌딩 더 샤드를 감상하였다.

　자코메티 특별전을 보기 위해 구관으로 이동하였다. 구관 터빈 홀의 높은 천정과 2층, 3층의 전시 공간이 한눈에 들어오는 광경은 그야말로 압권이었다. 수평의 긴 우윳빛 유리 박스의 공간과 어우러진 터빈 홀 공간은 테이트 모던에서만 느낄 수 있는 기쁨이요, 희열이었다. 테이트 모던 구관의 확장 설계는 아주 독특하다. 1981년에 문을 닫은 뱅크사이드Bankside의 발전소를 헤르조그 & 드 뫼롱이 새로운 디자인으로 개조한 것이다. 20세기 이후의 현대미술 작품만을 전시하는 이 공간은 세계 현대작가들이 자신의 작품을 전시하고픈 선망의 장소 1순위로 꼽힌다. 건물 외벽이 벽돌로 이루어진 7층 높이의 직육면체 외관은 현대미술관 건축물이라고 부르기에는 평범하였다. 외부에서만 보면 심플하지만 건물 안으로 들어서면 예상치 못했던 높고 긴 어두운 공간이 펼쳐진다. 높이 35미터, 길이 152미터에 달하는 터빈 홀(발전실)은 입구 로비와 전시 장소로 개조되었고, 보일러 하우스는 전시 공간이 되었다. 중앙에 자리 잡고 있는 발전소용 굴뚝은 테이트 모던의 상징으로, 반투명 패널을 사용하여 밤이 되면 등대처럼 빛을 비추게 개조하였다.

　2012년 방문 때 보았던 현대미술의 전설 데미안 허스트의 전시를 언급하지 않을 수 없다. 마침 테이트 모던에서 데미안 허스트의 특별 회고전이 열리고 있었다. 현존 작가로 작품 가격이 가장 비싼지 궁금하였고 엽기적인 예술가로 논란의 대상이 되었던 작품 '상어'를 비롯해 그의 초기작부터 최근 작품을 보기 위해 발걸음이 빨라졌다. 수많은 화제를 뿌렸던 파란 유리 상자 속에 갇힌 '상어'는 충격적이었다. 전기 모터로 분해된 상어를 포름알데히드 용액을 채운 유리 상자에 넣어 통째로 보여주는 작가의 의도가 갑자기 궁금해졌다. 상어의 껍질을 벗기고 방부액 속에 넣어 작품화한 '상어'가 1991년에 처음 시도되었을 때 현대미술계에서는 끔찍하고 엽기적이라는 비판을 불러일으켰고, 설상가상으로 상어는 부패해 적잖은 논란을 빚기도 했다. 그 당시에 데미안 허스트 스스로도 가

데미안 허스트의 회고전 포스터에 실린 '상어'

터빈 홀 발코니에서 바라본 밀레니엄 브리지와 세인트 폴 성당

장 추악하고 끔찍한 것을 만들고 싶었다고 언급했던 만큼 작품 제목 역시 '살아 있는 자의 마음속에 있는 죽음의 육체적 불가능성'이라는 부제를 지니고 있었다. 누구에게나 죽음에서만큼은 자유롭지 못하다는 것을 부연해주는 부제였다. 이유야 어떻든 '상어'의 작품명 〈제국〉은 그 당시 세기적인 컬렉터인 찰스 사치에게 5만 파운드(약 1억 원)에 팔리면서 도마 위에 올랐고, 14년 후 2005년에 이 '상어' 작품은 컬렉터 스티브 코헨에게 127억 원에 팔렸다. 그 후 2008년에 옥션에서 1억 1100만 파운드(약 1879억 원)에 팔리면서 또 한 번 미술계를 들썩이었다.

이번 회고전의 하이라이트는 데미안 허스트의 가장 최근 작업이랄 수 있는 해골 작품 〈신의 사랑을 위하여〉이었다. 백금으로 주형을 뜬 실물 크기의 두개골에 총 1106.18캐럿의 다이아몬드 8601개가 촘촘히 박힌 작품으로 세상에서 가장 사치스런 작품이 아닐까 싶다. 숱한 화제를 뿌렸던 이 작품은 아스텍 유물인 두개골에서 영감을 받아 '신의 사랑을 위하여'라는 제목을 갖게 되었다. 제작 비용으로만 줄잡아 2000만~3000만 달러가 소요되었다 한다. 데미안 허스트의 살아 있는 나비 복제를 비롯해 도트dot 시리즈, 약병과 알약 시리즈, 화초, 파리 등 숱한 작품들을 보았다.

특별히 마지막 전시실에 전시된 〈신의 사랑을 위하여〉를 보고 나오며 씁쓸하였다. 죽음 앞에 선 동물처럼 인간의 존재도 죽음 앞에선 나약하다. 셀 수도 없을 만큼 수많은 다이아몬드로 치장하여도 죽은 자에게 영혼을 불어넣어줄 수는 없으리라. 작품이라는 미명하에 인간의 욕망을 끝도 없이 추구하는 데미안 허스트의 작품 세계의 종착역은 과연 어디이며, 더 이상 무엇을 보여줄 것인지 회의가 들었다. 반면에 인간 심연에서 꿈틀거리는 미묘한 주제를 그로테스크한 방법으로 표출한 데미안 허스트의 작품이 매번 미술계의 주목을 받는지 조금 이해할 수 있었다.

전시장을 나올 무렵, 마침 엘리자베스 여왕 60주기Diamond Jubilee를 기리는 고공비행의 축하 공연이 진행되고 있어 7층 미술관 카페에 자리를 잡았다. 건너편 세인트 폴 성당의 고풍스런 돔과 현대적인 밀레니엄 브리지를 한눈에 바라보며

축하 공연까지 볼 수 있는 절호의 찬스였다. 밀레니엄 브리지 위에서 펼쳐진 고공비행의 기술은 가히 일품이었다.

밀레니엄 브리지는 새천년을 기념해서 2000년 6월 개통됐지만 다리가 흔들리는 현상으로 인해 이틀 만에 폐쇄되어 입방아에 올랐다. 그 후 1년 반 동안 보수하여 2002년 2월 재개통되었고, 지금은 런던 시민에게 가장 사랑받는 다리로서 템스 강을 조망하는 훌륭한 산책로가 되었다. 총길이 370미터에 이르는 이 다리는 디자인 면에서도 우수하지만 테이트 모던에서 세인트 폴 대성당까지 편리하게 연결해주는 보행자 전용 다리로서도 의미가 크다. 주말에 이 다리 위에서는 색다른 공연도 열려, 밀레니엄 브리지를 산책하며 공연도 만끽할 수 있는 문화예술의 장으로서 역할도 하고 있다. 밀레니엄 브리지의 디자인은 런던의 랜드마크 커킨 빌딩Gherkin building을 설계한 노먼 포스터° 경이 하였다. 테이트 모던

카페에서 들이킨 샤블리의 부드러운 과일 향은 멋진 비행 공연의 흥분을 배가시켰고 여행의 피로를 말끔히 씻어주었다. 와인과 곁들인 아스파라거스 요리의 그윽한 향기는 일탈의 기쁨으로 가득하여 런던 여행을 더욱 풍성하게 하였다.

2017년 테이트모던 구관에서의 특별전을 볼 수 있음은 최고의 행운이었다. 알베르티 자코메티의 초기 작품부터 말기까지의 조각, 회화, 드로잉을 총 망라한 회고전을 감상하며 자코메티의 다양한 조각 기법과 드로잉에 흠뻑 매료되

영국 출신의 노먼 포스터(1935~)는 맨체스터 대학에서 건축을 공부한 후 예일 대학에서 석사 과정을 마쳤다. 이후 1962년 영국으로 돌아와 '팀Team 4'를 결성해 하이테크 디자인으로 짧은 기간에 명성을 쌓았다. '팀 4' 해체 후 1967년 '포스터 어소시에이트Foster Associates'를 개설해 사무엘 베케트 극장, 윌리스 파버와 뒤마의 본사 등 혁신적인 건축을 선보였다. 대표작으로는 커킨 빌딩, 런던 시청사, 밀레니엄 브리지, 홍콩 HSBC, 쿠웨이트 국제공항, 캘리포니아의 애플 캠퍼스 등의 하이테크 건축 설계로 유명하다. 1999년 남작 작위를 받았다.

어 그에 대한 존경심마저 우러났다. 3층, 4층의 상설 전시를 감상하던 중 단색화 작가 하종현 작품을 볼 수 있었다. 테이트 모던에서 단색화의 대표 주자 하종현 작품을 대하니 너무나 자랑스러웠다. 세계 유수의 미술관에서 백남준을 비롯해 요즘 단색화 붐으로 급상한 이우환, 박서보. 정창섭. 정상화 등 한국 원로 작가들의 소장품을 마주할 때마다 감동되어 그들 작품에서 시선을 오래 멈추는 애

국심은 자연스런 행보였다. 자코메티 회고전을 비롯해 현대미술 상설전이 열리는 전시실 곳곳마다 관람객들의 행렬은 장사진을 이루었다. 아마도 영국인들에게 미술관 방문은 몸에 젖은 문화이고 일상이며 쉼이리라.

사치 갤러리Saatchi Gallery

현대미술의 새로운 메카로 떠오르는 영국을 이야기하는 데 있어서 런던에서 가장 트렌디한 사치 갤러리와 오너인 찰스 사치Charles Saatchi를 빼놓을 수가 없다. 현대미술 컬렉터인 유대인 출신의 찰스 사치는 1985년 런던 북쪽에 위치한 옛 페인트공장에 사치 갤러리를 오픈하였다. 1992년 '사치의 젊은 영국 예술가들Young Bristish Artists, YBA'이라는 기획전을 열면서 사치와 YBA 출신의 젊은 작가들은 세계 미술계에 주목을 받았고, 현대미술계에 YBA 붐을 몰고 왔다.

사치는 YBA 출신의 최대 수혜자이며 영국 현대미술의 아이콘 데미안 허스트Damien Hirst를 비롯해 세라 루커스Sarah lucas, 마크 웰링거Mark Wallinger, 자신의 체혈로 만든 충격적 두상 〈자신self〉으로 부상한 마크 퀸Marc Quinn, 완벽한 사실주의 조각가 론 뮤익Ron Muec, 왜곡된 여성 인물상만을 고집하는 제니 샤빌Jenny Saville 등 무명의 젊은 작가들을 세계적인 유명 작가군에 올려놓았다. 사치는 새롭게 떠오르는 젊은 작가들을 양성하며 후원하는 독특한 캐릭터의 미술 수집가로도 유명하다.

사치 갤러리는 2008년에 첼시 지역으로 이전하여 명품 거리 뒤편에 새롭게 문을 열었다. 2008년 재개관 당시 오픈 전시 타이틀은 '혁명은 계속된다. 새로운 중국 예술'로 중국의 최전방위 작가들의 작품을 선보였다. 장샤오강을 비롯해 왕이강, 쩡판즈에 등이 포함되어 있는 전시회는 엄청난 호응을 얻었고 수많은 관람객의 발길로 연일 이어졌다. 그 당시 사치의 안목은 또 한 번 미술계를 들썩였다. 그 후 10년 사이에 쟝샤오강과 쩡판즈에 작품은 국제시장에서 수십억을 호가하는 세계적인 작가로 부상한다. 요사이 세계 어느 미술관을 가든지 중

사치 갤러리 YBA 출신 작가의 전시 'Sensation'(사진 제공: Saatchi Gallery)

국 아방가르드 작가들의 작품이 전시 기획되는 것을 볼 수 있다. YBA 출신의 데미안 허스트의 발굴과 쟝샤오강과 쩡판즈를 영국 미술계에 소개한 사치의 탁월한 식견을 어느 누구도 부인할 수 없으리라. 한때 사치가 작품을 사면 그 작가의 작품 가격은 급상승한다는 속설로 컬렉터들에게 사치의 영향력은 지대했다.

첼시 지역으로 이전 후 새롭게 개관한 사치 갤러리를 방문하였다. 전시회는 물론 전시 공간이 몹시 궁금하여 기대에 부풀어 안으로 들어가니 온통 현대적으로 리모델링되었다. 총 6500제곱미터의 넓은 공간들이 지하 1층부터 3층까지 13개의 방들로 이어져 있었다. 높은 천정과 하얀 벽면으로 꾸며진 전시실마다 현대미술계에 화젯거리를 낳고 있는 젊은 작가군들의 작품들이 전시되어 있었다. 마침 특별전으로 국제사진전 '초점 없는Out of Focus'이 전시 중이었다. 이 전시는 세계적인 유명 사진작가의 작품 외에도 구글과 사치 갤러리가 공동 주최한 구글 사진작가상Google PhotoGraphy Prize에 선정된 10명의 신예 작가들의 사진도 포함되어 있었다. 사진 작품의 트렌드가 바뀌고 있음을 보여주는 전시회였다. 앞으론 소형 스마트폰 촬영으로도 수억대 사진작품 신화는 가능하리라.

2017년 서울시립미술관에서 카르티에 현대미술관 재단 소장품 기획전이 열렸다. 입구에 전시된 YBA 출신의 론 뮤익 설치 작품 〈침대에서In bed〉는 그 기획전의 하이라이트였다. 침대 위에 누워 있는 여인은 금방이라도 일어나 움직일 것만 같은 착각에 빠져들 정도로 사실적인 작업이었다. 몇 해 전, 송은아트센터에서 채프먼 형제Jake & Dinos Chapman의 전시 'The Sleep of Reason'을 보았다. 전쟁, 대량 학살, 환경 파괴, 죽음, 성적 외설 등 무거운 주제임에도 불구하고 광기로 승화시킨 채프먼 형제 역시 YBA 출신으로 사치가 발굴한 작가다. 론 뮤익과 채프먼 형제의 전시를 통해 영국 현대미술의 흐름을 읽을 수 있었고, 사치의 탁월한 안목을 재평가하게 되었다.

사치 갤러리가 비록 개인 화랑이지만 그 역할과 미술계에 미친 영향력을 간과할 수 없기에 이 갤러리를 언급하지 않을 수 없었다. 사치 갤러리는 미술계에 항상 새로운 이슈를 던져주고 젊은 작가들에겐 전시하고 싶은 갤러리 1순위로 미술 애호가에게는 더없는 호기심 장소이다.

건축가   헤르조그 & 드 뫼롱
주소   Bankside, London SE1 9TG, UK
홈페이지   www.tate.org.uk

서펜타인 갤러리
Serpentine Galleries

서펜타인 파빌리온으로 유명해진 갤러리

오늘도 여느 때와 같이 이른 아침부터 켄싱턴 가든 안에 있는 서펜타인 갤러리로 향했다. 1인당 녹지율이 세계 제일을 자랑하는 만큼 런던 시내 한복판에 자리한 켄싱턴 가든은 정말 부러웠다. 크기에 압도되었고 가든 안에 런던 시민을 위한 다양한 시설물과 예술 작품들이 곳곳에 놓여 있어 산책하기에도 부족함이 없었다. 또한 깨끗한 주변과 잘 다듬어진 정원에서 영국이 '신사의 나라'라 불리는 이유를 알 수 있었다. 런던 시민들에게 공원은 생활의 일부였다. 한나절 정도는 초록이 무성한 공원에서 T. S. 엘리엇의 시를 읽으며 한껏 여유로움을 만끽하는 것이야말로 여행의 일탈을 누리는 방법이 아닐까. 하이드 파크에서 영국인 너 나 할 것 없이 함께 즐겼던 야외 음악회는 한편의 영상 음악처럼 지금까지도 기억 속에 자리하고 있다.

비 온 후 햇살로 인해 더욱 반짝거리는 수풀더미 속에 갤러리가 모습을 서서히 드러내었다. 멀리서 바라보니 그 건물은 마치 동화 속의 집처럼 아름다웠고,

현대미술품을 전시하는 갤러리라고 부르기엔 너무나 고전풍의 건물이었다. 이 갤러리는 죽은 다이애나 왕세자비가 좋아했었고 후원을 아끼지 않았던 곳이었기에 더욱 영국인들에게 사랑받는 곳이기도 하다.

고전주의 양식의 옛날 찻집을 개조하여 1970년에 문을 연 서펜타인 갤러리는 현대미술과 컨템퍼러리 미술을 전시 기획하는 대표적인 공공 갤러리다. 국제적인 작가 위주의 실험적 전시회를 보여주고 있어 런던 시민들이 자주 찾는 곳이다. 방문 당시에 마침 오노 요코 전시 준비로 인해 갤러리 내부를 볼 수 없었다. 아쉬움을 금할 길 없었다.

서펜타인 갤러리 앞 정원에서는 매해 여름마다 세계적인 유명 건축가의 프로젝트를 선정한 야외 건축전이 열린다. 사실은 야외 건축전으로 인해 이 갤러리는 더욱 유명하게 되었다. 1991년 서펜타인 갤러리 디렉터로 부임한 줄리아 파이튼-존스Julia Peyton-Jones는 낙후된 갤러리의 보수 프로젝트 후원금 마련을 위해 디너파티를 주선하였고, 영국의 명사들과 친분을 맺게 된다. 이런 친분을 통해 파이튼-존스는 다이애나 황태자비를 만나게 되었고 서펜타인 갤러리의 전시회 오픈에 다이애나 황태자비를 초대하였다. 황태자비의 참석으로 인해 이 갤러리는 세계 언론의 관심을 끌게 된다. 이런 관심은 상류층, 정계, 재계의 주요 인사들의 갤러리 후원으로까지 이어지게 된다. 그 결과 1996년 서펜타인 갤러리의 보수 프로젝트가 시작되었고, 2000년 연례 후원금 마련을 위해 자하 하디드에게 후원 파티 행사를 위한 야외 천막을 의뢰하였다.

임시 건물로 지어진 자하 하디드의 천막 건물은 건축계와 예술계의 뜨거운 관심을 받았다. 이 천막을 여름 내내 대중에게 공개하였고, 이로 인해 서펜타인 갤러리는 더욱 명성을 얻게 된다.

이 천막 건물이 계기가 되어 서펜타인 파빌리온 프로젝트가 시작되었다. 매년 5월부터 9월 사이에 세계적으로 명망 있는 건축가들에게 의뢰해 임시 파빌리온을 짓게 된다. 매해마다 바뀌는 이 파빌리온은 건축학도들뿐만 아니라 여행자

서펜타인 갤러리와 헤르조그 & 드 뫼롱과 아이 웨이웨이의 파빌리온(2012)

들에게 멋진 건축을 볼 수 있는 절호의 기회이기도 하다.

내가 방문했던 2012년에는 헤르조그 & 드 뫼롱과 아이 웨이웨이^{Ai Weiwei}의 파빌리온이 지어졌다. 연두빛 잔디 위에 누운 원형 파빌리온은 눈길을 사로잡기에 충분하였다. 유리로 된 원형의 판 아래 지하 공간에는 아이 웨이웨이 특유의 중국풍 맛이 담겨 있었다. 이 파빌리온은 위로 솟은 건축이 아닌 지하에 묻힌 중국 왕릉을 연상케 하였다. 잘 다듬어진 코르크 의자들의 도열은 흡사 중국 왕릉에 묻힌 수많은 수장품과 오버랩되었다. 한동안 의자에 앉아서 진시황제 병마용을 떠올리며 왕릉과 원형 파빌리온 사이에 흐르는 묘한 전율을 느꼈다. 잠시 후 기둥 사이로 드러난 공원의 푸르른 자연에 의해 기분은 업되었고, 빛에 의해 초록으로 곱게 물든 원형 천정과 내부 공간은 잘 어우러져 힐링을 주었다.

아이 웨이웨이와 헤르조그 & 드 뫼롱은 이번 파빌리온 디자인의 개념을 예전부터 지금까지 서펜타인 갤러리에 전시되었던 건축가들의 작품을 하나의 파빌리온에 재조명하여 디자인하였다. 지금까지의 서펜타인 파빌리온 프로젝트의 역사를 보여주는 취지에서였다. 천정 아래에 매달린 조명, 굵은 기둥과 기둥 사이로 들어오는 빛, 틈 사이로 드러난 자연의 아름다움을 프레임에 열심히 담아보았다. 건축가가 의도한 파빌리온의 역사적 공간이란 무엇일까? 2000년부터 2011년까지의 파빌리온의 콘셉트를 한 파빌리온에 담은 건축가의 철학을 이해하기에는 역부족이었지만 발상은 훌륭했다.

2000년부터 시작된 서펜타인 갤러리 파빌리온은 첫 번째 프로젝트를 자하 하디드에게 의뢰하였다. 2001년에는 다니엘 리베스킨트, 2002년에는 도요 이토와 세실 발몽드, 2003년에는 오스카 니마이어, 2004년에는 MVRDV, 2005년에는 알바로 시저, 2006년에는 렘 콜하스, 2007년에는 울라프 엘리아슨, 2008년에는 프랭크 게리, 2009년에는 SANAA, 2010년에는 개관 40주년을 맞아 장 누벨이 초대되었다. 2012년에는 헤르조그 & 드 뫼롱과 아이 웨이웨이가 선정되었다. 그러나 아쉽게도 2004년에 선정된 MVRDV의 프로젝트는 예산 문제로 실현되지 못하였다.

2013년 프로젝트는 소우 후지모토^{Sou Fujimoto}, 2014년 파빌리온 프로젝트는 칠레 출신의 건축가 스밀한 라딕^{Smiljan Radic}이 선정되었다. 스밀한 라딕은 도쿄, 산티아고 등 여러 도시에 건축물을 지으며 건축계의 새로운 인물로 떠오르고 있다. 이 파빌리온은 마치 거대한 조개껍질을 연상시키는 흰색 유리섬유로 지어진 반투명의 돔 구조물이다. 스밀한 라딕은 파빌리온 디자인을 오스카 와일드의 소설 〈이기적인 거인^{The Selfish Giant}〉에서 영감을 받았다고 하였다.

2015년 프로젝트는 셀가스카노^{Selgascno}가 디자인을 하였다. 셀가스카노는 호세 셀가스와 루시아 카노가 한 팀을 이룬 스페인 건축 팀이다. 자유로운 형태와 다양한 색상으로 된 두 겹의 구조물이 마치 띠처럼 연결되어 있는 이 파빌리온은 애벌레가 꿈틀거릴 것 같은 독특한 형태를 하고 있다. 이 구조물은 역대의 서펜타인 파빌리온 중 가장 대담하고 혁신적인 디자인이라 하였다.

2016년에는 4명의 건축가에게 각각의 파빌리온 디자인을 의뢰하여 4개의 섬머 하우스가 전시되었다. 2017년 프로젝트는 디베도 프란시스 케레^{Diébédo Francis Kéré}에게 그 영광이 돌아갔다. 베를린에 본사를 둔 케레 건축^{Kéré Architecture}을 이끄는 케레는 브루키나 파소^{Burkina Faso} 태생으로 17번째 서펜타인 파빌리온을 디자인하여 주목을 받게 된다. 브루키나 파소는 세계에서 가장 가난한 나라 중 하나로 식수도 전기도 없는 곳이다. 이곳에서 케레는 장학금을 받아 독일로 유학을 오는 행운을 안았다. 그는 자신의 고향에 공동체의 삶을 위한 도서관과 고등학교 건물을 짓게 된다. 이 건물은 그곳 원주민들과 함께 진흙으로만 지어졌다. 이 두 건축으로 그는 세상에 알려졌고 켄싱턴 가든에 서펜타인 파빌리온을 짓는 영예를 안는다.

서펜타인 갤러리는 2006년부터 세계적인 큐레이터 한스 울리히 오브리스트^{Hans Ulrich Obrist}를 공동 디렉터로 영입하였고, 그는 2017년 현재까지도 파빌리온 프로젝트를 기획 담당하고 있다. 울리히 오브리스트는 2010년에 이어 수년 동안 세계 미술계 파워 인물 100인 중 1위로 선정된 인물이다. 여러 가지 의미에서 건축가와 미술 애호가에게 서펜타인 파빌리온은 특별하다.

위: 자하 하디드가 디자인한 레스토랑 '더 메거진' / 아래: 헤르조그 & 드 뫼롱과 아이 웨이웨이의 파빌리온 내부 공간

위: 셀가스카노의 파빌리온(2015) / 아래: 프란시스 케레의 파빌리온(2017)

위: 서펜타인 새클러 갤러리의 정면 / 아래: 서펜타인 새클러 갤러리의 전시 공간

서펜타인 갤러리 맞은편에는 2013년 오픈한 서펜타인 새클러 갤러리Serpentine Sackler Gallery가 있다. 서펜타인 새클러 갤러리는 1805년 화학상점으로 사용했던 낡은 건물을 그대로 유지하면서 건물 한쪽을 증축하여 208년만에 처음 공개하였다. 자하 하디드 디자인의 증축 건물은 레스토랑 더 매거진The Magazine과 다양한 현대미술 영역을 선보이는 이벤트 공간으로 사용되고 있다. 2000년 자하 하디드에 의뢰해 천막으로 지은 임시 서펜타인 파빌리온을 연상하게 하는 하얀색의 지붕과 기둥은 자하 하디드 특유의 공간을 그대로 드러냈다.

일상화된 영국인의 유머를 함축적으로 보여준 로완 앳킨슨의 퍼포먼스

런던에서 파리로 떠나는 그날 아침도 어김없이 소나기가 한차례 뿌렸다. 영국인에게 비와 안개는 일상이다. 하루 동안에도 비바람과 먹구름이 덮힌 여름날, 푸른 하늘의 가을날, 음산한 초겨울을 오가는 이러한 변덕스런 날씨가 영국인들을 문학과 예술 속으로 녹아들게 한 건 아닐지? 변화무쌍한 날씨에 대처하는 지혜로 인해 유머가 생활화되었을 법하다.

2012년 올림픽 개막식 때는 런던 심포니의 사이먼 래틀Simon Rattle 경의 지휘로 영화 〈불의 전차Chariots Of Fire〉 테마 연주에서도 이러한 영국 특유의 유머가 담긴 퍼포먼스가 빠지지 않았다. 코미디영화 〈미스터 빈〉의 주인공으로 익숙한 로완 앳킨슨의 지루한 듯 한 손으론 피아노 건반을 두드리면서 다른 한 손으론 핸드폰을 본다거나 우산으로 피아노 건반을 치는 익살스런 퍼포먼스는 영국인의 일상을 함축된 유머로 보여주었다. 보여주는 개막식이 아니라 자신들의 역사가 닮긴 삶이며, 축제였다.

세계적인 팝 도시의 위상을 고스란히 담아낸 폐막식의 음악 향연은 8월의 무더운 찜통더위를 식혀주는 청량제 역할을 하였다. 팝의 전설 존 레논과 록의 전설 퀸의 리더인 프레디 머큐리의 영상물을 비롯해 21세기의 영국을 풍미했던 유명 가수들의 공연 무대는 영국 대중음악의 역사를 담은 한편의 드라마였다.

폐막식을 보면서 내 마음은 이미 9월의 런던 프리즈 아트 페어의 축제로 향하고
있었다.

건축가   제임스 그레이 웨스트(James grey west)
주소   Kensington Gardens, London W2 3XA, UK
홈페이지   www.serpentinegalleries.org

일본

도쿄
도쿄 국립신미술관
모리 미술관
도쿄 국립서양미술관
21_21 디자인 사이트

카가와
나오시마 베네세 하우스 미술관
치추 미술관
이우환 미술관
테시마 미술관

오카야마
이누지마 세이렌쇼 미술관

이시카와
가나자와 21세기미술관

도쿄 국립신미술관

国立新美術館

물결무늬를 형상화한 숲속의 미술관

어느 가을날 내 가슴을 짙게 녹여내었던 소중한 작품 사진들을 다시 꺼내어 보았다. 몇 년 전 도쿄에 작품 사진을 찍기 위해 훌쩍 떠났던 그 가을은 지금도 내 심장을 뜨겁게 녹여내고 있다. 도쿄東京는 음악과 미술, 건축을 꽃피우는 동경憧憬의 나라가 아닐까? 도시 예술로 다시 태어나는 도쿄는 영감이 샘솟는 도시이자 환상이고 동경이고 일탈이다. 매혹적이고 전위적인 예술의 도시 도쿄는 음악과 미술, 패션, 요리 그 어느 것에서라도 자신의 가치를 느끼는 것에 투자할 줄 아는 도쿄인 덕분이다. 물론 일본인에 대한 적대 감정은 쉽게 사라지지 않지만 일본인들의 정갈함과 맛있는 스시すし(초밥)를 어느 누가 싫어할 수 있으며 아름다운 도쿄의 건축들을 동경하지 않겠는가?

　도쿄 도착 후 먼저 요즘 제일 핫한 미드타운으로 향했다. 기쇼 구로가와Kisho Kurokawa가 설계한 '도쿄 국립신미술관'과 SOM이 설계한 도쿄 미드타운 타워 옆 공원 안에 위치한 '21_21 디자인 사이트', 롯폰기 힐스에 자리한 리처드 글럭먼 디자인의 '모리 미술관'은 롯폰기의 트라이앵글로 도쿄의 새 명소로 부상하고 있다.

2007년 롯폰기에 문을 연 도쿄 국립신미술관The National Art Center, Tokyo은 건평

약 4만 8000제곱미터로 일본 최대급이다. 유명

건축가 기쇼 구로가와°의 설계에 따라 '숲속의

미술관'이라는 콘셉트로 세워진 이 미술관은 물

결무늬를 형상화한 외관이 특징적이다. 아오야

마 공원의 푸른 숲과 공생하는 미술관을 추구

하였고, 자연과 건축물을 자연스럽게 연결하기

위해서 곡면으로 처리하였다. 내부 공간에서 자

연을 관조하기 위해 건물 파사드는 밝고 투명한

기쇼 구로가와(1939~)는 교토 대학
건축과를 졸업한 후 도쿄 대학 대학원 과정을
마쳤다. 불교철학에 바탕을 둔 '메타볼리스트
그룹'을 만들었고, 이 그룹은 1960년대 일본
건축계의 주요 사상으로 자리 잡게 된다.
그의 철학은 성장과 함께 변화할 수 있는
도시와 건축을 추구하였다.
대표작으로는 오사카의 소니 타워, 긴자의
나카진 캡슐 타워, 암스테르담의 반 고흐
뮤지엄 증축 등이 있다.

페어글라스를 사용하였다. 물결치는 듯한 곡면 파사드에 대해 구로가와는 '파

사드 곡선은 단순히 유행하는 디자인이 아니라 규칙과 불규칙, 안과 밖, 건축과

자연의 공생을 표현하는 시대정신을 담은 디자인'이라고 설명했다.

도쿄 국립신미술관이 추구하는 가장 주요한 개념은 컬렉션을 가지고 있지

않는 것으로, 새로운 유형의 미술관이다. 컬렉션을 소장하지 않고 있음에도 불

구하고 일본 최대 규모의 전시 공간 1만 4000제곱미터를 자랑한다. 높이 20미

터가 넘는 중앙 홀로 들어서면 막힘없이 오픈된 공간 속에 두 개의 거대한 역원

뿔Riverse Corn의 구조물이 시야에 먼저 들어온다.

역원뿔 구조는 1층의 로비를 넓게 사용함과 동시에 상부층의 면적을 넓게

사용하기 위함이다. 이 두 개의 구조물에는 전망이 가장 좋은 위치에 카페와 레

스토랑을 두고 있다. 전시 관람 도중에 피곤함을 달래기 위한 휴식처로 안성맞

춤이었다.

도쿄 국립신미술관은 지하 1층과 지상 3층의 철골조로 이루어져 있다. 1층

과 2층에는 각각 1000제곱미터의 전시장 4곳과 3층 전시장 2곳의 총 12개의 갤

러리가 있다. 1층과 2층의 전시장 중 각각 1곳은 다른 전시장의 높이 5m보다 더

높은 8m이고 2000제곱미터의 대규모 전시장을 자랑한다. 이 갤러리에서는 특

별기획전이 열리고 있었다.

国立新美術館

도쿄 국립신미술관의 전경

지하에는 기념품 숍과 카페 그리고 야르네 야콥센의 에그 체어가 놓인 휴식 공간이 마련되어 있고, 지상 3층에는 대나무로 만든 작은 옥상 정원이 있다. 옥상 정원 바로 앞에는 미술관 창을 통해 대나무 정원을 감상할 수 있도록 편안한 소파가 놓여 있다.

1만 4000제곱미터에 이르는 대규모의 전시실은 최첨단 시스템에 의해 최대 12개 이상의 전시회를 동시에 열 수 있도록 설계하였다. 이와 같이 최첨단의 전시실을 구비한 도쿄 국립신미술관은 다양한 미술 흐름을 소개하고, 최근에 일어나는 미술 동향에 초점을 맞춘 전시와 타 미술관과의 공동 전시회를 기획하여 제시하는 21세기 미술관의 표본이라 할 수 있겠다. 뿐만 아니라 사람과 정보를 연결해주고, 일본의 근대 이후 미술에 관한 다양한 자료 수집, 전시회에 맞춘 강연회와 심포지엄, 작가와의 대화, 워크숍 등 다채로운 경험을 통해서 예술을 즐기고 예술에 대해 이야기를 나누는 장이다. 다시 말해 소프트웨어 역할에 주력하는 21세기형 신개념 미술관의 표본인 셈이다. 또한 인턴십 및 자원 봉사 프로그램을 통해서 실질적인 활동의 장을 제공하고 미술관 교육·보급사업에 관한 자료 수집에 노력하는 바람직한 미래 창조형 미술관이라 할 수 있겠다.

2007년 방문하였을 때는 개관 전시로 '인상파의 거장 모네 회고전'이 한창이었고, 2014년 방문하였을 때는 '오르세 미술관 컬렉션 전'을 하고 있었다. 일본인들의 인상파 작가에 대한 선호도는 남달랐다. 열혈 팬들의 수많은 인파로 전시장은 뜨겁게 달아올랐다. 우리나라의 미술관 풍경과 다른 특이점은 남성 관람객이 더 많다는 것이다. 우리나라 미술관 관람객의 대다수는 여성임을 부인할 수 없다. 일본 남성들이 모네의 작품에 매료되어 작품마다 몰입하며 감상하는 모습은 감동적이었다. 전시를 관람하면서 느꼈던 또 다른 깨달음은 모네의 작품과 당대의 일본 작가의 작품을 나란히 전시 기획하여 자국의 작가에게 자긍심을 심어주고 있었다. 국수주의적 성향이라고 비난하기에 앞서 그 시대의 작가를 재조명하여 세계적 위치로 끌어올리는 역발상이었다. 동시에 그 시기의 동서양 회화를 비교 감상할 수 있음은 한 수 배울 점이기도 하였다.

위: 도쿄 국립신미술관의 내부 공간 / 아래: 도쿄 국립신미술관 내부의 역원뿔형 공간

도쿄 국립신미술관 3층의 대나무 정원

모네의 1894년 작품 〈루앙 대성당〉과 마지막 작품 〈수련〉을 직접 보니 감동으로 벅차올랐다. 프랑스의 인상파 창시자로 불리는 모네는 빛의 작가다. 모네의 작품 〈인상, 일출〉에서 인상주의라는 말이 생겨났다. 그는 일련의 연작을 통해 동일한 사물이 빛에 따라 어떻게 변하는지를 탐색하였다. 그에게 빛은 곧 색채였다. 인상주의 바탕에는 낭만주의 미술의 색채와 풍경화의 사실주의적 태도, 빛의 강렬한 이미지를 포착한 사진의 영향, 프랑스의 산업화에 따른 사회적 변화 등이 깔려 있다.

일본 사람들이 모네를 열광하는 이유를 알 듯하다. 물의 표면과 물속의 모습을 적나라하게 표현한 〈수련〉은 섬사람들이 좋아하는 주제요, 소재였다. 모네는 1893년 지베르니Giverny에 정원과 연못을 만들어 수련을 심고, 연못 위로 일본풍의 아치형 다리를 놓았다. 그리고 자신이 만든 연못과 정원에서 〈수련〉 연작에 몰두했다.

모네는 매시간, 매분, 매초마다의 빛의 변화를 캔버스에 담았고 하나의 대상을 빛의 변화에 따라 그렸다. 하루 종일 빛을 직접 보면서 작업하느라 모네의 시력은 크게 손상되었다. 모네는 말년에 백내장으로 거의 시력을 잃게 되었지만 그림 그리기를 끝까지 멈추지 않았다. 백내장이 심해져 흐릿한 포커스로 인해 작품의 초점은 더욱 흐려졌고 오히려 그 작품이 인상주의의 정점으로 평가받은 점은 아이러니다. 그는 1926년 86세를 일기로 지베르니에서 생을 마감했다.

'모네는 신의 눈을 가진 유일한 인간이다.'

폴 세잔(Paul Cézanne)

건축가　　기쇼 구로가와
주소　　　7 Chome-22-2 Roppongi, Minato, Tokyo 106-8558, Japan
홈페이지　www.nact.jp

모리 미술관
森美術館

세계에서 가장 높은 곳에 있는 현대미술관

모리 미술관Mori Art Museum은 롯폰기 힐스에 위치해 있다. 54층 모리 타워 안에, 세계에서 가장 높은 곳에 있는 미술관이다. 세계의 유명 건축가 팀에 의해 세워진 롯폰기 힐스는 미술관을 비롯해 영화관, 도서관, 정원, 방송국 등이 밀집해 있는 복합 문화시설을 갖춘 지역으로 공공 미술과 예술의 최첨단을 추구한다.

모리 타워 3층의 티켓 박스에서 표를 받아 엘리베이터를 타고 올라가면 롯폰기 일대가 한눈에 들어온다. 순식간에 미술관에 도착하였다. 모리 타워에는 두 개의 전시 공간이 있다. 53층의 모리 미술관과 바로 아래층의 모리 아트센터 갤러리다. 2003년에 세워진 모리 미술관은 주로 현대미술 중심의 전시를 기획하고 아트센터에서는 디자인, 공예, 패션, 건축 등 보다 대중적인 전시를 기획한다.

모리 미술관은 뉴욕의 휘트니 미술관의 확장을 디자인했던 건축가 리처드 글럭먼Richard Gluckman●이 설계를 맡았다.

리처드 글럭먼은 모리 타워의 맨 꼭대기 공간 53층에 미술관을 두었다. 그는 현대미술 작품 전시에 어울리는 하얀 입방체white cube를 만들어 52층에서 53층

모리 미술관의 정면

위: 작은 상자의 개념의 미술관 입구의 전경 / 가운데: 미술관의 통로 / 아래: 전시장 입구의 전경과 이우환의 '관계 항'과 리밍웨이 '관계 전'의 포스터

까지 이어지는 빈 공간을 큰 상자의 개념으로, 미술관 입구 공간을 작은 상자의 개념으로 디자인하였다.

미국 출신의 리처드 글럭먼(1950~)은 시라큐스 대학에서 건축을 공부하였다. 미술과 관련된 프로젝트를 많이 진행하여 뉴욕의 휘트니 미술관, 산타페의 조지아 오키프 미술관, 피츠버그의 앤디 워홀 미술관, 샌디에이고 현대미술관 등의 미술관 건축물과 리처드 세라, 척 클로즈 등의 아티스트를 위한 주거 공간과 작업실 등의 설계로 유명하다.

내가 방문했을 때는 미술관에서 세계적인 일본 사진작가 히로시 스키모토의 대규모 회고전을 볼 수 있었다. 사진전은 압권이었다. 과거 작품부터 현재 작품까지의 스키모토 작품 세계를 한눈에 볼 수 있는 귀한 전시였다. 공연이 끝난 뒤의 노 무대를 찍은 사진 작품과 함께 노 무대 규모의 가설 세트를 설치하여 전시하였다. 노(能)는 원래 종교적 의식으로 실시되었던 것으로 700년 이상의 역사를 지닌 일본을 대표하는 무대예술이다. 일본 고유의 전통 의상을 입은 연기자는 자신의 표정을 감추기 위하여 가면을 사용하든가 혹은 무표정으로 연기를 하지만, 가면 뒤에는 수많은 표정이 감추어져 있다. 노 무대 옆으로는 스키모토를 유명하게 만든 작품 〈바다〉 시리즈가 걸려 있었다. 이 전시장에서 노 공연이 여러 차례 진행되었다 한다. 직접 볼 수 있는 그런 행운은 돌아오지 않았다. 아쉬웠다.

2014년 방문 때는 이우환의 '관계 항'과 리밍웨이Lee Mingwei의 '관계 전'을 하고 있었다. 리밍웨이는 자신의 일상을 통해 자기 인식의 문제를 보여주었다. 작가 20년의 삶을 먹고, 자고, 걷는 평범한 일상만으로 영상에 담았다. 다다미 위에 식탁을 차려놓았고, 전시 공간 앞 벽면에는 식사하는 일상의 모습을 영상에 담은 프로젝트였다. 잠자는 공간에는 나무 침대와 일본식 스타일의 독특한 스탠드를 연출해놓았다. 너무나 깔끔하고 정돈되어 있어 잠을 자기에는 불편해 보였다.

모리 타워 옆에 조성된 정원에는 루이스 부르주아의 조각 〈마망Maman〉을 비롯한 유명 조각들이 곳곳에 놓여 있었다. 거대한 거미 형상을 한 약 9.1미터 높이의 청동으로 빚어진 조각 〈마망〉은 루이스 부르주아의 대표작이다. 어머니에 대한 연민의 오마주다. '마망'은 불어로 '어머니'를 뜻한다. 부르주아는 어릴 적 아

루이스 부르주아의 <마망>

버지에 대한 불신으로 인해 어머니를 향한 연민과 경외감을 거대한 크기의 어미 거미로 표현하였고, 거미의 가늘고 약한 다리는 상처받은 자신의 내면을 표현한 것이라고 말하였다. 이 정원은 아침 7시부터 밤 11시까지 개방하여 늦은 시간까지 산책할 수 있도록 배려한 지역 주민들을 위한 공간이며 쉼터였다.

롯폰기에 모리 미술관이 들어선 후 국립신미술관과 산토리 미술관이 연이어 들어섰다. 세 곳 미술관을 묶어 '롯폰기 아트 트라이앵글'이라고 부른다. 세 곳 미술관의 위치를 연결하면 삼각형 모양이 나오기 때문이다. 의미를 부치는 데 일가견 있는 일본인다운 발상이다. 이 세 미술관은 서로 협력해서 공동 프로그램을 기획하고 진행하여 롯폰기 전체를 아트 공간으로 거듭나게 하였다.

건축가　　리처드 글럭먼
주소　　　Roppongi Hills, 6 Chome- 1 0 - 1 Roppongi, Minato, Tokyo 106-6108, Japan
홈페이지　www.mori.art.museum

도쿄 국립서양미술관
国立西洋美術館

아시아에 유일하게 지어진 현대건축 거장 르 코르뷔지에의 건축

다음 날은 이른 아침부터 국립서양미술관^{National Museum of Western Art}과 호류지 보물 관을 관람하기 위해 우에노로 향했다. 일본은 일찍이 서양건축에 눈을 떠 이미 1950년대 국립서양미술관의 설계를 르 코르뷔지에®에게 의뢰하였다.

본관은 르 코르뷔지에의 설계로 1959년 준공되었고, 신관은 국립서양미술 관 설립 20주년을 기념하여 1979년 일본 건축가인 마에카와 구니오^{Maekawa kunio} 에 의해 증축되었다. 마에카와 구니오는 르 코르뷔지에에게 사사했던 제자로서, 신관 디자인을 하면서 본관 디자인과 일체감을 이루는 데 중점을 두었다 한다.

도쿄 국립서양미술관은 1998년 일본의 우수한 '공공 건축 100선'에 선정되 었고, 2007년 일본 주요 문화재로 지정된 건물이기도 하다. 도쿄 국립서양미술 관은 르 코르뷔지에의 수작은 아니었지만 미술관 전시실의 중심에 있는 슬로프 에서 소용돌이 모양으로 올라가는 동선에서 르 코르뷔지에가 추구하는 건축 언 어 '자유로운 평면'을 읽어낼 수 있었다.

도쿄 국립서양미술관의 컬렉션은 프랑스 정부로부터 기증 반환된 37여 점

도쿄 국립서양미술관의 전경(사진 제공: 国立西洋美術館)

의 마츠카타 컬렉션이 바탕이 되어 14세기부터 16세기까지의 후기 고딕 미술·르네상스 미술·매너리즘 미술, 17세기 바로크 미술, 18세기 로코코 미술, 19세기 인상파 화가 마네·모네를 비롯해 20세기 현대미술의 대가 잭슨 폴록과 미로의 회화·로댕의 조각 '지옥의 문'·앞마당에 놓인 부르델 조각 '활을 당기는 헤라클레스', 소묘·판화·공예 등 다양한 장르에 걸쳐 약 4500점의 작품을 소장하고 있다.

이곳은 전시 기획뿐만 아니라 서양미술에 관한 작품을 컬렉션하며 자료를 수집하고 조사, 연구, 복원까지 총괄 담당하는 유일한 미술관이다. 일본인들이 서양미술에 일찍부터 눈을 뜨고 있었음을 실감케 하였다. 1994년 4월 반스 컬렉션Barnes collection 전시에서는 관람객 100만 명을 넘기는 최고의 입장객이 전시를 관람하였다. 이 기록은 서양미술에 대한 동경을 고스란히 보여주는 한 예로써 일본인들의 서양미술에 대한 열정은 가히 유럽을 능가한다고 할 수 있겠다. 나도 오래전 인상파 회화의 엄청난 컬렉션을 보기 위해 미국 필라델피아에 있는 반스 파운데이션을 방문하였다. 인상파 회화의 정수들을 볼 수 있는 기회였다. 일본 사람들은 유독 인상파 회화를 좋아한다. 100만 명의 일본인 감상자들의 환호를 상상해보며 필라델피아 방문 때 전율케 했던 모네, 드가, 세잔, 고흐, 르누아르의 작품이 떠올려졌다.

오후에는 세계적으로 명성 있는 건축가의 건축물들이 모여 있는 긴자 거리를 기웃거렸다. 긴자의 유명 브랜드 플래그십스토어는 건축가마다 자신의 철학을 패션에 담아 독특한 디자인을 선보였다. 플래그십스토어 각축장이라 불릴

르 코르뷔지에(1887~1965)는 스위스 출신의 프랑스 건축가이자 화가이며 디자이너로 현대건축의 수많은 이론들을 만들어낸 20세기 근대건축의 3대 거장이다. 오장팡Maison-Atelier Ozanfant과 함께 퓨리즘Purism 운동을 주창하였고, 보편적인 색이나 형태의 이론적 고찰을 통해 기하학적인 조형을 추구하였다. 또한 국제주의의 디자인 이론을 주창하였고 1919년에는 잡지 <에스프리 누보Esprit Nouveau>를 창간하였다. '주택은 인간이 거주하는 기계'라는 기능주의 건축의 입장에 서서 자유로운 평면과 입면, 옥상 정원, 긴 창, 이동 가능한 벽의 채용, 필로티에 의한 지상층 개방 등의 이론을 채용하였다.
그의 대표적인 건축물인 라투렛 수도원 성당과 롱샹 성당Chapelle Notre-Dame-du-Haut de Ronchamp은 그의 영혼을 담은 종교 건축으로 오늘날까지 수많은 건축가들에게 가장 사랑받는 건축으로 손꼽히고 있으며 건축생도들에겐 순례지이기도 하다. 그 외에 파리 근교의 빌라 사보아Villa Savoye와 마르세유의 유니테 다비타시옹Unité d'Habitation이 유명하다.

위: 도쿄 국립서양미술관의 측면 / 아래: 도쿄 국립서양미술관의 내부 공간(사진 제공: 国立西洋美術館)

만큼 멋진 건축물들을 돌아보는 재미에 시간가는 줄 몰랐다. 렌조 피아노 디자인의 긴자 에르메스 매장, 준 아오키 디자인의 긴자 루이비통 매장, 피터 마리노 디자인의 샤넬 긴자 매장, 세지마 가즈오와 니시자와 류에SANAA 디자인의 긴자 디오르 매장을 돌아본 후 스와치 빌딩으로 향했다. 일본 건축가 시게루 반이 설계한 이 빌딩은 7개의 시계 브랜드로 꾸며져 있었다. 스와치 빌딩의 내부는 온통 순백색으로 칠해져 있지만 브랜드마다 독특하였다. 어스름한 저녁 무렵에 오모테산도의 랜드마크로 자리한 헤르조그 & 드 뫼롱 디자인의 프라다 빌딩을 찍기 위해 발걸음을 옮겼다.

아름다운 도쿄의 건축물도 현대 소비문화의 안락한 일상이 낳은 끝도 목적도 없는 환상의 결과물이라는 생각에 잠시 잠겼다. 인간 욕구의 끝없는 충족이 낳은 무국적의 플래그십스토어는 오늘도 세계로의 끝없는 확장을 꿈꾸고 있다. 이를 동경하는 우리의 미래 건축은 어디로 향하여 나아갈 것인지 숙지해보면서 '동경東京'을 동경하는 나를 향해 질책해보았다.

건축가   르 코르뷔지에
주소   7-7 Uenokoen, Taito, Tokyo 110-0007, Japan
홈페이지   www.nmwa.go.jp

21_21 디자인 사이트

21_21 DESIGN SIGHT

일상의 모든 것을 디자인의 시점에서 문을 열어놓은 21세기형 미술관

세계적인 건축가 안도 다다오와 니켄 세케이Nikken Sekkei가 공동으로 설계한 21_21 디자인 사이트는 독특한 건축과 전시 기획으로 유명하다. 노출 콘크리트 위에 대형 철판을 접어 만든 독특한 지붕에서부터 디자인적 요소가 강조되고 있음을 암묵적으로 드러냈다. 내부 공간에서의 수직적인 요소와 비대칭의 공간도 인상적이었다. 이 건물의 주 역할은 디자인을 위한 전문 리서치센터로 1년에 2번 열리는 기획전을 중심으로 다양한 프로그램을 운영하는 것이다.

21_21 디자인 사이트는 일상적인 것들에 눈을 돌려 모든 것을 디자인의 시점에서 제안하고 발전하도록 문을 열어주는 곳이다. 관람자에게는 디자인의 신선하고 놀라운 체험을 통해 대화의 장을 열어주고, 다양한 워크숍을 통해 디자인과 친숙해지는 계기를 마련해준다. 즉, 디자인이란 고정된 틀에서 벗어나 모든 것에서 자유롭고, 다양한 장르의 물건을 만드는 사람들과 함께 기획하고 창조하는 것이다. 21_21 디자인 사이트는 의상 디자이너인 이세이 미야케, 그래픽 디자이너인 다쿠 사토, 제품 디자이너인 나오토 후쿠사와 등 세 명의 디렉터에 의

위: 21-21 디자인 사이트의 입구 / 아래: 21-21 디자인 사이트의 내부 공간

21-21 디자인 사이트의 내부 공간

해서 디자인과 일상을 연결하는 거점의 장으로 큰 역할을 하고 있다. 새로운 디자인 발굴과 이미 디자인으로 인식되고 있는 것을 전시하는 장소가 아니라, 모든 물체와 사물을 디자인이라는 관점에서 재편집하여 보여주는 곳이다.

방문 때마다 관람했던 특별한 전시들은 디자인의 경계가 어디까지인지 모호할 정도로 상상을 초월하였다. 초콜릿을 소재로 한 전시회에서는 일상에서 사용하는 모든 것들을 초콜릿으로 재현해놓았다. 만지기만 해도 녹아버릴 것만 같은 전시품들의 기발한 아이디어는 감탄이 저절로 터졌다.

건축가   안도 다다오, 니켄 세케이
주소   9-7-6 Akasaka, Minato-ku, Tokyo Japan
홈페이지 www.2121designsight.jp

나오시마 베네세 하우스 미술관

ベネッセハウス
ミュージアム

나오시마의 베네세 하우스 미술관Benesse house museum을 세 번씩이나 방문한 이유
는 바다와 산에 둘러싸여 편안함과 소박한 공간의 어우러짐 때문이었을까? 베
네세 하우스 미술관의 컬렉션과 아름다운 자연은 나오시마 섬直島을 오래토록
가슴에 품게 해주는 촉매제였다.

세토우치 국제예술제

이번 방문은 순전히 세토우치 국제예술제Art Setouchi를 둘러보기 위함이었다. 이
예술제는 자연과 인간을 예술이라는 연결 고리로 묶어 점점 쇠퇴해가는 섬의 활
력을 되찾게 해주고, 세토내해瀬戸内海가 '희망의 바다'가 되어 지구상의 어떤 지역
보다 아름답게 거듭나길 바라는 취지에서 출발하였다. 자연과 예술이 어우러지
는 예술 마당을 열어 세계 각국의 이름난 작가들도 함께 참여하는 섬사람다운
발상이었다. 이 축제는 봄, 여름, 가을의 세 시즌에 걸쳐 열리며 섬 주민도 직접

참여함으로 섬의 매력을 재발견하는 발상의 전환이었다. '바다의 권위 회복'이 테마였던 2013년 세토우치 국제예술제는 23개국에서 약 210팀의 아티스트가 참가하였다. 우리나라 작가로는 유일하게 최정화가 참여하였고, 쇼도지마 선착장 앞에 〈황금 면류관〉 조각이 놓여 있었다.

최정화[*]가 만든 〈황금 면류관〉은 5미터 높이의 올리브 잎사귀 형상의 조형물이다. 올리브 잎사귀에는 쇼도시마 초등학생들의 소망을 조각으로 새겨 넣었다 한다. 가까이 다가갈수록 〈황금 면류관〉에 새겨진 투각은 햇볕 사이로 더욱 반짝거려 소망이 금방이라도 이루어질 것만 같았다.

최정화는 프라하의 세인트 살바토레 성당의 상들리에를 디자인하며 더욱 유명해졌고, 리움 미술관의 고박물관 중정에도 상들리에를 설치해놓아 눈길을 사로잡았다. 최정화는 조각과 설치미술 외에도 무대디자인, 영화미술, 인테리어디자인 등 다양한 분야의 작업을 선보였다. 2016년 보스톤 아시아 현대미술관과 핀란드 헬싱키 키아즈마 미술관에서의 초대전으로 세계적인 반열에 오른 유명 작가다.

쇼도지마는 제주도의 약 3분의 1 정도의 작은 섬이지만 이 섬 전체를 예술 마을로 승화시켰다. 이 마을을 돌아다니며 가장 인상적이었던 것은 옛 간장 공장이었다.

1907년 창업한 마루킨丸金 간장 공장을 돌아보았다. 커다란 목조 항아리들에 담겨진 간장이 도열해 있는 모습은 여느 설치 작품보다도 멋진 광경이었다. 간장 공장의 새까만 목조건축에서는 이 공장의 오랜 역사가 헤아려졌다.

예술제를 찾아가는 곳곳마다 섬 풍경과 섬이 지닌 고유의 문화를 재현한 작품들이 오래된 건물 안에 설치되어 있거나 때로는 새 건축물을 지어 그 공간에 섬사람들의 삶을 사진과 영상으로 보여주기도 하였고, 섬 주민들이 직접 만든 공예품들을 전시해놓음으로 관람객의 눈길을 끌었다. 사소한 일상조차도 의미를 부여하는 일본인다운 전시 기획이었다. 그리고 예술제 폐막 후에도 작품 중 일부는 섬마을에 영구히 보존되어져 섬 주민들에게 예술 마을에 살고 있다는 자긍심을 심어주었다.

잊혀가고 퇴색된 섬을 거듭나게 한 세토우치 국제예술제는 관람객만 끌어모으려는 얄팍한 상술이 아니라 알맹이가 꽉 찬 예술제였다. 버려진 오래된 빈

위: 쇼도지마 선착장에 놓인 최정화의 조각 <황금 면류관> / 아래: 쇼도지마의 마루킨 간장 공장

집들을 보존하고 의미를 회복시키는 일련의 프로젝트는 일상의 삶 속에서의 감성을 예술 영역으로 끌어들이는 좋은 본보기였다.

1992년 베네세 하우스 미술관이 들어서면서 이 섬은 문화 예술의 섬으로 부상하게 된다. 나오시마가 예술의 섬으로 만들어지게 된 배경에는 일본 대표적 출판기업인 베네세 그룹의 회장인 후쿠다케 소이치로의 업적이 크다. 후쿠다케 소이치로는 '경제는 문화의 충실한 하인'이라 언급하며 '기업은 예술적 감성을 지닌 창의적인 인재를 필요로 한다.'고 강조하였다. 그는 현재까지 20여 년 동안 나오시마 프로젝트에 대략 6000억 원을 투자하였다 한다.

나오시마의 베네세 하우스 미술관과 치추 미술관, 최근에 지어진 이우환 미술관과 안도 미술관은 예술제의 중심이 되어 가는 곳마다 북적였다. 또한 오랜 전통 가옥을 미술관으로 재탄생시키는 '이에 프로젝트家 プロジェク'가 진행 중이어서 마을 곳곳에 설치된 야외 예술 작품으로 인해 마을 전체가 미술관을 방불케 하였다.

선착장 앞에 놓인 쿠사마 야요이의 조각 〈빨강 호박〉은 이 섬의 랜드마크다. 조각 작품 안으로 들어가서 섬을 조망할 수 있도록 개구부도 내어놓았고 관광객들은 너 나 할 것 없이 이 조각 안으로 들어가 일탈을 누렸다.

안도 다다오가 디자인한 베네세 하우스는 현대미술관과 조각공원 그리고 관광객이 머물 수 있는 3개동의 객실로 이루어져 있다. 가장 먼저 지어진 오발oval동, 최근에 지어진 파크Park 동과 비치Beach 동은 넓은 바다와 조각공원을 한눈에 조망할 수 있도록 설계되었다. 파크 동에서 이른 아침 마주한 아름다운 풍경이야말로 그 섬을 오래토록 가슴에 간직하게 하였고, 이듬해 이 미술관을 다시 찾게 되었다. 드넓은 바다와 아득히 먼 산은 소나무와 드문드문 놓인 조각들과 하나 되었고, 솔솔 불어오는 코끝을 스치는 솔 향은 신선한 바다 내음과 어우러져 상쾌한 아침을 선사했다.

나오시마 섬을 조망하기에 제일 좋은 옛 선착장 끝자락에 놓인 쿠사마 야요이의 조각 〈노란 호박〉을 선두로 해변을 따라 산책하면 약 20여 개의 조각들

위: 쿠사마 야요이의 <빨강 호박> / 아래: 나오시마 베네세 하우스의 입구 전경

이 드문드문 설치되어 있다. 니키드 상팔의 조각을 비롯해 일본을 대표하는 조
각가 신로 오타케와 조지 리키의 조각은 바다와 조화를 이루며 놓여 있었다. 미
술관 절벽 아래의 모래사장에 놓인 조각들은 이 섬에서 발견된 소재로 만든 작
품이라 한다. 파크 동 갤러리에는 일본 출신의 세계적인 사진작가인 히로시 스
기모토의 조각과 사진 작품 〈바다Time Exposed Mirtoan Sea〉 시리즈가 적재적소에 놓여
있었다.

베네세 하우스 미술관 옆 언덕에 위치한 모노레일을 타고 오르면 언덕에 오
발 동이 있다. 타원형의 뚫린 천정 사이로 바라본 하늘과 물의 정원은 안도 특유
의 감성이 담겨 있었다. 오발 동의 객실은 모두 드넓은 바다 전경을 바라볼 수
있도록 디자인되었고 그곳에서 일출을 맞는 기쁨은 나오시마 여행의 하이라이
트였다.

안도 다다오는 자신의 저서《안도 다다오의 도시 방황》에서 젊은 시절, 자
신이 저축한 돈의 대부분을 여행에 썼다고 하였다. 서정적인 장소성을 중시하는
그의 건축물을 보노라면, 아마도 젊은 시절에 여행 다녔던 기억의 편린들을 하
나하나 꺼내어 건축으로 담아내고 있는 듯하다.

갤러리 통로의 벽면에 잡초가 무심히 눈에 들어왔다. 처음엔 벽에 자란 이끼
로 착각하였고, 자세히 들여다보니 콘크리트 벽 사이에 잡초를 심어놓았다. 이
잡초는 스다 요시히로의 작품으로 자연에 부합하려는 예술가의 신선한 아이디
어였다.

베네세 하우스 미술관 전시를 돌아보았다. 미술관 컬렉션으로는 프랭크 스
텔라, 앤디 워홀, 이브 클랭, 쟈코메티, 재스퍼 존스, 데이비드 호크니, 싸이 톰블
리, 리처드 롱, 야니스 쿠넬리스, 조나단 보롭스키, 안토니 곰리, 히로시 스기모
토, 브루스 나우만 등 기라성 같은 현대 작가의 작품이 있었다. 브루스 나우만의
형광 작품 〈100개의 삶과 죽음100 Live & Die〉은 어둠 속에서 유유히 빛나고 언어가
주는 의미는 삶을 다시 한 번 곱씹어보게 하였다.

베네세 하우스 미술관 입구에는 월터 드 마리아의 조각 〈보인/보이지 않지

만 아는/모르는Seen/Unseen Known/Unknown〉이 놓여 있었다. 둥그런 유리구슬 작업이다. 대형 구슬은 나오시마 섬의 아름다운 자연을 담아 보여주었고 자연의 위대함을 재조명하는 거울 역할로써의 의미도 내포하는 듯 흥미로운 작품이었다.

전시를 보고 나오니 일몰 후 바닷속 깊이 빠져버린 태양이 섬을 온통 검붉게 수놓았다. 미국을 대표한 키네틱 아티스트 조지 리키George Rickey의 조각 〈비스듬히 위로 향한 두 개의 선〉은 노을에 덥힌 붉은 하늘을 찌를 듯 선명하게 모습을 드러내었다.

바다 노을의 아름다운 분위기에 젖은 미술관 레스토랑에서의 식사는 여행을 절정으로 이끌었다. 검붉은 바다를 곁에 두고 앤디 워홀의 멋진 작품들 사이에서 그랑 크뤼Grand Cru 와인과 곁들인 요리는 코스마다 예술 작품을 방불케 하였다. 그 맛 또한 일품이었다. 와인 잔을 부딪치며 분위기에 흠뻑 취하니 서울 떠나기 전 망설임과 일본에 대한 불신과 적대감은 어느새 사라져버렸다. 어둠 속에서 반딧불 사이로 희미하게 드러난 야외 조각공원은 나를 유혹하였다. 어둠을 헤치고 걷고 싶은 충동을 불러일으킨 감성이 건축가의 의도였다면 나는 그와의 소통을 일부나마 치룬 셈이다.

여행이란 하얀 캔버스 위에 한 폭의 그림을 그릴 때 망설임과 떨림 속에서 붓을 옮기는 행위가 아닐까? 여행을 떠나기 전 망설임과 두려움 속에서 어떤 것들이 채색될 것인가에 고심하게 된다. 어떤 경험을 했느냐에 따라 여행은 아름다운 명화로 남기도 하고, 때로는 낙서가 되기도 한다. 가끔은 지워버린 낙서가 더 그리울 때도 있지만. 망설임을 뒤로 하고 떠난 나오시마 섬 여행은 아름다운 수채화로 채색되어 이 순간에도 아련히 내 가슴에 자리하고 있다.

건축가   안도 다다오
주소   Gotanji 3419 Naoshima, Kagawa, 761-3110, Japan
홈페이지   http://benesse-artsite.jp/art/benessehouse-museum.html

444

치추 미술관
地中美術館

시간의 흐름과 계절에 따라 바뀌는 공간

치추 미술관Chichu Art Museum은 자연과 건축과 사람 사이의 관계를 다시 한 번 돌아보게 하는 미술관이었다. 이 미술관은 나오시마의 아름다운 풍경에 영향을 주지 않기 위해, 건물의 대부분을 지하에 설계하였다. 지하 공간임에도 불구하고 자연 채광은 풍부하게 들어왔다. 시간의 흐름과 계절에 따라서 공간의 느낌도 전혀 달랐다. 지난번 방문하였을 때와 다른 느낌으로 다가온 그 공간은 다소 생소하였다.

안도 다다오가 설계한 치추 미술관은 클로드 모네Claude Monet, 제임스 터렐James Turrell, 월터 드 마리아Walter de Maria 등 세 작가의 작품만을 영구히 보존하기 위해 지어진 미술관이다. 제일 먼저 어두운 공간의 긴 복도가 관람객을 맞이한다. 긴 복도를 따라 빛의 밝기가 점점 어두워졌다가 서서히 밝아지는 공간에서의 체험은 빛의 오묘한 세계를 경험하는 짧은 여정이었다.

그 다음 반전의 전시 공간에는 월터 드 마리아의 커다란 원형 조각인 구체 〈타임/타임리스/노타임Tim/Timeless/No Time〉이 높은 제단과 같은 계단 위에 놓여 있다. 우리에겐 잘 알려지지 않은 월터 드 마리아의 그 작품은 매우 인상적이었다. 치추 미술관의 작품〈타임/타임리스/노타임〉은 직경 2.2미터의 구체와 나무에 금박을 입힌 기하학 형태의 조각 27개를 벽면에 배치하여 마치 신전에 들어온 느낌마저 들었다. 구체가 놓인 공간의 천장 바로 위에는 창을 설치하여 해가 뜰 때부터 질 때까지의 시시각각 변화하는 하늘 풍경이 거대한 구체에 반영되어서 왜곡된 자연의 신비감을 인식하게 하는 신선한 작품이었다. 월터 드 마리아의 작품 세계인 불가성과 비물질성, 비존재를 이해하게 되면서 이 작품이 주는 메시지를 곱씹어보았다.

다음 전시 공간은 빛의 마술사로 불리는 제임스 터렐의 〈오픈 스카이open sky〉와 〈오픈 필드open field〉 공간이다. 제임스 터렐은 공간을 빛으로 채워 빛의 공간에서의 어둠과 밝음, 오묘함, 아름다움, 신비함 등 다양한 빛을 경험하게 하는 빛의 마술사였다. 2017년 봄에 상하이 뮤지엄에서 제임스 터렐의 회고전 〈Immersive Light〉를 보았다. 이 전시는 빛과 현란한 색채, 공간에 대한 탐험으로 새로운 현장 경험이었다. 터렐이 LA 카운티 뮤지엄, 구겐하임 미술관, 휴스턴 미술관 등에서 전시했던 작품들을 한눈에 볼 수 있는 좋은 기회였다. 우리나라 한솔 뮤지엄에도 '스카이 스페이스Sky Space', '호라이즌Horizon', 겐지스필드Ganzfield'와 웨지 워크Wedge Work'로 꾸며진 제임스 터렐 관이 있다.

마지막으로 모네의 후기 작품 〈수련〉 연작 5점이 전시되어 있는 모네의 방으로 향했다. 이중에서 가로 2미터, 세로 3미터의 〈수련〉 2점은 후쿠다케 소이치로 회장이 뉴욕 경매에서 그 당시로는 최고가인 약 1000억 원에 구입했다고 알려져 있다. 이 거대한 작품들에 둘러싸인 공간은 작품과 관람자가 하나 되어 마치 관람자가 연못 위를 바라보는 착각에 빠져들게 하였다. 일본인들이 모네의 〈수련〉을 그토록 좋아하는 이유 중 하나가 아닐까?

건축가   안도 다다오
주소   3449-1 Naoshima, Kagawa 761-3110 Japan
홈페이지   http://benesse-artsite.jp/art/chichu.html

이우환 미술관
李禹煥美術館

파란 잔디 너머의 바다가 바라보일 뿐, 콘크리트 벽만 보이는 미술관

반지하 구조의 이우환 미술관Lee Ufan Museum은 1970년대부터 현재까지의 이우환의 회화 작품과 조각이 전시되어 있다. 미술관에 대한 접근 방식부터가 독특하였다. 부슬부슬 내리는 비를 맞으며 완만한 경사지를 내려가니 광장에 놓인 바위, 커다란 돌 사이에 놓인 철판, 18미터 높이의 키 큰 콘크리트 봉 등 꾸밈없는 작품과 커다란 콘크리트 벽만 시야에 들어왔다. 아무리 둘러보아도 미술관 건물은 보이지가 않았다. 광장과 콘크리트 벽, 잔디 너머의 바다가 바라보일 뿐이었다.

광장을 지난 후 두 개의 기다란 콘크리트 벽 통로를 따라 걸으니 그제야 삼각형의 반전의 열린 공간이 기다리고 있었다. 그 공간 바닥에는 온통 자갈을 깔아놓았고 자갈 위에 덩그러니 커다란 돌멩이와 철판 하나만 있었다. 그 공간은 외부 공간이면서 내부 공간이기도 하였다.

첫 번째 '만남의 방'에는 이우환의 초기 작품 '선' 시리즈 〈선으로부터〉와 '점' 시리즈 〈점으로부터〉, 철판 위에 돌을 놓은 〈관계 항〉이 전시되어 있었다.

두 번째 '침묵의 방'은 유리로 덮인 철판 위에 바위가 놓여 있고, 커다란 철판

한 장만을 벽에 세워놓았다. 철판과 바위, 벽과 철판이 작품의 전부였다. 이우환의 〈관계 항〉의 개념이 잘 드러난 공간이었다.

대조적으로 세 번째 '그림자 방'은 자연석 하나만 덩그러니 놓아두었다. 바닥에는 자연석의 그림자가 투사되어 화려한 이미지를 자아내었다. '관계 항-돌의 그림자石の影'라는 부제가 붙어 있다. 이 공간은 자연석에 투영된 그림자의 변화를 인지하지 못할 정도로 아주 서서히 변한다고 해설해주었다. 화려한 블루 컬러의 그림자는 반전이었다. 이 공간은 이우환의 예술철학에서 벗어난 느낌이었다.

마지막 방인 '명상의 방'은 신발을 벗고 들어간다. 바닥은 따뜻한 나무 재질이었고, 벽에는 이우환의 작품 〈조응〉을 벽화처럼 그려놓았다. 벽은 거의 백색에 가까웠다. 그러나 순백색은 왼쪽에서 오른쪽으로 가면서 점점 어둡게 음영이 드리워졌다. 잠시 바닥에 앉아 순백색 공간에서 〈조응〉의 변화를 느껴보았다. 작가의 공간에 몰입되었다. 백색의 공간 속에서 〈조응〉의 색깔이 느껴졌다. 마음이 평온해졌다. 명상의 방은 관람자에게 세상과는 유리된 평화로운 쉼을 주었다. 색다른 경험이었다.

이우환 미술관은 세토내해의 바다와 산으로 둘러싸여 고요하면서도 역동적인 동선을 구축하였다. 언덕 아래의 따뜻한 빛이 들이 쬐는 광장에 놓인 조각들은 일련의 방들에서 느꼈던 감정과 연계되어 내 가슴에 잔잔한 파문을 던졌다.

세계적인 유명 화가이며 조각가인 이우환은 모노 파物派 그룹의 주요 멤버이며 이론가다. 1960년대 후반 모노 파는 일본 최초의 현대미술 운동이었다. 이 운동은 서구 근대주의를 넘어 동양철학을 접목해 물질과 인간의 관계에 집중하는 '관계의 예술'을 추구한다. 조작된 사물에 대한 인식을 버리고 사물 고유의 세계를 보여주며 사물과의 관계 항에 초점을 맞추는 개념이다. 이우환 미술관을 감상하고 난 후 있는 그대로의 세계와 만남을 추구하는 것이 모노 파의 핵심이라는 생각이 들었다. 1991년부터 작업한 둥근 돌과 어두운 직사각형의 철판 조각은 돌과 철판 사이의 관계를 표현하고 있었다. 2011년에는 뉴욕 구겐하임 미술관에서도 초대전을 받아 성황리에 전시회를 마쳤다. 2014년에는 파리 베르사유

안도 다다오의 집 프로젝트 <Minamidera>

궁전에서도 개인전이 열려 세계적인 작가로서의 위상을 공고히 하였다.

섬에 활기를 불어넣어준 나오시마 집 프로젝트

이우환 미술관 관람 후 나오시마 곳곳에 설치된 '집家' 프로젝트를 돌아보며 바쁜 일정을 보냈다. 1997년부터 시작된 이 프로젝트는 혼무라本村 지역을 중심으로 전개되고 있는 상설 프로젝트다. 혼무라는 예로부터 절, 신사 등이 밀집해 있던 곳이다. 집 프로젝트는 1998년 미야지마 다츠오가 설치한 '카도야(다실)'를 시작으로 2006년까지 여섯 군데가 완성되었고, 그 이후에도 새로운 프로젝트가 계속 추가되었다.

오타케 신로가 오래된 목욕탕을 개조한 작품 〈목욕탕Naoshima bath〉, 안도 다다오 디자인의 일본식 가옥 안에 설치된 제임스 터렐의 작품 〈달의 저편에서 Backside of the moon〉, 히로시 스기모토의 설치 작품 〈절Go O shrine〉이 인상적이었다. 안도 디자인의 일본식 가옥 안에 설치된 〈달의 저편에서〉를 감상하기 위해선 미리 예약을 해야만 된다. 예약된 시간에 맞춰 그 집 뒤편으로 삼삼오오 무리를 지어 집 안으로 들어가 깜깜한 벽을 더듬거리며 가까스로 의자나 바닥에 앉아 달의 영상을 보게 된다. 어둠은 계속되고 달의 저편에서의 희미한 여명은 그 집을 나올 때 즈음에야 감지하게 되었다. 이 프로젝트는 어둠 속의 조그마한 불빛을 따라 움직이는 관객들의 퍼포먼스였다. 제임스 터렐의 이 영상은 일본인의 감성에 딱 맞는 서정적인 작품이었다.

섬 주민들은 집 프로젝트를 지역 환경의 일부로 인식하게 되면서 관광 안내에도 참여하였다. 주민들의 삶이 예술과 유기적인 관계를 갖으며 섬에 활기를 더해주었다.

건축가　안도 다다오
주소　1390 Azakuraura, Naoshima, Kagawa, 761-3110, Japan
홈페이지　www.benesse-artsite.jp/en/lee-ufan

위 왼쪽: 오타케 신로의 <목욕탕> / 위 오른쪽: 히로시 스기모토의 설치 작품 <절> / 아래: 미야지마 다츠오의 <카도야>

테시마 미술관
豊島美術館

침묵과 빛으로 이루어진 아름다운 시적 공간

나오시마에서 테시마까지는 배로 35분 정도 소요되었다. 예로부터 벼농사를 많이 지어 주민들의 생활이 풍요하다고 해서 풍요로운 섬, 풍도豐島로 불렸다. 테시마는 1975년 이후부터 온통 산업폐기물들로 불법 매립되어지면서 낙후된 섬으로 전락하기에 이른다. 이렇게 버려진 섬 테시마는 2010년 세토우치 국제예술제를 개최하면서 그 일환으로 테시마 미술관Teshima Art Museum이 세워졌다. 또한 마을 곳곳에 아트 프로젝트로 채워지며 섬은 활성화되기 시작했다. 나오시마 섬에서 근접한 곳에 위치해 있어 수많은 관광객의 발길이 이곳까지 이어지고 있다. 바다와 파도, 바람, 나무, 빛 등 자연을 오감으로 느낄 수 있는 작품들이 구릉지와 해안을 따라 마을 곳곳에 숨어 있었다. 일본 산업화의 격변기 시절에 소외되었던 세토내해의 역사적 현장들이 미술관으로 바뀌고, 예술 프로젝트로 새롭게 거듭난 것이다.

'삶이란 아름다운 텍스트를 만드는 것'이라고 했던 롤랑 바르트의 사고처럼 삶이 담겨진 역사적 현장이야말로 아름다운 텍스트였다. 우리나라의 미술제 기

452

획자나 미술관뿐만 아니라 기업들이 본받아야 할 점이 아닐까라는 생각을 해보며, 어느새 테시마 미술관에 도착하였다.

멀리서 바라본 테시마 미술관은 마치 새하얀 우주선을 연상시켰다. 미술관 입구로 곧장 들어가는 것이 아니라 테시마 섬을 감싸고 있는 세토내해의 아름다운 풍경을 볼 수 있도록 산책로를 지나야만 미술관으로 입장할 수 있었다. 일본 건축가다운 배려였다.

미술관 주변은 논밭이 있는 전형적인 시골 풍경이었다. 테시마 미술관을 설계한 SANAA그룹의 니시자와 류에는 건축과 자연 조경의 관계성을 일본인의 감성으로 잘 표현해주었다.

반타원형의 좁고 낮은 문으로 조심스레 머리를 조아리며 안으로 들어서는 순간 침묵과 정적이 휘감았다. 관람객들은 자유로이 누워 있거나 앉아서 그 공간을 누리고 있었다. 순간 무의식적으로 나도 자연스레 따라 누웠다. 제일 먼저 시야에 들어온 것은 두 개의 뻥 뚫린 공간이었다.

낮게 뚫린 타원형 사이로 들어온 숲의 정원과 높게 열린 하늘 정원은 마치 낙원에라도 온 듯 심신을 평온하게 하였다. 뚫린 공간 사이로 불어온 바람 때문에 흔들리는 가늘고 긴 나일론 줄의 움직임은 영화 〈엘비라 마디간〉의 주인공 엘비라의 줄 타는 장면과 오버랩되었다. 줄의 흔들림이 음악적이었다. 영화의 주제곡인 〈모차르트 피아노 협주곡 21번〉이 귓가에서 맴돌았다. 마치 꿈속에서 상상의 공간으로 시간 여행을 떠난 착각에 빠져들었다. 관람자들은 숨을 죽이고 고요한 정적에 휩싸였다. 저마다의 기억과 상흔을 끌어내어 그 공간과 소통하고 있었다.

이 미술관은 처음 멀리서 보고 느꼈던 우주선 형태의 디자인이 아니었다. 물방울 모양을 모티프한 기둥 없는 쉘 구조의 철근 콘크리트 건축임을 내부 공간에서 알 수 있었다. 콘크리트 바닥에 여기저기 흩어진 물방울들은 신기하게도 한곳으로 모여들고 있었다. 하루 종일 콘크리트 바닥에서 물이 솟아오르고, 흩뿌려진 수많은 물방울들은 중력에 의해 햇살 드는 바닥 한곳으로 모여드는 광

위: 나이토 레이의 <물방울> / 요코 타다노리의 <바위정원>

경이야말로 그 어떤 위대한 예술보다 장엄하였다. 바람과 햇살, 하늘과 숲, 물방울의 흐름, 이 모든 현상들은 부드러운 솜사탕처럼 달콤하면서도 잔잔하게 내 가슴에 스며들었다.

잠시 후 잔잔했던 그 파장은 눈덩이처럼 커져 벅차오른 감정을 누를 길 없었다. 테시마 미술관의 나이토 레이Naito Rei 작품 〈물방울〉은 나뭇잎사귀에 무심히 얹힌 물방울이 아닌 인간의 창조적 결정체였다. 테시마 미술관은 오로지 물방울을 위한 공간이었다. 인간의 무한한 사고력과 창의력에 감동하였다. 흔히 루이스 칸의 건축을 침묵과 빛의 공간이라 한다. 니시자와 류에의 공간 역시 침묵과 빛의 공간이었다. 그런데 테시마 미술관에 맴도는 침묵의 공간은 침묵 속에 속삭임이 있었다. 건축과 자연이 속삭이듯 대화하는 그 공간은 아름다운 시적 공간이었다. 물리적 공간에서의 새로운 경험이었다. 그 공간에 온종일 머물고 싶었다. 발길을 뗄 수가 없었다.

테시마 미술관을 나오니 바로 옆에 또 하나의 비행접시 건물이 있었다. 카페 겸 기념품 숍이었다. 카페라고 부르기에는 너무나 소박한 숍은 안내책자 외에 다양한 선물용품을 팔고 있었고, 테시마 미술관의 내부를 모사한 듯 조그맣게 뚫려진 천정 아래로 모여든 여행자들은 삼삼오오 모여서 파란 하늘과 숲, 빛과 침묵의 여운을 달래며 일탈을 누렸다. 테시마 미술관까지 찾아온 보람은 여느 여행보다 벅차고 흥분되었다. 일본 소도시 구석구석까지 훑는 재미도 쏠쏠하였고, 자연과 건축과 시의 만남은 일본을 경외하게 만드는 또 다른 요소였다.

테시마 요코오 관豊島横尾館

테시마 요코오 관Teshima Yokoo House은 그래픽디자이너이며 화가인 요코오 타다노리Yokoo Tadanori의 작품만을 전시한 전문미술관이다. 80년 된 오래된 목조주택을 건축가인 나카야마 유코Nagayama Yuko가 리모델링하였다. 본채와 별채, 창고, 정원으로 구획되어진 전형적인 일본식 주택이었다. 입구에 걸린 커다란 안경 모양의

위: 안경 모양의 두 개 반사경과 뒤뜰의 굴뚝 / 아래: 토비아스 레베르거의 레스토랑 '일 벤토'

두 개 반사경과 뒤뜰의 굴뚝이 인상적이었다.

앞뜰에는 모래사장과 개울을 만들어 놓았다. 그 안에 새빨간 바위들이 가득 놓여 있어 기가 질렸다. 뿐만 아니라 붉은 바위들이 온통 빨간색으로 둘려진 유리창을 통해 반사되어질 때는 더욱 핏빛처럼 붉게 물들어 소름이 돋았다. 그러나 개울가에 놓인 유머러스한 목조 거북을 보며 이내 입가에 미소를 머금었다.

카페 일 벤토 カフェ イルヴェント

오래된 일본식 가옥을 리노베이션한 레스토랑 일 벤토Café Il Vento에 들렀다. 독일 설치 작가인 토비아스 레베르거Tobias Rehberger[*]의 작품이다. 그 공간은 컬러 스펙트럼을 쫓아서 기억의 시공간으로 끌어들이는 강력한 에너지를 뿜어내었다.

토비아스 레베르거는 핀란드의 대표적인 가구 브랜드인 아르텍Artek과도 협업하여 2009년 베니스 비엔날레 황금사자상을 수상한 바 있다. 우리나라에는 안양의 봉암식당 공터 위에 작품 <그림자 지붕>이 설치되어 있다.

산뜻한 연두색 컬러는 시각적 즐거움을 안겨주었다. 벽과 식탁, 의자, 주방은 기하학적 패턴들로 온통 장식하였다. 일본식 가옥 뒤뜰의 좁은 공간을 리모델링한 '일 벤토' 레스토랑은 인상적인 디자인이었다. 뒤뜰에는 벽을 치고, 뚫어진 천장에는 커다란 하얀색 천을 늘어뜨림으로써 햇빛 차단과 미적 효과를 동시에 연출한 멋진 아이디어였다. 식탁, 벽체의 기하학적 패턴과 하얀색 천의 조화는 환상이었다.

건축가　세지마 가즈오, 류에 니시자와
주소　　607 karato, Teshima, Tonosho-cho, Shozu-gun, Kagawa 7614662 Japan
홈페이지　http://benesse-artsite.jp/art/teshima-artmuseum.html

犬島精錬所美術館

자연에 순응하는 이상적인 미술관

바다를 마주한 이누지마 세이렌쇼 미술관Inujima Seirensho Art Museum은 마치 고대 유적지처럼 나지막한 산에 감싸여 고고한 모습을 드러내었다. 세이렌쇼 미술관은 폐쇄된 구리 제련소를 개조하여 만든 미술관으로 일본 근대사회의 실상을 예술 작품과 연계하여 꾸민 신선한 충격이었다. 또한 구리 제련소의 옛 모습을 최대한 살리려는 모습들을 곳곳에서 읽을 수 있었고 바다와 산, 바람 등을 미술관 콘셉트로 하여 자연에 순응하는 이상적인 미술관으로 재탄생시켰다. 〈포브스〉에 선정된 억만장자이자 자선사업가인 후쿠다케 소이치로에 의해 계획되어진 이 프로젝트는 일본이 급격한 근대화 과정에서 놓쳤던 생태 회복에 경종을 주는 새로운 시도로 평가받기에 손색이 없었다. 알려진 작가들의 유명 컬렉션을 소장하는 미술관이 아니라 섬이라는 특성과 일본 근대화 모습들을 건축적으로 예술로 조화를 이뤄낸 아주 이상적인 프로젝트로 오랫동안 기억에 남는 미술관 중 하나였다.

미술관은 대부분 슬래그 벽돌의 내장을 사용하였다. 제련소 부산물인 슬래

그 벽돌은 구리 제련 공정의 자료 분석을 통해 특별한 열 저장 능력이 있었다는 것을 발견하였다. 이 미술관의 바닥과 벽에 사용되어진 1만 7000개 이상의 벽돌들은 남아 있는 산업폐기물로 제조된 것이다. 이곳 대부분의 작품들 또한 버려진 공장에서 모아진 것들로 만들어졌다. 미술관 디자인은 2001년에 캐나다 녹색환경디자인 상을 받았던 히로시 삼부이치Hroshi Sambuichi 건축사무소가 맡았다.

미술관이 있는 아름다운 섬, 이누지마

나오시마 북단의 아주 작은 섬 이누지마는 전형적인 어촌이다. 버려진 제련소가 멋진 미술관으로 탈바꿈하면서 이 섬은 서서히 활기를 되찾았다. 고대 유적지처럼 나지막한 산에 감싸인 이누지마 세이렌쇼 미술관은 그 어떤 미술관보다 멋스러웠다. 자유롭게 널브러진 까만 벽돌들과 오랜 세월 동안 제련소와 함께한 넝쿨에 둘러싸인 굴뚝은 근대 산업화 시대의 옛 상흔이 그대로 전해져 친근감이 갔다. 또한 철썩이는 파도 소리와 갈매기 우는소리는 여행에서의 일탈이었다.

나오시마의 미아노우라 항을 출발하여 페리로 40여 분 후 이누지마에 도착하였다. 이누지마는 1917년에 제련소가 들어서면서 비약적으로 발전하였지만 제련소의 폐쇄로 인한 산업폐기물 투기와 오염 물질로 빚어진 환경 파괴로 다시 낙후되었다. 급기야 한센병 환자의 강제수용소까지 들어서면서 많은 상처와 아픔을 떠안게 되었다. 그 여파로 인구는 급격히 감소하였고 현재는 100여 명의 주민만이 이 섬을 지키고 있다. 뿐만 아니라 지역 주민들의 고령화로 인해 섬은 활기를 잃어버렸고 온기 없는 마을로 변해버렸다. 그러던 중에 2008년 세토우치 국제예술제 일환으로 버려진 제련소를 '이누지마 아트 프로젝트'로 만들면서 이 섬은 서서히 활기를 되찾게 되었고, 아트 갤러리로 변신한 것이다. 섬 전체를 하나의 예술 작품으로 만들려는 사고의 전환이 가져온 값진 결과물이다. 이누지마 세이렌쇼 미술관은 해를 더해가며 세토우치 지역의 새로운 명소로 부상하고 있었다.

犬島精錬所美術館

이누지마 세이렌쇼 미술관의 외부 전경

이누지마 세이렌쇼 미술관의 굴뚝과 갤러리의 유리 지붕

태양 갤러리, 지구 갤러리, 중앙 갤러리, 굴뚝 갤러리

미술관은 4개 방으로 구성되어 있었다. 태양 에너지를 이용한 태양 갤러리와 지구 갤러리, 온실효과에 의해 만들어진 열에너지를 수집한 중앙 갤러리, 공기의 순환을 제어하는 굴뚝 갤러리 등이다. 이 4개의 갤러리 공간은 단순하지만 매우 정교한 상호관계를 이루며, 전체 갤러리는 수십 년 동안 동일한 실내 온도를 유지하도록 치밀하게 계획하여 공기의 원활한 흐름을 보장하는 친환경적인 디자인이었다.

이누지마 세이렌쇼 미술관 입구의 컨테이너 박스 안에 있는 태양 갤러리를 관람한 후 다음 전시실로 들어가면 첫 번째 만나는 공간이 긴 복도로 이루어진 지구 갤러리다. 이카루스Icarus 이야기를 패러디한 작품 공간이다.

지구 갤러리는 북쪽 창 끝에서 들어온 희미한 빛을 복도의 코너마다 장착해놓은 그 빛을 쫓아 80미터 길이의 지그재그로 된 캄캄한 냉각 복도를 걸었다. 출구를 향해서 계속 걸었다. 흡사 이카루스를 추락하게 했던 뜨거운 태양을 향해 점점 가까이 다가가는 특별한 경험이었다. 어둠 속에서 프레임에 들어온 동행인의 모습은 마티스 작품 〈이카루스〉와 흡사하였다. 바람에 의해 진행되어진 지구의 온도를 이용한 흥미로운 발상이었다.

중앙 갤러리에는 야나기 유키노리Yanagi Yukinori의 작품 〈영웅 드라이 셀Hero Dry Cell〉이 놓여 있다. 소설가 미시마 유키오Mishima Yukio에게 바쳐진 공간으로 미시마 유키오의 거주 흔적을 작품에 이용하였다. 설치미술 〈영웅 드라이 셀〉은 미시마 유키오 생전에 살았던 집의 창문을 공중에 매달아놓았고 바닥에는 침대를 옮겨놓았다. 설치 작품 밑에는 물의 정원을 두어 유키오의 거주 흔적을 오마주하였다.

반달 모양을 한 그 집은 물에 반사되어 더욱 서정적이었다. 미시마 유키오는 일본의 소설가이자 극작가이며, 평론가, 정치운동가, 우익 민족주의자로 알려져 있는 일본에서 추앙받던 작가였다. 그러나 아쉽게도 그는 자살로 생을 마감하였다.

위: 세지마 가즈요의 휴게소 <나카노타니 가제보> / 아래: 코헤이 나와의 <생명의 탄생>

아사이 유스케의 <어제의 목소리 듣기-고대 시대의 목소리들처럼>

코진 하루카의 이에 프로젝트

"윤리적 곤궁에 처할 때마다 미학적 해결을 찾는 게 일본 문화다. 미시마 유키오의 자살은 일본 특유의 유미주의가 극단적으로 나타난 현상이라 볼 수 있다. 지극히 사적인 충동을 검열을 피해 '우국'과 같은 대의명분에 감추어 발산한 것은, 실은 그다지 영웅적이지 못한 것이다."

미술평론가 진중권의 글 <미시마 유키오의 죽음과 유미주의> 중에서

야나기 유키노리의 작품 중 우리에게 익숙한 〈울트라 맨The Ultra man〉은 나오시마 베네세 하우스 미술관에도 소장되어 있고, 지난 2013년 서울대학교 미술관 전시회에서도 볼 수 있었다. 수백 명의 붉은 울트라 맨이 두 팔을 높이 치켜올려 만세 자세를 취하고 있는 작품 〈울트라 맨〉은 일본 군국주의의 패배와 전후 일본의 역사적 결여를 꼬집고 있다.

굴뚝 갤러리는 유리 컨테이너 안에 전시되어 있었고, 흡사 마르셀 뒤샹의 변기를 패러디한 듯 조그마한 변기와 문을 (건물을 통과하는 바람을 이용하여) 매달아 놓은 커다란 모빌과 계단, 도르래 등이 설치되어 있었다. 이 굴뚝 갤러리 전시는 기존의 벽돌 공간 내부에 옛 목조건축의 문짝들을 오브제로 놓음으로써 예술 공간으로 재탄생시켰다.

이누지마 세이렌쇼 미술관의 전체 콘셉트는 일본을 대표한 현대미술가 야나기 유키노리의 작품을 모티브로 한 '있는 것을 살려 없는 것을 만든다.'라는 개념이 주축을 이루었다. 옛 제련소에 있던 굴뚝과 벽돌은 미술관 건축 재료로, 지역적 특성은 예술 작품으로 접목시켰다. 태양열과 바람을 이용한 자연 에너지는 갤러리 공간에 맞도록 건축으로 승화시켰다. 또한 폐수를 그대로 바다에 방출하는 것이 아니라 식물을 통해 정화시킨 후 외부로 방출하는 아이디어는 가히 본받을 만하였다. 외딴 섬 이누지마®는 근대화의 산업 유산을 문화산업으로 활성화시킴으로 인해 섬마을이 되살아나는 좋은 본보기였다. 이누지마 세이렌쇼 미술관은 이 섬의 정체성을 찾아준 이상적인 프로젝트였다.

오래된 목조 민가를 재조명하기 위해 골목길 바로 앞에 투명한 아크릴 작품

을 설치해놓았다. S-아트 하우스의 작품 〈콘텍트 렌즈contact lens〉는 렌즈를 통해 이누지마의 가옥과 정원, 낡고 복잡한 전신주 등 옛 모습들이 적나라하게 드러났다. 투명 아크릴 벽에는 크기와 초점이 다른 수많은 원형 렌즈를 부착해놓았고, 긴 아크릴 벽 사이로 사람이 다닐 수 있는 통로도 내어놓았다. 건축 공간을 이용한 흥미로운 발상이었다. 주변 나무와 집들, 걸어 다니는 사람들 등 촌락의 풍경이 다양한 형태와 크기로 비춰졌다.

안과 밖이 들여다보이는 투명한 유리 소재의 밝고 경쾌한 느낌을 주었던 A-아트 하우스의 작품 〈리플렉토reflectwo〉는 세지마 가즈요의 건축 팀이 디자인을 맡았고 내부 작품은 고진 하루카의 설치작업이다. 원형의 투명 아크릴로 세워진 이 설치미술은 조화로 만든 화려한 컬러

이누지마 이에 프로젝트(빈집 프로젝트) 그 외에도 아트 하우스 프로젝트가 이누지마의 마을 곳곳에 숨어 있었다. 동네마다 여행객 외 주민들은 보이지 않았고 빈집들이 이 섬을 지키고 있었다. 빈집 프로젝트는 섬 주민들이 떠나고 남은 빈집들을 작가들에 의해 갤러리로 활용하는 프로젝트로 2010년과 2013년에 걸쳐서 예술 기획가 하세가와 유코와 세계적인 건축가 세지마 가즈요의 협업으로 기획하면서 시작되었다. 오래된 목조가옥들이 늘어선 좁은 골목 어귀에 작품을 설치해놓거나 텅 빈 공터에, 풀이 무성한 나대지에, 학교 운동장에, 바다를 조망하기에 적합한 곳 등 여러 장소에 작품들을 설치해놓았다. 옛것과 새것의 조화를 추구하며 관람자가 주체가 되어 작품에 적극적으로 참여할 수 있도록 흥미를 유발시켰다. 가파른 경사면을 따라 좁은 골목길을 오르니 이곳저곳에 설치해놓은 신선한 작품들로 흥미진진하였다. 다양한 작가들의 작품들은 옛 추억 속으로 빠져들게 하였다.

의 꽃잎들을 아크릴 벽에 부착하여 상하 대칭을 이루고 있었다. 내부로 들어가면 밖의 풍경들이 작품 속으로 비추어져 화려한 컬러의 꽃들은 조금 생경스럽다. 그러나 그 집 안에 잠시 머물면 생경스런 화려한 컬러들은 어느새 이누지마의 하늘과 산, 오랜 민가에 활력을 불어넣어 주듯 조용한 빈집에 생기를 찾아주었다.

F-아트 하우스의 내부에 전시된 작품들은 일본 아티스트인 코진 하루카Kojin Haruka와 코헤이 나와kohei Nawa가 협업을 하였다. 코헤이 나와의 작품 〈생명의 탄생〉은 하얀 종이로 만든 동물상이 집 안 전체에 꽉 들어차 동물상이 금방이라도 외부로 뛰쳐나올 것만 같았다. 동물상Fauna은 3년의 시간 동안 함께 성장하며 향후 장기적으로 새로운 생명의 변화를 보여준다 하였다. 해설가의 설명을 듣고

犬島精錬所美術館

위: S-아트 하우스의 작품 <콘텍트렌즈> / 아래: A-아트 하우스의 작품 <리플렉트>

나니 동물상이 금방이라도 빈집에 생명을 불어넣어 빈집을 오래토록 지켜줄 것만 같았다.

세지마 가즈요의 작품 나카노타니 가제보는 휴게소다. 원형 지붕의 아담한 휴게소는 하늘과 주변 풍경을 그대로 끌어들여 잠시 휴식을 취할 수 있는 쉼터였다. 세지마 가즈요가 디자인한 래빗 체어rabbit chair에 앉아서 소리를 지르니 천정의 울림을 통해 메아리처럼 되돌아왔다. 이런 경험들은 어린아이처럼 순수한 동심으로 돌아가게 해서 섬에서의 진정한 쉼을 누렸다.

아사이 유스케의 설치 작품은 고무 소재를 지면에 녹여 동물과 식물, 배 등 섬과 자연을 표현하였고 같은 기법을 사용해 만든 작은 기둥들을 세워놓아 흡사 오랜 유적지를 연상케 하였다.

I-아트 하우스는 일본의 떠오르는 젊은 작가 고무타 유스케의 작품으로 커다란 창밖을 통해 고택과 사시사철 변화하는 풍경을 조망하며 천정에 달린 조그마한 전등의 그림자가 한 벽면에 반사되도록 설치해놓은 공간이었다. 빛의 명암에 의해 벽에 드리워진 그림자의 변화를 보여주고자 하는 작가의 의도였을까? 별 감동은 없었지만 섬 프로젝트의 의도와는 연결되는 작업이었다.

이누지마 해변 갤러리Seaside Inugima Gallery는 비주얼 아티스트 다케하시 케이스케Takahashi Keisuke의 영상 작업이 설치된 공간으로 세토내해와 이누지마 풍경의 과거와 미래와의 시간적 경계를 상기시켜주었다. 구리 제련 공정의 부산물인 검은 슬래그로 형상화된 섬 풍경의 과거와 미래를 표현한 독특한 작업은 오래토록 남았다.

빈집 프로젝트는 더할 나위 없이 평온하기만 한 작은 섬마을을 예술 마을로 바꾸어놓았다. 주위의 시골 섬 풍경을 잘 담기 위해 유리나 벽돌, 나무, 돌 등 각각의 소박한 재료들은 순박한 자연과 잘 어우러졌다. 곳곳에 꾸며진 쉼터와 의미 없는 담벼락조차도 특별해 보이는 건 아픔이 있었던 섬마을이 주는 포근함 때문이었다.

2013년 세토우치 국제예술제를 마치고

일본 산업화의 격변기 시절에 소외되었던 세토내해의 역사적 현장들이 국제예술제로 인해 미술관과 예술 프로젝트로 새롭게 거듭났다. 프랑스 철학자 롤랑 바르트는 '삶이란 아름다운 텍스트를 만드는 것'이라 하였다. 삶이 담겨진 역사적 현장이야말로 아름다운 텍스트였다. 베네세 그룹 회장인 후쿠다케 소이치로에 의해 바다가 복원되고 있다 하여도 과언이 아니다. 일본 정부는 원자력 방사능을 방출하고 있지만 한편에서는 자연과 생태계 회복을 위해 일생을 바치며 수고하는 다른 한 사람이 있었다. 예술에 대한 순수한 열정의 기업가는 진정 우리에게는 없는 것일까를 숙지해본다. 일본은 후쿠시마 방사선 오염으로 인해 서서히 망할 거라는 가설도 난무하지만 세토우치 예술제를 마치고 새롭게 깨닫게 된 것은 일본의 앞날이 그렇게 어둡지만은 않을 것 같은 확신이 들었다. 오랫동안 섬에 살며 바다와 산과 함께한 자는 시인이 되는 것일까?

물결이 다하는 곳까지 바다이다
내가 속에서
그 사람의 숨결이 닿는 데까지가
그 사람이다
시인 고은의 <그리움> 중에서

건축가   히로시 삼부이치 건축사무소
주소   327 Inujima Higashi-ku Okayama-shi Okayama-ken 704-8153 Japan, Japan
홈페이지   http://benesse-artsite.jp/en/art/seirensho.html

가나자와 21세기미술관
金沢21世紀美術館

시민 참여 중심의 새로운 콘셉트를 추구하는 21세기형 미술관

가나자와는 이시카와 현의 수도이며 오래된 마을 모습을 비교적 잘 보존하여 교토에 비견될 옛 역사적 거주지와 일본 3대 정원의 하나인 문화유산 겐로쿠엔, 도자기, 칠기, 자수, 전통 금박공예 등으로 관광객의 발길이 끊이지 않는 아름다운 고도古都다.

2004년 10월 개관한 가나자와 21세기미술관21st Century Museum of Contemporary Art, Kanazawa은 예술 장르를 초월하고 시간과 공간의 장벽을 넘어서 시민들과 함께하는 참여 중심의 새로운 콘셉트를 추구하는 21세기형 미술관이다. 더불어 이 미술관은 지역 전통예술을 세계에 알리고자 연결 고리로의 역할을 다하여 지역사회에 활력을 불어넣는 취지도 깊다. 가나자와 21세기미술관은 일본의 혁신적인 건축가 세지마 가즈오와 니시자와 류에SANAA가 디자인을 담당하였다. 도시 중심축에 자리하여서 설립 취지대로 가나자와 지역 시민들에게 열린 공원과도 같은 소통의 장으로 다양한 만남과 다채로운 체험을 지양하고 있는 미술관이다.

거대한 원형 유리 건물의 독특한 디자인으로 유명하다. 미술관 끝에서부터

위: 가나자와 21세기미술관의 정면 / 아래: 가나자와 21세기미술관의 내부 공간

저 끝까지 관통하는 긴 복도는 자연의 빛과 인공 조명을 동시에 받아들여 눈부시게 밝고 투명하다. 디자인에서도 앞과 뒤의 구획 없이 어디에서나 진입 가능하도록 네 군데의 출입구를 두어 자유로이 관람을 즐길 수가 있었다. 긴 복도를 통해 도시의 외부 경관과 주위의 아름다운 자연을 바라볼 수 있도록 의도된 디자인은 마치 열린 공원에 온 듯 편안하게 한다. 또한 무료 존과 유료 존으로 나뉘어져 지역 주민들은 물론 누구나 부담 없이 미술관을 이용할 수 있도록 배려한 것도 마음에 든다. 더욱 마음을 사로잡은 것은 만져보거나 앉아볼 수 있는 설치 작품들을 미술관 뜰 안과 밖 곳곳에 두어 어른과 아이들 구별 없이 예술 작품과 하나 되는 체험장으로의 콘셉트였다.

미술관 건물 옥상 위에 전시해놓은 얀 파브르Jan Fabre의 브론즈 조각 〈구름을 재는 남자〉가 미술관에 들어서면 제일 먼저 눈에 들어온다. 이 건축과 잘 어우러지는 작품이었다. 미술관 위에서 두 팔을 하늘 위로 쳐들고 있는 남자는 곡예를 하듯 건물 옥상의 사다리 위에 올라서 있다. '구름을 재는 남자'라는 부제가 부쳐졌지만 오히려 미술관 건물 전체를 수호하듯 가나자와 하늘 끝까지 사다리를 타고 높게 비상할 것만 같았다. 얀 파브르는 앙리 파브르의 증손자이기도 하다. 그는 화가로, 조각가로, 안무가로 무대의상 디자이너로, 희곡작가로, 설치작가로, 예술의 경계를 허물고 종횡무진 활동하는 벨기에의 레오나르도 다빈치로도 불리는 천재 예술가다.

레안드로 엘리치Leandro Erlich •의 작품 〈수영장Swimming Pool〉, 마이클 린Michael Lin과 SANAA가 콜라보레이션한 작품 〈사람의 방People's Gallery〉, 천장 일부를 잘라낸 부분을 통해 하늘의 변화를 느낄 수 있도록 한 제임스 터렐의 작품 〈블루 플렌넷 스카이Blue Planet Sky〉, 올라퍼 엘리아슨의 설치 작품 〈컬러 액티비티 하우스Colour Activity

레안드로 엘리치(1973~)는 아르헨티나의 부에노스아이레스 출신으로 인간의 훼손된 감각을 작품을 통해 관람자로 하여금 공간과의 관계에서 현실을 파악하고 탐구하고자 한다. 그의 작업은 인식을 조사하고 과학 실험을 통해 풍부한 유머와 위트를 추구하고 있다.
2000년 휘트니 비엔날레와 2001년과 2005년 베니스 비엔날레에 초대받았고 부에노스아이레스를 비롯해 상파울루, 뉴욕, 런던, 리버풀, 파리, 바르셀로나, 마드리드, 이스탄불 등에서 전시회를 하였다. 그는 세계의 모든 사람들과 공유할 수 있는 체험 사이트를 만들어 운영하고 있는 설치예술가다.

위: 가나자와 21세기미술관의 중정에 설치한 수영장 / 아래: 아쿠아마린 색으로 벽을 칠해놓은 텅 빈 반전의 수영장

가나자와 21세기미술관의 옥상에 설치된 얀 파브르의 〈구름을 재는 남자〉

House〉 등은 신선한 충격이었다.

레안드로 엘리치의 〈수영장〉은 미술관의 안뜰에 있다. 수영장 바닥에 비치는 물체를 바라보거나 관객이 직접 풀Pool에 비쳐지는 오브제로써 참여하고 교감할 수 있는 작품이다. 위에서 바라볼 때는 풀에 물이 가득 찬 것으로 보였지만, 아래로 내려가 보니 유리 밑은 아쿠아마린 색으로 벽을 칠해놓은 텅 빈 반전의 공간이었다. 깊이 10센티미터 정도에 불과한 수영장 바로 밑에는 투명 유리를 씌어놓아 유리에 비춰진 풀에 물이 가득 찬 것처럼 보이도록 의도한 것이다. 텅 빈 공간 안에서 위를 바라보는 관람자는 마치 수영장 안에서 활동하고 있는 착각에 빠져들게 하였다. 나도 텅 빈 공간에서 다양한 제스처를 취해보며 어린아이처럼 잠시 일탈을 누렸다. 21세기미술관 10주년을 맞아 레안드로 엘리치의 〈수영장〉 외에도 그의 최근 작품 17점을 전시하였다.

울라퍼 엘리아슨*은 2010년 세 개의 곡선 모양의 유리 벽 파빌리온 〈컬러 액티비티 하우스〉를 야외 광장에 설치하였다. 이 파빌리온은 미술관 5주년을 기념하여 2009년 기획한 컬렉션 전시 '이동-변동의 필드Shift - Field of Fluctuation'에 참여하였던 작품 〈당신의 우연한 만남Your Chance Encounter〉의 연장선이었다. 〈당신의 우연한 만남〉의 일련의 작업들은 대중 공간으로써의 미술관 공간이 사회와 주변 환경과의 관계 속에서 어떤 의미이며 미술관 공간에서 일어날 수 있는 일련의 경험과 우연한 만남에 대해 의문을 던져보게 하는 작업들이었다. 삼원색의 대형 라운드의 벽체로 이루어진 파빌리온은 주변 환경에서 만들어진 일상의 풍경을 보는 이의 움직임에 따라

울라퍼 엘리아슨(1967~)은 덴마크-아이슬란드 출신으로 덴마크 왕립미술학교에서 수학하였다. 그는 북부 유럽의 신비하고 광활한 풍광에서 영감을 받아 주로 빛과 공기, 물, 이끼 등 자연 요소들을 이용하고 재현하는 작업을 설치, 사진, 회화, 건축 등 다양한 매체를 통해 선보이는 작가다. 2003년 테이트 모던의 터빈 홀 전시 〈태양〉으로 미술계의 주목을 받았다. 1995년부터 베를린에 '스튜디오 엘리아슨'을 설립하여 30명에 달하는 각 분야의 전문가들과 협업하여 작업하고 있으며, 최근에는 아프리카 등지의 저개발국가들을 대상으로 한 빛 에너지 공급 프로젝트를 진행 중이다. 아이슬란드의 레이캬비크 하파 콘서트홀Reykjavik Harpa Concert Hall과 컨퍼런스 센터의 공공 설치미술로 2013년 미스 반 데어 로에 상을 수상하였다. 모마와 모마 P.S.1, SF 모마, 테이트 모던 등 전 세계 굴지의 미술관에서 전시회를 하였고 우리나라에서는 2009년 PKM갤러리에 초대되었고 2014년 리움 미술관에 작품 〈중력의 계단〉을 설치 작업하였다.

476

울라퍼 엘리아슨의 설치 작품 <컬러 액티비티 하우스>

삼원색의 유리 벽에 반사되어져 새로운 풍경으로 바라보게 한다. 시간의 흐름과 빛의 움직임에 따라 변화되는 삼원색은 사람과 자연 그리고 유리 벽 공간과 함께 호흡하고 있는 것이다.

가나자와 21세기미술관의 소장 작가로는 한국 작가 이불의 작품 〈몬스터 드로잉Monster Drawings〉 시리즈 4점을 비롯해 일본 출신의 세계적인 작가 나라 요시토모와 구사마 야요이, 세계적인 조각가 아니쉬 카푸어와 토니 크랙, 개념미술가 조셉 코수스 등을 손꼽을 수 있다. 대표 컬렉션으로 꼽히는 토츠카의 작품 〈피카 피카 2008〉은 2014년에 우리나라 영은미술관의 전시 '협업의 묘미'에서도 소개되었던 작품으로, 가나자와 지역 주민과 함께 작업한 약 3000개의 펜라이트 penlight(펜 모양의 작은 플래시) 사진으로 구성되어 있다. 펜라이트에서 쏟아지는 빛의 잔상을 활용하여 프로젝트에 참여했던 참가자들의 헌신의 시간과 흔적들을 작품화한 10분 30초로 된 영상작업이다. 이 영상작업이야말로 가나자와 21세기미술관 설립 취지에 가장 부합한 작품이리라. 함께 참여했던 지역 주민에게는 자긍심을 심어주는 이상적인 작업이었다.

미술관을 돌아보며 느꼈던 특이점 중 하나는 19개의 전시장이 각각 독립적이면서도 다양성을 갖고 있는 것이다. 각 전시실의 개폐가 가능한 투명한 아크릴 문으로 구획된 전시 공간은 미디어 작가나 설치 작가들에겐 최상의 공간이 아닐까. 관람 동선에서도 전시관 순서에 상관없이 자유롭게 전시실을 돌아볼 수 있어 기다리는 부담이나 강박이 없었다. 미술관 숍의 독특한 액세서리와 전통 공예도 볼거리였다. 뿐만 아니라 가나자와 21세기미술관 정원의 뜰에서는 매년 봄과 가을의 두 차례에 걸쳐 다채로운 이벤트도 열어 가나자와 시민들에게 사랑 받는 명소로, 열린 공원으로, 소통의 장으로 위치를 확고히 하고 있었다.

건축가   세지마 가즈오, 류에 니시자와
주소   1-2-1 Hirosaka, KanazawaCity, Ishikawa, Japan 920-8509
홈페이지   kanazawa21.jp

한국

서울
삼성미술관 리움

Leeum, Samsung Museum of Art

세 건축가마다의 개성이 담긴 세계 유일의 색다른 미술관

서울 한남동 남산 자락에 자리한 삼성미술관 리움은 '도시와 건축과 자연이 어우러진 공간 속에서 예술과 인간과 문화가 서로 만나 대화하며 과거와 현재와 미래를 넘나드는 미술관' 그리고 '미술을 이해하고 사랑하는 사람들에게 항상 열려 있는 공간'을 추구한다며 설립 취지를 밝혔다.

리움은 다양한 문화와 인종이 공존하는 이태원로의 끝자락에 위치해 있다. 지하철 6호선 한강진 역을 나와 골목길을 따라서 100미터쯤 올라가면 미술관이 나온다. 대로변에 있지 않아 한눈에 들어오진 않지만, 이태원 특유의 이국적이며 북적거리는 곳을 지나서 한적한 곳에 자리해 있기에 더 끌리는 미술관이다. 미술관 골목을 따라 조금만 올라가면 남산 기슭이 바라보이고 미술관 뒤편 언덕으로는 고급 주택가가 즐비해 있어 산책로로도 안성맞춤이다. 골목 어귀마다 조그마한 빈티지 숍들과 허름하지만 이름난 맛집들, 세련된 건축들과 편집 숍들을 기웃거리다보면 오후 한나절이 금세 지나간다.

리움의 의미는 설립자인 이병철 회장의 성 '이Lee'와 미술관을 뜻하는 영어의

리움 미술관의 전경

어미 '움-ᵘᵐ'을 합성한 것이라 한다. 리움 미술관 안에는 고미술관과 현대미술관과 아동교육문화센터 등 3개의 큰 전시 공간이 있고, 각 공간은 세계적으로 유명한 3명의 건축가들에게 의뢰해 저마다 다른 독특한 공간으로 이루어져 있다. 고미술관은 마리오 보타가 디자인을 맡았고 현대미술관은 장 누벨이 디자인하였다. 아동교육문화센터와 각각의 미술관 흐름을 연결하는 작업은 렘 쿨하스의 손을 거쳤다. 세 건축가마다의 개성이 담긴 독립된 세 곳의 전시장은 아마도 세계 유일이며 색다른 미술관이리라.

리움 입구에 최정화의 까만 대형 조각이 장승처럼 맨 처음 관람객을 맞는다. 전시관 입구로 향하는 복도 바닥에는 일본의 유명 작가 미야지마 타츠요의 작품 〈경계를 넘어서〉의 숫자가 수시로 변하며 호기심을 자극하였다. 화려한 컬러의 전광판 숫자들을 밟을 때부터 관람자는 예술 작품과 소통하듯 즐겁고 경쾌하다. 내부로 들어서면 중앙 홀을 중심으로 조그마한 카페와 뮤지엄 숍 그리고 전시 공간이 펼쳐진다.

뮤지엄 1 – 마리오 보타 디자인의 고미술관

먼저 고미술관으로 향했다. 고미술관 디자인은 역원추형 형태였다. 고미술관의 외벽은 테라코타 벽돌을 사용하여 담백하고 순결해 보였다. 마리오 보타의 건축 철학은 한국 고미술품이 추구하는 경건과 기품, 숭고의 정신세계와 비슷하다. 내부 공간에서의 백색 공간도 그가 추구하는 숭고미였다. 건축가의 철학과 한국 고미술 정신세계가 어찌 그리 비슷한지 신기할 정도였다. 평상시 마리오 보타가 즐겨 사용하는 건축 재료는 그 지역의 자연에서 얻은 소재로, 돌이나 흙과 같은 변치 않는 재료들이다. 이 재료를 통해 그 지역의 전통 의식을 재해석하여 건축에 담아 표현하고자 하였다.

고미술관 컬렉션은 국보 36점, 보물 96점을 포함하여 우리나라 최고의 국보급 미술품을 소장하고 있다. 국보나 보물에 대해 문외한인 나조차도 이곳에

위: 고미술관 / 아래: 고미술관이 들어선 중앙 홀

로비에서 바라본 중정과 최정화의 샹들리에

올 때마다 선조들의 놀라운 미감과 지식, 지혜, 기교에 저절로 탄성이 흐른다.

디지털 가이드는 그야말로 '친절한 금자 씨'였다. 모든 작품 앞에 고해상도의 360도 뷰 기능이 탑재되어 있었다. 뷰 기능은 여느 외국 전시장에서도 본 적이 없는, 미술품의 뒷부분까지도 상세히 감상할 수 있는 고난도 기술이었다. 탄복하지 않을 수 없었다. 일본 전시에서 이와 비슷한 기능을 본 적이 있지만 뷰 기능을 통해 360도로 회전하여 작품의 세밀한 부분까지 놓치지 않고 볼 수 있음에 신기하였다. 확대해보니 한국 고서화의 깊은 맛과 청화백자의 섬세한 문향에 더욱 매료되었다. 'IT 삼성'임을 유감없이 보여주는 전시 기획이었다. 선조 예술가들은 지와 예를 겸비할 뿐 아니라 몸과 마음이 예기藝妓로 하나 되어 천박함이라고는 없었다. 예술만을 사랑하는 진정한 예술가였음을 오늘 다시 한 번 깨달으며 발길을 다음 전시장으로 옮겼다.

내려올 때는 고미술관의 원형 계단을 돌면서 1층 로비로 내려왔다. 중정에 설치된 최정화 샹들리에는 기하학적인 긴 창들과 어우러져 아름다움을 한껏 드러냈다. 맨 위에서 내려다본 중정의 모습은 소용돌이치듯 아래로 깊이 빠져들게 하였다. 1층 로비에서 올려다본 중정의 모습은 가히 대가다운 멋진 디자인이었다. 직사각형의 창들의 도열은 기하학 디자인의 채광창과 샹들리에와 하나 되어 장관이었다.

뮤지엄 2 – 장 누벨 디자인의 현대미술관

장 누벨이 디자인한 현대미술관은 상설 전시장으로 운영되고 있고 현대미술 컬렉션을 분기마다 바꿔가며 기획 전시하고 있다. 현대미술관은 부식된 스테인리스 스틸과 유리의 이질적인 만남이 한눈에 들어온다. 일명 '블랙 파티나black patina'라고 불리는 스테인리스 스틸이 전시 박스들을 감싸고 있다. 서로 융합하기 어려운 두 재질은 금속성의 차가운 느낌을 유리 외벽이 감싸 안음으로 재료의 이질감을 잘 보완해주었다. 전시장에 들어서면 돌출된 박스와 움푹 들어간 박스

현대미술관의 전경과 알렉산더 칼더의 조각 <거대한 주름>

전시장에서 바라본 정원

의 연속적인 대비로 인해 다소 혼란스런 느낌마저 들었다. 그러나 작품 감상 후 박스 사이사이로 드러난 비좁은 정원들은 반전의 공간이었다. 쪼개진 돌들 사이에 심은 한 그루의 자작나무 사이로 휘날리는 함박눈은 그야말로 환상이었다.

미술관을 지을 때 캐낸 바위는 쪼개져 정원 바닥에 깔려 있었고, 옆 건물과의 구획을 위해 벽체로도 활용되었다. 그야말로 장 누벨은 대가답게 지하 공간을 새로운 공간으로 창출하였다. 장 누벨은 움푹 파인 대지 속에 육중하게 솟아난 뮤지엄 2의 공간을 역동적이라 표현하였다. 솟아난 형상은 계속 생성되어짐을 의미하였고 무궁무진의 아이디어로 변화하는 현대미술을 의인화하였다.

소장품으로는 백남준을 비롯한 다수의 국내 작가의 작품과 미국 추상표현주의 거장 마크 로스코, 조셉 앨버스, 윌렘 드쿠닝, 조안 미첼, 싸이 톰블리와 같은 대가의 작품들이 있다. 그 외에도 미국 팝 아티스트 앤디 워홀, 장 미셸 바스키아, 리처드 프린스, 애드 라인하르트, 폴 매카시의 작품이 소장되어 있다. 독일 현대미술 컬렉션으로는 조셉 보이스, 안젤름 키퍼, 안드레아스 구르스키, 게르하르트 리히터 작품을 볼 수 있었다. 영국 현대미술 컬렉션으로는 표현주의회화의 대부 프란시스 베이컨의 작품과 영국 현대미술의 기수 데미안 허스트를 비롯해 길버트 & 조지의 작품이 있다. 아시아 작가로는 일본 오쿠타 문화를 팝아트에 접목시킨 무라카미 다카시를 비롯해 나라 요시토모, 일본 사진계의 거장 히로시 스기모토 작품들도 볼 수 있었다. 그리고 요즘 급부상하는 중국 현대미술의 기수 장샤오강과 쩡판즈의 작품이 소장되어 있다. 세계적인 유명 조각가 알베르티 자코메티의 조각과 장 아르프, 루이스 부르주아, 도날드 저드, 아니쉬 카푸어, 바티 커, 로니 혼 등 기라성 같은 현대조각가들의 작품이 소장되어 있다. 한국 최고의 컬렉션이었다.

옥상 정원의 데크를 통해 뒤편으로 나가면 고미술관과 현대미술관 건물을 제대로 볼 수 있다. 경사진 대지 위에 심플한 외관의 아동교육문화센터와 육중한 고미술관이 마주 보고 서 있다. 서로 다른 형태, 다른 재질의 두 개 미술관은 대조를 이루었다. 반면 고미술관이 아동교육문화센터 유리 벽에 반사되어 두 건축을 연결해주는 역할도 하였다. 설계할 때부터 의도한 대가다운 면모였다. 현대미술관 앞에 알렉산더 칼더의 원색 대형조각 〈거대한 주름Grand Crinkly〉은 까만 건축과 조화를 이루었고, 건너편 옥상 정원에 놓인 아니쉬 카푸어의 스테인리스 조각 〈큰 나무와 눈Tall tree & the Eye〉은 멀리 남산 하늘을 배경으로 창공을 찌를 듯 빛났다.

뮤지엄 3 – 렘 쿨하스 디자인의 아동교육문화센터(특별 전시실)

렘 쿨하스[*] 디자인의 아동교육문화센터는 블랙 콘크리트를 사용하여 가장 현대적이고 돋보이는 공간을 창출하였다. 렘 쿨하스는 아동교육문화센터 디자인뿐만 아니라 리움의 마스터플랜을 맡았다. 렘 쿨하스의 가장 큰 숙제는 뮤지엄 1과 뮤지엄 2의 독립된 공간을 어떻게 포용하고 조화를 이룰 것인가에 있다. 아마도 많은 고민을 하였으리라. 건축가 자신도 독립된 두 개의 건물들이 유기적으로 흐르는 동선을 구축하는 데 천착하였다 한다. 자신의 건물을 지나치게 드러나지 않도록 표현하고자 한 렘 쿨하스는 리움 미술관 내부 공간에서도 세 건축가의 이상적인 연결과 자연스런 동선의 흐름을 추구하였다.

렘 쿨하스(1944~)는 네덜란드 로테르담 출신으로 현재 설계사무소 OMAOffice for Metropolitan Architecture의 소장을 맡고 있다. 젊은 시절에는 저널리스트 겸 극작가로 활동하였고, 1968~1973년에 런던의 AA스쿨에서 건축을 공부하였다. 1978년 네덜란드 의회 청사 현상 설계에 당선하였다. 그는 〈정신 착란증의 뉴욕〉, 〈S, M, L, XL〉 등의 실험적 출판물을 내며 국제적으로 유명해졌다. 1996년부터 현재까지 하버드 대학 교수를 역임하면서 건축가로, 사회학자로, 도시계획자로, 디자이너로 다양한 활동을 하고 있다. 2000년 프리츠커 상을 수상하였고, 2004년 로열 골드 메달을 수상하였다. 2005년 서울대학 미술관과 경희궁 앞뜰에 '프라다 트랜스포머Prada Transformer'를 디자인하여 우리나라에도 많이 알려졌다. 그 외에도 미국 로스엔젤레스 박물관, 시애틀 중앙도서관, 네덜란드 로테르담 국립미술관, 중국 상하이 CCTV 등이 유명하다. 2014년 건축 베니스 비엔날레의 총감독을 담당하여 새로운 형식의 건축 전시를 기획하였다.

"드러나지 않는 건축을 표방하며 이것이 가능할 것인가의 답을 꾸준히 찾고 시도하며 흐름, 강화, 유연, 투명함에 관심을 갖는다. 한마디로 축약하면 '건축은 흐름 즉, 도시'다."

렘 쿨하스의 글 중에서

아니쉬 카푸어의 <큰 나무와 눈>이 놓여 있는 옥상 정원

뮤지엄 3의 전경

지하 주차장에서부터 대지의 경계면을 따라 미술관으로 서서히 올라가는 통로도 자연스런 흐름을 추구하였다. 주차장 천정 구조물은 외부로 드러내어 현대 감각을 살렸고, 하얀색으로 마감된 철제골조는 멋을 한층 더해주었다. 통로를 따라 올라가면 미술관 입구가 나온다. 입구의 복도를 지나 미술관 로비로 들어가면 중앙 매표소가 나온다. 중앙 매표소의 왼편에는 고미술관이 있고, 맞은편에 현대미술관이 있다. 그리고 현대미술관 입구 오른편에 뮤지엄 3이 있다. 대부분 뮤지엄 3 전시실에서 외국 작가들의 초대전이 기획 전시된다. 먼저 1층부터 관람하려면 에스컬레이터를 타지 않고 똑바로 진입하도록 좁고 긴 공간을 열어두었고, 지하 전시장으로 내려가려면 에스컬레이터를 이용해 막힘없는 유연한 동선을 추구하였다.

지난 13년 동안의 리움 미술관 전시회를 돌아보면 마크 로스코의 회고전 '숭고의 미학', 매튜 바니의 '구속의 드로잉' 전, 크리스찬 마클레이의 '소리를 보는 경험', 히로시 스기모토의 회고전 '사유하는 사진', 앤디 워홀의 '팩토리' 전, 아니쉬 카푸어 개인전, 알렉산더 칼더의 '움직이는 조각' 전시회와 이중섭의 '드로잉' 전, 백남준의 '백남준에 대한 오마주', 서도호의 '집속의 집' 등 보기 힘든 소중한 전시회들이 많이 열렸다. 잘 기획된 전시들이었다. 특별히 인상적인 전시를 꼽는다면 매튜 바니의 '구속의 드로잉' 전과 마크 로스코의 회고전 '숭고의 미학'이다.

2014년 개관 10주년을 기념하기 위한 '교감Beyond & Between' 전에서는 국보급 고미술부터 웰렘 드쿠닝, 데미안 허스트, 김환기 등 국내외 작가들 작품 230여점을 소개하여 예술 애호가들에게 큰 관심을 받았다. 교감전은 3개동에서 동시에 열렸고 고미술관에서는 '시대교감時代交感'을, 현대미술관에서는 '동서교감東西交感'을, 아동교육문화센터 기획전시실에서는 '관객교감觀客交感'을 주제로 각각 전시하였다. 리움 미술관의 소장품과 플라토 미술관의 컬렉션, 호암미술관의 베스트 컬렉션을 한자리에서 맛볼 수 있는 절호의 기회였다.

'관객교감' 전 중 울라퍼 엘리아슨의 작품 〈중력의 계단〉은 신선한 충격이었

위: 뮤지엄 3의 입구 전경 / 아래: 지하 주차장에서 미술관으로 올라가는 통로

다. 고미술관 입구 계단에 길이 23미터의 태양계 행성을 설치해놓았다. 이 설치 미술은 LED로 만든 크고 작은 여러 개의 링을 행성으로 표현해 천정에 매달아 놓았다. 행성으로 표현한 여러 개의 링은 그 공간을 태양계로 바꾸어놓았다. 행성들은 거울에 반사되어 완벽한 구형으로 보이지만 사실은 행성의 절반 혹은 4분의 1만 실재하는 것이다. 마치 관람자가 태양계를 여행하듯 신비한 경험에 빠져들게 하였다. 관람자의 움직임에 따라서 천정에 설치해놓은 거울에 관람자들의 모습이 비춰질 때 관람자들은 신기한 듯 저마다 셔터를 눌러댔다. 계단을 몇 번씩 오르내리며 새로운 체험을 즐겼다.

미술관 전시를 돌아본 후 뮤지엄 숍을 기웃거리는 재미 또한 쏠쏠하다. 그곳에 진열된 나전칠기의 소품, 도자기, 우리나라 유명 작가들 디자인의 금속공예, 목공예, 유리공예와 그 외 리움에서 전시했던 작가들 디자인의 컵, 넥타이, 머플러, 우산 등이 진열되어 있다. 흥미로운 아이템을 발견할 때마다 사고 싶은 충동이 발동한다. 사는 즐거움도 미술관 전시회 감상만큼 버금간다. 미술 서적들을 뒤적이다보면 시간가는 줄 몰라 한나절이 금방 지나간다.

나는 세계적인 유명 예술가의 회고전이나 한국에서 접하기 힘든 세계적인 현대 작가의 특별 기획 전시회를 볼 수 있어서 이곳 리움을 자주 찾는 편이다. 리움의 좋은 전시 기획은 거의 나무랄 데가 없다. 뿐만 아니라 세계적인 유명 건축가들의 공간을 한 장소에서 만나기란 흔치 않다.

삼성미술관 리움은 미술을 이해하고 사랑하는 사람들에게 항상 열려 있는 공간이 되길 바란다고 비전을 제시하였다. 진심으로 리움이 대중을 위한 문화 공간으로써 역할뿐만 아니라 우리나라 문화 발전에 기여하는 최고의 사립 미술관으로 자리매김하길 바란다.

건축가 마리오 보타, 장 누벨, 렘 쿨하스
주소 서울특별시 용산구 이태원55길 60-16 04348
홈페이지 leeum.samsungfoundation.org

에필로그

한국 현대미술의 저변 확대에 혁혁한 공적을 이룬 한국미술관과 토탈미술관과의 만남이 있었기에 나는 현대미술관 이야기를 쓸 수 있었다. 이 두 미술관은 사립 미술관이라는 열악하고 어려운 환경에도 불구하고 지금까지 올곧게 미술계를 이끌어왔다. 나를 포함한 문화 예술을 갈구하는 미술관 회원들에게 미술, 건축, 철학, 음악, 공연에 이르기까지 예술 전반에 대해 눈을 뜨게 해주었다.

두 미술관과의 만남 속에서 예술에 대한 순수한 열정은 늘어만 갔다. 베니스 비엔날레, 카셀 도큐멘타, 뮌스터 조각전, 뉴욕의 아모리 쇼, 바젤 아트 페어, 세토우치 트리엔날레 등 세계적인 미술 축제를 비롯해 동시대에 일어나는 전시와 퍼포먼스를 보기 위해 기회가 될 때마다 시간을 쪼개어 여행을 떠났다.

빌 게이츠와 워렌 버핏은 25년의 나이 차이에도 불구하고 함께 여행을 하면서 서로에게 인생의 멘토가 되었고, 새로운 비전과 끊임없는 도전을 추구하였다고 한다. 나 역시 연령과 상관없이 유유상종의 회원들과의 여행을 통하여 도전받았고 인생의 답을 얻었다. 여행 중 미술관 산책은 내 인생의 가장 큰 기쁨이고,

보람이고, 행복이다. 나는 모든 정보를 함께 나누고 싶었다.

　오랜 기간 현대미술과 현대건축의 현장을 보고, 듣고, 느끼는 회원들의 지적 감성은 여느 전문가 못지않다. 내가 두 미술관을 넘나들며 세계 유수의 미술관, 새로운 건축물, 다양한 예술 문화 행사를 찾아서 여행한 지 어언 30여 년이 되어간다. 부족하지만 오랜 세월 동안 자료를 수집하였고, 이 책을 준비하기 위해서 일부러 미술관 여행을 떠났다. 때론 여행지 가까이에 새로 리모델링된 현대미술관이나 유명 건축이 있음에도 불구하고 정보 부족으로 인해 놓치는 경우가 종종 있었다.

　그때의 아쉬움이란 다음 기약을 예측할 수밖에 없기에 형용할 수 없을 만큼 컸다. 비록 현대미술과 현대건축에 대한 지식이 없을지라도 흥미를 갖고 대하면 마음에 와닿음이 전혀 다르다. 만약 이 책이 독자들 여정에서 미술관 건축물에 흥미를 얻게 되고, 그 공간에서 쉼을 누리며 현대건축과 현대미술에 대한 조그마한 길잡이가 된다면 나의 소임은 다한 셈이다.

　이 책을 내기 위해 보충 자료를 찾아 미술관 건축 여행 내내 발가락이 부르트도록 이른 아침부터 저녁까지 온종일 현대미술관만을 찾아다녔다. 현대미술관 여행을 통해 새로운 세계를 볼 수 있었고, 알면 알수록 모르는 게 더 많아졌지만 순간순간 밀려왔던 짜릿한 희열감은 세상 그 무엇과도 바꿀 수 없는 자족감으로 가득하였다. 어느 날 현대미술관 사이로 스며든 쪽빛 햇살 가득한 그 공간에서 누렸던 행복의 순간을 감히 뭐라 형용할 수 있을까? 그 행복을 내 삶의 저장고에 고이 비축하여 아침에 눈들 때, 잠자리에 들기 전, 운전 중에, 기쁠 때나 슬플 때, 절망에 빠질 때, 아플 때, 비올 때, 우울할 때, 친구가 그리울 때, 언제 어디서든지 문득문득 떠오를 때마다 추억의 보따리를 하나둘씩 풀어보는 기쁨으로 살아가련다.

　세계 현대미술관을 쓰기로 작정한 후 가장 먼저 떠올렸던 곳이 독일의 인젤 홈브로이히 미술관이었다. 10여 년 전에 가보았던 그 미술관은 오랫동안 내 심장에 묻혀 긴 세월을 함께하였다. 지난여름, 다시 찾아갔을 때 홈브로이히는 여전히 편안하게 맞아주었고 고향에 찾아온 듯 낯설지 않았다. 또 한 번의 홈브로이히 여정을 기대하며 앞으로 얼마 동안은 아름다운 명화와 낙서로 채색되어진 홈브로이히의 수많은 프레임에 담긴 멋진 공간들 속에서 여유를 누리고 싶다.

나는 미술관 소장품에 관한 지식적인 설명보다는 미술관에서 느꼈던 색다른 경험과 현대건축의 공간들 속에서 힐링하며 행복했던 이야기들을 나누고 싶었다. 그리고 미술관 식당이나 미술관 근처 곳곳에 숨겨진 보석 같은 건축물을 찾아갈 때의 기쁨들을 공유하고 싶었다. 여기 수록된 현대미술관 60곳이 미술관 여행을 계획하는 독자들에게 유익한 길잡이가 되길 바라고, 미술관에 굳이 가지 않을지라도 그 미술관에 다녀온 듯 독자들의 마음에 기억되는 아름다운 미술관으로 자리매김하길 바란다.

감사의 말

T. S. 엘리엇은 시 〈황무지〉에서 4월이 가장 잔인한 달이라지만 나에겐 5월이 가장 잔인했다. 5월에 원고를 탈고했는데 복병을 만났다. 책에 담으려는 내가 직접 찍은 미술관 사진이 문제였다. 학계와 예술계에서 활동하는 전문가들에게 자문을 구했는데, 의견이 제각각이었다. 건축물 역시 저작물로서 보호를 받으므로 저작권자에게 허락을 구해야 한다는 쪽과, 이 책의 경우는 저작권법상 '인용'과 '공정한 이용'에 해당하므로 그럴 필요가 없다는 쪽으로 나뉘었다.

　결국 고심 끝에 모든 미술관에 문의하여 저작권 문제가 발생하는지, 해결 방법이 무언인지 확인하여 처리한 후 출판하기로 결심했다. 60곳의 미술관과 지난 녘 달 동안 연락을 주고받았다. 이 과정이야말로 글을 준비하는 것 이상으로 복잡했다. 때마침 여름휴가가 끼어 있어 한 달 이상 답이 오지 않은 곳도 있었다. 반면에 어떤 미술관은 이메일을 16번이나 주고받았다. 대부분의 미술관에서는 예상대로 내 사진을 책에 실을 수 있도록 해주었다. 다만 몇 군데 미술관은 보내준 사진만을 사용하라 했고, 몇 군데 미술관은 사진을 구매해서 사용하라 했다.

그 사진들은 내가 직접 찍은 소중한 사진들을 대체하여 이 책에 실리게 되었다. 하지만 이렇게라도 독자들에게 미술관 건축물을 보여줄 수 있어서 감사하다.

이 책이 출판되기까지 열정으로 돕고 인내로 기다려준 헤이북스 윤미경 대표와 김영회 편집장에게 감사드린다. 바쁜 와중에도 아낌없는 조언을 주신 토탈 미술관 노준의 관장님, 홍익대 박물관 전영백 관장님, 김홍기 교수님, 김혜숙 님. 조주립 님, 조송희 님, 이난규 님, 석남연 님, 김민정 님, 김수진 님께도 감사드린다. 사랑하는 남편 김상기 님과 큰아들 내외 병준, 박수현, 작은아들 병윤의 도움이 있었기에 무사히 마무리할 수 있었다.

사월은 가장 잔인한 달
죽은 땅에서 라일락꽃을 피우며
추억과 욕망을 섞으며
봄비로 생기 없는 뿌리를 깨운다
- T. S. 엘리엇, <황무지> 중에서

500

대여 사진 목록

15쪽	Taniguchi, Yoshio / Entrance at 53rd Street, 2006. New York, Museum of Modern Art © 2017. Digital Image, Timothy Hursley / The Museum of Modern Art, New York / Scala, Firenze
18쪽 좌	Marcel Duchamp <Nude Descending a Staircase> ⓒ Association Marcel Duchamp / ADAGP, Paris – Seoul, 2017
18쪽 우	Marcel Duchamp <The Bride Stripped Bare by Her Bachelors, Even> ⓒ Association Marcel Duchamp / ADAGP, Paris – Seoul, 2017
19쪽	Taniguchi, Yoshio / The stair from the Garden Lobby to the Atrium with the Bell – 47D1 Helicopter (1945), 2004. New York, Museum of Modern Art. © 2017. Digital Image, Timothy Hursley / The Museum of Modern Art, New York / Scala, Firenze
26쪽	Taniguchi, Yoshio / View of The Abby Aldrich Rockefeller Sculpture Garden and The David and Peggy Rockefeller Building, 2006. New York, Museum of Modern Art © 2017. Digital Image, Timothy Hursley / The Museum of Modern Art, New York / Scala, Firenze
30, 31쪽	Exterior of the Solomon R. Guggenheim Museum, New York. photo: Ko, Young Yae ⓒ SRGF, NY
33쪽 상	Interior of the Solomon R. Guggenheim Museum, New York. photo: Ko, Young Yae ⓒ SRGF, NY
35쪽	Man Ray <Peggy Guggenheim> ⓒ MAN RAY TRUST / ADAGP, Paris & SACK, Seoul, 2017
38쪽 상, 하	© Dia Art Foundation, New York. Photo: Bill Jacobson Studio, New York. Courtesy Dia Art Foundation, New York
74쪽	Title: Visitors walking up Museum staircase / Creator(s): John Linden 1999 © 2002 J. Paul Getty Trust
75쪽	Title: Central Garden and Exhibitions Pavilion / Creator(s): Alex Vertikoff 1998 © Robert Irwin, Photograph: © J. Paul Getty Trust
77쪽	Title: Entrance Pavilion Rotunda interior with visitors / Creator(s): Marcelo Coelho 2000 © 2003 J. Paul Getty Trust

내가 사랑한 세계 현대미술관 60

ⓒ 고영애, 2017

펴낸날	1판 1쇄 2017년 11월 20일
	1판 4쇄 2023년 4월 3일
글·사진	고영애
펴낸이	윤미경
펴낸곳	헤이북스
출판등록	제2014-000031호
주소	경기도 성남시 분당구 황새울로 234,
	607호(수내동, 분당트라팰리스)
전화	031-603-6166
팩스	031-624-4284
이메일	heybooksblog@naver.com
책임편집	김영회
디자인	류지혜
마케팅	김남희
찍은곳	한영문화사
ISBN	979-11-88366-03-3 03610